经2021年北京教育科学研究院第十五次院党委会审议批准，院级重大课题项目"推进大中小幼一体化德育研究"方案顺利实施，研究周期为2021年至2024年，本书系该院级重大课题项目的研究成果。

B

北京大中小幼一体化德育发展研究蓝皮书

（2023）

冯洪荣　熊红　主编

中国社会科学出版社

图书在版编目(CIP)数据

北京大中小幼一体化德育发展研究蓝皮书. 2023 /
冯洪荣，熊红主编. -- 北京：中国社会科学出版社，
2024. 12. -- ISBN 978-7-5227-4575-6

Ⅰ. G41

中国国家版本馆 CIP 数据核字第 2024DX0027 号

出 版 人	赵剑英
责任编辑	赵　丽
责任校对	刘　念
责任印制	郝美娜

出　　　版	中国社会科学出版社
社　　　址	北京鼓楼西大街甲 158 号
邮　　　编	100720
网　　　址	http://www.csspw.cn
发 行 部	010-84083685
门 市 部	010-84029450
经　　　销	新华书店及其他书店

印刷装订	北京市十月印刷有限公司
版　　　次	2024 年 12 月第 1 版
印　　　次	2024 年 12 月第 1 次印刷

开　　　本	710×1000　1/16
印　　　张	23.5
字　　　数	360 千字
定　　　价	128.00 元

编 委 会

目　录

总　序

第三编　理想信念教育研究

第四编　生态文明教育研究

第五编　中华优秀传统文化教育研究

第六编　心理健康教育研究

第七编　师德与教师育人能力研究

第八编　学校家庭社会协同育人研究

总　序

推动大中小幼一体化德育研究创新发展
为建设教育强国提供有力支撑

熊 红[*]

2023 年是全面贯彻党的二十大精神的开局之年，是实施"十四五"规划承前启后的关键一年，是为全面建设社会主义现代化国家奠定基础的重要一年。2023 年 5 月 29 日下午，中共中央政治局围绕建设教育强国进行第五次集体学习，习近平总书记在主持集体学习时全面系统阐述了"建设什么样的教育强国、怎样建设教育强国"等重大理论问题和实践问题，发布了教育强国建设的动员令。教育系统时刻牢记"育人的根本在于立德"的要求，"坚定落实立德树人根本任务，持续促进学生德智体美劳全面发展"[①]，思考和回答"强国建设、教育何为"的时代课题。2023 年，北京教育科学研究院一体化德育研究重大课题项目组认真学习、思考和领会习近平总书记关于教育强国建设的重要论述，思考"强国建设、德育何为"的重要问题，努力推动大中小幼一体化德育研究创新发展，以期为建设教育强国提供有力支撑。

一 以积极服务教育强国建设为使命，深入推动 大中小幼一体化德育研究创新发展

中国共产党第二十次全国代表大会报告指出："教育是国之大计、党之大计。培养什么人、怎样培养人、为谁培养人是教育的根本问题。育人

---

* 北京教育科学研究院党委委员、副院长。
① 《书写好以教育强国建设支撑引领中国式现代化的新篇章 2024 年全国教育工作会议召开》，《中国教育报》2024 年 1 月 12 日第 1 版。

·3·

的根本在于立德。全面贯彻党的教育方针，落实立德树人根本任务，培养德智体美劳全面发展的社会主义建设者和接班人。"①在党的二十大报告中，中国"首次作出教育、科技、人才'三位一体'战略部署，将建成教育强国摆在首要位置，赋予教育前所未有的使命责任"②。这既为未来五年中国教育发展和立德树人工作指明了方向，又吹响了 2035 年建成教育强国的号角。

（一）深入学习领会党中央关于推进教育强国建设战略部署的重要意义

习近平总书记在主持中共中央政治局第五次集体学习时强调："教育兴则国家兴，教育强则国家强。建设教育强国，是全面建成社会主义现代化强国的战略先导，是实现高水平科技自立自强的重要支撑，是促进全体人民共同富裕的有效途径，是以中国式现代化全面推进中华民族伟大复兴的基础工程。"③ 习近平总书记指出：

> 我们要建设的教育强国，是中国特色社会主义教育强国，必须以坚持党对教育事业的全面领导为根本保证，以立德树人为根本任务，以为党育人、为国育才为根本目标，以服务中华民族伟大复兴为重要使命，以教育理念、体系、制度、内容、方法、治理现代化为基本路径，以支撑引领中国式现代化为核心功能，最终是办好人民满意的教育。④

习近平总书记强调：

> 培养什么人、怎样培养人、为谁培养人是教育的根本问题，也是

---

① 习近平：《高举中国特色社会主义伟大旗帜 为全面建设社会主义现代化国家而团结奋斗——在中国共产党第二十次全国代表大会上的报告》，人民出版社 2022 年版，第 34 页。

② 怀进鹏：《奋力书写教育强国建设 支撑引领中国式现代化的新篇章》，《学习时报》2024 年 3 月 29 日第 1 版。

③ 《习近平在中共中央政治局第五次集体学习时强调 加快建设教育强国 为中华民族伟大复兴提供有力支撑》，《人民日报》2023 年 5 月 30 日第 1 版。

④ 《习近平在中共中央政治局第五次集体学习时强调 加快建设教育强国 为中华民族伟大复兴提供有力支撑》，《人民日报》2023 年 5 月 30 日第 1 版。

建设教育强国的核心课题。我们建设教育强国的目的，就是培养一代又一代德智体美劳全面发展的社会主义建设者和接班人，培养一代又一代在社会主义现代化建设中可堪大用、能担重任的栋梁之才，确保党的事业和社会主义现代化强国建设后继有人。①

习近平总书记关于"建设什么样的教育强国、怎样建设教育强国"等重大理论和实践问题的全面阐述，旗帜鲜明地提出了教育强国建设的目标和总体要求，为大中小幼一体化德育研究创新发展指明了方向。

近年来，党中央高度关注德育、支持德育，相继出台《义务教育课程方案和课程标准（2022 年版）》（2022 年 3 月 25 日）、《全面推进"大思政课"建设的工作方案》（2022 年 7 月 25 日）、《关于健全学校家庭社会协同育人机制的意见》（2023 年 1 月 13 日）、《全面加强和改进新时代学生心理健康工作专项行动计划（2023—2025 年）》（2023 年 4 月 20 日）、《中华人民共和国爱国主义教育法》（2023 年 10 月 24 日第四届全国人大常委会第六次会议表决通过）等法规政策，系统部署、全面推进立德树人根本任务，营造全环境立德树人"生态圈"，为推动大中小幼一体化德育研究创新发展提供了基本遵循和政策依据。

（二）持续深入部署开展指向教育强国建设的大中小幼一体化德育研究

"培养什么人、怎样培养人、为谁培养人"是教育的根本问题，也是建设教育强国的核心课题。这是新时代党在教育实践中对人才培养基本问题的探索和解答，是开展大中小幼一体化德育研究的指引和方向。

1. 推进大中小幼德育一体化、系统化、协同化

"一体化"是指构建以社会主义核心价值观为引领的一体化德育体系，是新时代落实立德树人根本任务的创新和特色，也是新时期德育理论研究和德育实践工作的增长点和关注点。2017 年 9 月 24 日，中共中央办公厅、国务院办公厅印发《关于深化教育体制机制改革的意见》，明确提出"构

---

① 《习近平在中共中央政治局第五次集体学习时强调 加快建设教育强国 为中华民族伟大复兴提供有力支撑》，《人民日报》2023 年 5 月 30 日第 1 版。

建以社会主义核心价值观为引领的大中小幼一体化德育体系"①，第一次将学前教育纳入德育体系。此后，中共中央办公厅、国务院办公厅印发《加快推进教育现代化实施方案（2018—2022 年）》，提出"深入构建一体化育人体系"；党的二十大报告提出"用社会主义核心价值观铸魂育人，完善思想政治工作体系，推进大中小学思想政治教育一体化建设"，等，都为构建以社会主义核心价值观为引领的一体化德育体系指明了方向。

"系统化"意指立德树人系统化落实机制。2017 年 9 月 24 日，中共中央办公厅、国务院办公厅印发《关于深化教育体制机制改革的意见》，明确指出："要健全立德树人系统化落实机制。"② 从那时开始，推进立德树人系统化落实机制建设就成为大中小幼一体化德育体系建设的关键点和突破点。立德树人系统化落实机制重在系统、难在机制，需要从系统论的视角解决立德树人中的机制性问题，将立德树人的根本任务落到实处。

"协同化"旨在通过学校、家庭、社会的互相协作形成教育合力，产生"1 + 1 + 1 > 3"的教育效果。教育是全社会共同的使命和任务，要办好教育事业，学校、家庭、政府、社会都有责任而非仅由教育部门唱"独角戏"。党的十九届五中全会提出要健全学校、家庭、社会协同育人机制，《中华人民共和国家庭教育促进法》明确规定要建立健全家庭学校社会协同育人机制，《"十四五"规划和 2035 年远景目标纲要》《2022 年政府工作报告》都将健全学校、家庭、社会协同育人机制作为主要工作，党的二十大报告进一步要求"健全学校家庭社会育人机制"，对协同教育提出了明确而具体的要求。健全学校家庭社会协同育人机制是党中央、国务院作出的重大决策部署，事关学生全面发展、健康成长，事关国家发展和民族未来。

由是观之，构建以社会主义核心价值观为引领的一体化德育体系，推进立德树人系统化落实机制，推动学校、家庭、社会协同育人是大中小幼一体化德育研究的重要内容，一体化、系统化、协同化亦是大中小幼一体

---

① 《中共中央办公厅 国务院办公厅印发〈关于深化教育体制机制改革的意见〉》，http://www. moe. gov. cn/jyb_ xwfb/s6052/moe_ 838/201709/t20170925_ 315201. html。

② 《中共中央办公厅 国务院办公厅印发〈关于深化教育体制机制改革的意见〉》，http://www. moe. gov. cn/jyb_ xwfb/s6052/moe_ 838/201709/t20170925_ 315201. html。

化德育研究需要破解的关键问题。

（1）构建大中小幼一体化德育体系

德育是一项系统工程，由诸多要素和环节组成，缺一不可。大中小幼一体化德育研究要在社会主义核心价值观的引领下，从纵、横两个维度探讨德育目标、德育内容、德育途径、德育方法、德育管理、德育评价等方面的整合统一问题，旨在从学段、空间、内容、途径等方面解决德育的统一与融合问题。最终，"在立德树人视域下，学段之间，学校家庭社会之间，内容、途径、方法之间相结合，形成育人共同体和大德育体系，发挥出系统协同、整体优化的效应"①，建立纵横交织的德育网络，实现德育主体、德育资源、德育力量的深度融合。

2022年3月25日，《教育部关于印发义务教育课程方案和课程标准（2022年版）的通知》正式发布。义务教育课程修订注重遵循学生身心发展规律，强化一体化设置，促进学段间的衔接，提升课程科学性、系统性。优化课程设置，细化学科育人目标，明确实施要求，增强课程指导性、可操作性。与2001年颁布实施的义务教育课程方案相比，修订后的课程方案注重优化课程设置：整合小学原品德与生活、品德与社会和初中原思想品德为"道德与法治"，进行九年一体化设计。②

修订后的各课程标准优化了课程内容结构……涉及同一内容主题的不同学科，根据各自的性质和育人价值，做好整体规划与分工协调。研制学业质量标准，依据核心素养发展水平，结合课程内容，整体刻画不同学段学生学业成就的具体表现。③

修订后的义务教育课程特别强调加强学段衔接：一是注重幼小衔接，基于对学生在健康、语言、社会、科学、艺术领域发展水平的评估，合理设计小学一至二年级课程，注重活动化、游戏化、生活化的学习设计。二是关注从小学到初中学生在认知、情感、社会性等方面的发展变化，把握

---

① 谢春风：《理解和把握大中小幼一体化德育体系建设的时代特征》，《北京教育》（普教）2020年第12期。
② 《教育部教材局负责人就〈义务教育课程方案和课程标准（2022年版）〉答记者问》，http://www.moe.gov.cn/jyb_xwfb/s271/202204/t20220421_620066.html。
③ 《教育部教材局负责人就〈义务教育课程方案和课程标准（2022年版）〉答记者问》，http://www.moe.gov.cn/jyb_xwfb/s271/202204/t20220421_620066.html。

课程深度、广度的变化，体现学习目标的连续性和进阶性。三是了解高中阶段学生特点和学科特点，为学生进一步学习做好准备。①

纵观该通知内容不难看出，义务教育课程修订的主要思路、修订后的课程方案和各课程标准的主要变化、义务教育课程加强学段衔接等方面都体现出一体化的特点和要求，为中小学推进义务教育课程实施提供了基本指引，为充分发挥课程在学校德育中的主阵地和主渠道作用提供了专业支撑。

2023年10月24日，第四届全国人大常委会第六次会议表决通过《中华人民共和国爱国主义教育法》（以下简称"爱国主义教育法"），于2024年1月1日起施行。

通过爱国主义教育法，国家将爱国主义教育纳入国民教育体系，明确了教育行政部门、各级各类学校应当履行的教育职责。② 爱国主义教育法突出各级各类学校对青少年和儿童的教育，强调通过全面融入课程、强化实践育人、办好品牌活动③等方式开展行之有效的爱国主义教育。教育部门，既要全面贯彻落实爱国主义教育法，不断增强爱国主义教育的针对性、实效性、吸引力和感染力，做到守土有责；又要有效借助"外力"，通过指导开展家庭教育，丰富教育资源供给、推动学习宣传阐释等途径，善用爱国主义教育法的支持保障措施，形成凝聚多方力量共同参与的爱国主义教育强大合力。

爱国主义教育法聚焦"加强新时代爱国主义教育，传承和弘扬爱国主义精神，凝聚全面建设社会主义现代化国家、全面推进中华民族伟大复兴的磅礴力量"，从国家法律的层面对推进爱国主义教育的领导、原则、内容、职责任务、实施措施等进行了明确而具体的规定，既为学校有效推进爱国主义教育提供了法律支撑，又为构建以社会主义核心价值观为引领的一体化德育体系提供了法律保障。

（2）实现立德树人系统化落实机制

系统观念是教育领域中基本的思想工作方法。德育具备系统性、整体

---

① 教育部教材局负责人就〈义务教育课程方案和课程标准(2022年版)〉答记者问》，http://www.moe.gov.cn/jyb_ xwfb/s271/202204/t20220421_ 620066.html。

② 怀进鹏：《厚植爱国情怀 培育时代新人》，《求是》2023年第24期。

③ 《将爱国主义教育贯穿学校教育全过程》，《中国教育报》2023年12月22日第3版。

性、相关性等特点，是一个纵横交织、要素众多的有机整体。立德树人系统化落实需要从整体上考量一体化德育体系内部的各种要素和环节，以实现不同主体、不同领域的有效协同与合作。"机制的构建需要两个要素的共同存在，这两个主体分别是体制和制度。"① 机制则是在相关的体制和制度建立之后，在实践运行中显示出来的。机制的构建是一个复杂的过程，既要考虑体制和制度的调整、完善和创新，又要考虑如何在体制和制度的刚性框架内充分发挥人的主观能动作用。推进立德树人的系统化落实机制，要通过体制和制度的方式固化有益的探索和成果，以"保持体制与制度之间适度的张力，努力寻求体制与制度之间最佳的交融点，实现制度在体制运行过程中的规范作用，以及体制在制度落实中的保障作用"②。

教育部等十部门联合印发的《全面推进"大思政课"建设的工作方案》提出要拓展工作格局，整合多方资源，共同推动"大思政课"建设。分层分类开展"大思政课"综合改革试点，深入推进大中小学思政课一体化建设，鼓励高校积极开展与中小学思政课共建，全面推进高校课程思政高质量建设，扎实开展日常思政教育活动，推动学校党委书记、校长结合开学毕业典礼讲好"思政大课"，加快构建高校思想政治工作体系。③ 该工作方案以"大思政课"建设为抓手，坚持问题导向、目标导向和效果导向相统一，着力推动思政课和思想政治教育高质量发展，为构建立德树人系统化落实机制提供基本的保证。

教育部等十七部门联合印发的《全面加强和改进新时代学生心理健康工作专项行动计划（2023—2025 年）》旨在着力破解心理健康教育工作中的方式方法、师资队伍、家校社协同育人机制等问题，以身心健康为突破点强化五育并举，通过以德育心、以智慧心、以体强心、以美润心、以劳健心共同促进学生心理健康。

该行动计划体现出明显的整体性思维和协同化观念，表明相关部门要以重视学生心理健康的高度责任感来共同发力，不断加强和改进新时代学

---

① 邵静野：《中国社会治理协同机制建设研究》，博士学位论文，吉林大学，2014 年，第22 页。

② 邵静野：《中国社会治理协同机制建设研究》，博士学位论文，吉林大学，2014 年，第22 页。

③ 《全面推进"大思政课"建设——教育部有关部门负责人就〈全面推进"大思政课"建设的工作方案〉答记者问》，http：//www. moe. gov. cn/jyb_ xwfb/s271/202208/t20220824_ 655023. html。

生心理健康工作，以协同联动为突破口，避免单一部门的"单打独斗"和不同部门的"相互推诿"，重在推进心理健康教育工作的"关口前移"，用"防未病"的积极行动做好心理健康工作。

立德树人是一项系统工程，学生的身心健康是落实立德树人根本任务的前提和基础。该行动计划高度关注学生的心理健康，通过多方联动方式推进学生心理健康工作，既关注学段衔接，又重视学校、家庭、社会的协同配合，还从机制层面进行了探索和努力，是推进立德树人系统化落实机制的有效尝试。

（3）推动学校家庭社会教育协同化发展

协同学的创始人哈肯认为，协同学就是要让"系统的各部分之间互相协作，使整个系统形成一些微观及个体层次不存在的新的结构和特征"①。学校教育、家庭教育、社会教育作为各自独立的三大教育系统，其教育对象具有共同的要素，因此具有合作的前提条件。大中小幼一体化德育研究需要凝聚三大教育系统的共识，形成指向立德树人的共同育人目标，充分发挥三大教育系统的优势和特长，有效凝聚教育合力，使三大教育系统在共同目标驱动下实现高效的合作和配合，共同助力学生/孩子/社会成员的成长和发展。

教育部等十三部门发布的《关于健全学校家庭社会协同育人机制的意见》直面学校家庭社会协同育人中出现的职责定位不够清晰、协同机制不够健全、条件保障不够到位等突出问题，坚持育人为本、政府统筹、协同共育、问题导向；明确了"坚持育人为本"的工作原则，旨在使学校家庭社会在教育目标方面达成共识，即遵循未成年人身心发展规律和教育规律、着力培养德智体美劳全面发展的社会主义建设者和接班人。

针对中国学校教育、家庭教育、社会教育之间所存在的界限不清、职责不明等问题，该意见明确指出：学校充分发挥协同育人主导作用、家长切实履行家庭教育主体责任、社会有效支持服务全面育人，对学校、家庭、社会的教育职责进行明确"分工"，从而促进三方发挥各自的优势和特长，密切协同配合，实现相互支持、相互促进的良性互动，切实增强育人合力。

---

① ［德］H. 哈肯：《协同学——自然成功的奥秘》，戴鸣钟译，上海科学普及出版社 1988 年版，第 233 页。

学校家庭社会协同育人机制建设是一项系统工程，必须加强顶层设计，建立健全完善的制度体系。该意见通过加强组织领导、强化专业支撑、营造良好氛围三个方面着手强化保障工作，以全力破解在学校、家庭、社会协同育人工作推进过程中所存在的问题，推动协同育人工作协调有序、科学高效。

2. 推进大中小幼一体化德育研究实现新发展、新飞跃

本课题组从德育理念、体系、制度、内容、方法等视角深入学习和理解习近平总书记关于教育强国建设的重要论述，经过系统思考和梳理，归纳出育人重在立德、坚持改革创新、提升网络育人、注重同向发力、强教必先强师五个创新点，作为推动大中小幼一体化德育研究新发展的主要着力方向。

（1）育人重在立德

习近平总书记指出："核心价值观，其实就是一种德，既是个人的德，也是一种大德，就是国家的德、社会的德。"① 由此可见，核心价值观是"立德"的基础和前提。从党的二十大明确提出的"育人的根本在于立德"②，到习近平总书记在中共中央政治局第五次集体学习时强调的"要坚持不懈用新时代中国特色社会主义思想铸魂育人，着力加强社会主义核心价值观教育，引导学生树立坚定的理想信念，永远听党话、跟党走，矢志奉献国家和人民"③，都强调了同一个问题：在教育强国建设中要以习近平新时代中国特色社会主义思想和社会主义核心价值观作为统领，牢牢把握教育的政治属性，确保教育的正确方向。

《全面推进"大思政课"建设的工作方案》《关于健全学校家庭社会协同育人机制的意见》《全面加强和改进新时代学生心理健康工作专项行动计划(2023—2025 年)》均在"总体要求"部分强调"要坚持以习近平新时代中国特色社会主义思想为指导，聚焦立德树人根本任务，推动用党的

---

① 中共中央文献研究室：《习近平关于社会主义文化建设论述摘编》，中央文献出版社 2017 年版，第 112 页。

② 习近平：《高举中国特色社会主义伟大旗帜 为全面建设社会主义现代化国家而团结奋斗——在中国共产党第二十次全国代表大会上的报告》，人民出版社 2022 年版，第 34 页。

③ 《习近平在中共中央政治局第五次集体学习时强调 加快建设教育强国 为中华民族伟大复兴提供有力支撑》，《人民日报》2023 年 5 月 30 日第 1 版。

创新理论铸魂育人"① "用新时代党的创新理论铸魂育人，广泛践行社会主义核心价值观"② "以习近平新时代中国特色社会主义思想为指导，全面贯彻党的教育方针，坚持为党育人、为国育才，落实立德树人根本任务"③，体现出教育强国建设鲜明的政治属性，注重从国家利益的大政治角度看教育，坚定不移地培养社会主义的建设者和接班人。

（2）坚持改革创新

不同时期的教育面临着不同的形势和问题，具有不同的使命和任务。以习近平同志为核心的党中央，紧密结合中国特色社会主义教育事业的生动实践，"用社会主义核心价值观铸魂育人，完善思想政治工作体系，推进大中小学思想政治教育一体化建设"④。依托"大教育观"来解决怎样育人的重要问题，从而不断"坚持改革创新，推进大中小学思想政治教育一体化建设，提高思政课的针对性和吸引力"⑤。

在义务教育课程修订过程中，始终"坚持创新导向，进一步深化改革，既注重继承中国课程建设的成功经验，也充分借鉴国际课程改革新成果，更新教育理念，体现中国特色，增强课程综合性、实践性，引导育人方式变革，着力发展学生核心素养。坚持与时俱进，反映经济社会发展新变化、科学技术进步新成果，更新课程内容，体现时代性"⑥，形成立足世界教育改革前沿的《义务教育课程方案和课程标准（2022 年版）》，描绘出中国未来十年乃至更长时间内义务教育阶段学校的育人蓝图。

---

① 《教育部等十部门关于印发〈全面推进"大思政课"建设的工作方案〉的通知》，http://www. moe. gov. cn/srcsite/A13/moe_ 772/202208/t20220818_ 653672. html。

② 《教育部等十三部门关于健全学校家庭社会协同育人机制的意见》，http：//www. moe. gov. cn/srcsite/A06/s3325/202301/t20230119_ 1039746. html。

③ 《教育部等十七部门关于印发〈全面加强和改进新时代学生心理健康工作专项行动计划（2023—2025 年）〉的通知》，http：//www. moe. gov. cn/srcsite/A17/moe_ 943/moe_ 946/202305/t20230511_ 1059219. html。

④ 习近平：《高举中国特色社会主义伟大旗帜 为全面建设社会主义现代化国家而团结奋斗——在中国共产党第二十次全国代表大会上的报告》，人民出版社 2022 年版，第44 页。

⑤ 《习近平在中共中央政治局第五次集体学习时强调 加快建设教育强国 为中华民族伟大复兴提供有力支撑》，《人民日报》2023 年 5 月 30 日第 1 版。

⑥ 《教育部教材局负责人就〈义务教育课程方案和课程标准（2022 年版）〉答记者问》，http://www. moe. gov. cn/jyb_ xwfb/s271/202204/t20220421_ 620066. html。

（3）强化网络育人

习近平总书记在中共中央政治局第五次集体学习时指出："教育数字化是中国开辟教育发展新赛道和塑造教育发展新优势的重要突破口。"① 随着信息化、数字化技术的迅猛发展，不断加速、催生、引领教育变革与创新。数字化时代的育人方式唯有与时俱进，互联网时代的德育工作必须开辟数字化新赛道！只有"充分利用先进数字信息技术手段，瞄准数字化、网络化、智能化"②，才能真正"提高网络育人能力，扎实做好互联网时代的学校思想政治工作和意识形态工作"③。

《全面推进"大思政课"建设的工作方案》特别注重通过建设全国高校思政课教研系统、推进国家智慧教育平台建设使用、打造网络教育宣传云平台等方式推进思政教育信息化④，以推进优质教学资源供给侧改革、不断推出一批思政"金课"。

（4）注重同向发力

教育是党之大计、国之大计。教育是全社会的事业，需要学校、家庭、社会密切配合。建设教育强国、注重人才培养，"要在全社会树立科学的人才观、成才观、教育观，加快扭转教育功利化倾向，形成健康的教育环境和生态"⑤。同时，"要坚持和加强党对教育工作的全面领导，不断完善党委统一领导、党政齐抓共管、部门各负其责的教育领导体制。各级党委和政府要始终坚持教育优先发展，在组织领导、发展规划、资源保障、经费投入上加大力度。学校、家庭、社会要紧密合作、同向发力，积极投身教育强国实践，共同办好教育强国事业。"⑥

《全面推进"大思政课"建设的工作方案》中"整合多方资源，共同

---

① 《习近平在中共中央政治局第五次集体学习时强调 加快建设教育强国 为中华民族伟大复兴提供有力支撑》，《人民日报》2023 年 5 月 30 日第 1 版。

② 冯德军：《不断开辟教育数字化新赛道》，《光明日报》2024 年 1 月 25 日第 2 版。

③ 《习近平在中共中央政治局第五次集体学习时强调 加快建设教育强国 为中华民族伟大复兴提供有力支撑》，《人民日报》2023 年 5 月 30 日第 1 版。

④ 《教育部等十部门关于印发〈全面推进"大思政课"建设的工作方案〉的通知》，http://www. moe. gov. cn/srcsite/A13/moe_ 772/202208/t20220818_ 653672. html。

⑤ 《习近平在中共中央政治局第五次集体学习时强调 加快建设教育强国 为中华民族伟大复兴提供有力支撑》，《人民日报》2023 年 5 月 30 日第 1 版。

⑥ 《习近平在中共中央政治局第五次集体学习时强调 加快建设教育强国 为中华民族伟大复兴提供有力支撑》，《人民日报》2023 年 5 月 30 日第 1 版。

推动'大思政课'建设"①，《全面加强和改进新时代学生心理健康工作专项行动计划（2023—2025年）》中"学校、家庭、社会和相关部门协同联动的学生心理健康工作格局更加完善"的工作目标，《中华人民共和国爱国主义教育法》中明确规定的"爱国主义教育坚持中国共产党的领导，健全统一领导、齐抓共管、各方参与、共同推进的工作格局"②，都旨在注重同向发力，不断完善全员、全过程、全方位育人的体制机制。

（5）强教必先强师

2023年教师节前夕，习近平总书记在致全国优秀教师代表的信中，将中国特有的教育家精神概括为"心有大我、至诚报国的理想信念，言为士则、行为世范的道德情操，启智润心、因材施教的育人智慧，勤学笃行、求是创新的躬耕态度，乐教爱生、甘于奉献的仁爱之心，胸怀天下、以文化人的弘道追求"，赋予人民教师更崇高的职业使命和职业要求。建设教育强国，强教必先强师。

> 要把加强教师队伍建设作为建设教育强国最重要的基础工作来抓，健全中国特色教师教育体系，大力培养造就一支师德高尚、业务精湛、结构合理、充满活力的高素质专业化教师队伍。弘扬尊师重教社会风尚，提高教师政治地位、社会地位、职业地位，使教师成为最受社会尊重的职业之一，支持和吸引优秀人才热心从教、精心从教、长期从教、终身从教。加强师德师风建设，引导广大教师坚定理想信念、陶冶道德情操、涵养扎实学识、勤修仁爱之心，树立"躬耕教坛、强国有我"的志向和抱负，坚守三尺讲台，潜心教书育人。③

《全面推进"大思政课"建设的工作方案》提出要构建大师资体系，通过建设专兼结合的师资队伍、搭建队伍研究平台、提升队伍综合能力等方面来加强"大思政课"队伍建设；《全面加强和改进新时代学生心理健康

---

① 《教育部等十部门关于印发〈全面推进"大思政课"建设的工作方案〉的通知》，http://www.moe.gov.cn/srcsite/A13/moe_772/202208/t20220818_653672.html。

② 《中华人民共和国爱国主义教育法》，http://www.news.cn/politics/2023-10/24/c_1129936231.htm。

③ 《习近平在中共中央政治局第五次集体学习时强调 加快建设教育强国 为中华民族伟大复兴提供有力支撑》，《人民日报》2023年5月30日第1版。

工作专项行动计划(2023—2025 年)》明确要求通过建强心理人才队伍,依托提升人才培养质量、配齐心理健康教师、畅通教师发展渠道等途径提升心理人才队伍的水平和质量。

(三) 推进 2023 年北京市大中小幼一体化德育研究取得新成果、新突破

2023 年,北京教育科学研究院院级重大课题项目"推进大中小幼一体化德育研究新发展"在院党委书记董竹娟、院长冯洪荣的关心指导下,持续深入推进。本课题原组长冯洪荣院长在一体化育人思路、研究和实践等方面,为接续研究奠定扎实基础。我作为课题组组长和院党委委员、副院长,牵头主持本课题,感到责任重大,使命光荣而艰巨。我和课题组所有成员一起,深入学习习近平总书记关于立德树人的系列讲话精神,以贯彻落实北京教育科学研究院第二次党代会精神为主旨,积极支持课题研究的牵头部门、参与部门和支持部门各司其职、紧密配合,北京教育科学研究院研究者齐心协力、扎实攻关,以专题研究、课题研究方式推动一体化德育研究,取得显著的阶段性成果。

1. 确定重点研究领域,注重开展整体性研究

2023 年,本课题组从大中小幼一体化的视角开展整体性研究,通过一体化德育研究的理论学习和内化,初步勾勒出北京教育科学研究院一体化德育研究的八大重点研究领域。它们是社会主义核心价值观教育研究、思想政治教育一体化研究、理想信念教育研究、中华优秀传统文化教育研究、生态文明教育研究、心理健康教育研究、师德与教师育人能力研究、学校家庭社会协同教育研究。

这八大重点研究领域是本课题组着眼北京教育科学研究院立德树人系统化落实机制的探索与实践,是在北京教育科学研究院初步取得的以引领性、基础性、实践性、发展性为主要特点的推进一体化德育研究理论成果的基础上衍生而来的。

2. 明确立德树人生长点,拓展德育研究视角

从 2022 年开始,北京教育科学研究院各业务部门围绕各自的研究领域和研究基础,寻找本部门推进立德树人的生长点和着力点。两年来,通过参与院一体化德育研究重大课题,各业务部门均衍生出了新的研究方向和研究视角,有效深化和拓展了各部门的研究领域和研究方向,初步实现了

课题研究对各参与部门一体化育人的促进目标。

德育研究中心作为本课题的业务牵头实施部门和北京市德育研究专业机构，在北京教育科学研究院院领导的指导支持下，从理论、政策、实践三个维度，强化了一体化育人研究的深度、高度和效度。特别是北京市学校德育研究会秘书处，积极深入参与北京市大中小幼一体化德育和大中小学一体化思想政治教育、学校家庭社会协同育人、大中小学心理健康教育一体化政策研究与实践指导，发挥了政策研究的关键支撑作用。

教育发展中心高度重视德育一体化课题的开展，组建研究团队，成员梯队分布合理；聚焦难点问题，定期召开课题研讨会；密切关注政策动态，及时更新研究内容；开展学校调研，收集一手资料；及时形成成果，为政策咨询服务。遵循从宏观到微观的研究逻辑，2021年开展"十四五时期首都教育全面落实立德树人根本任务研究"；2022年开展"十四五时期首都落实立德树人根本任务的年度监测评估研究"；2023年开展"北京市高中国际部落实立德树人根本任务实践探索"。有两篇研究成果被《教育决策参考》采纳，有三篇文章被收录于《北京大中小幼一体化德育发展研究蓝皮书》系列丛书中。

基础教育教学研究中心重点关注思政课程与课程思政的协同育人、同步发力。一方面以统编教材与"读本"使用为抓手，以北京市中小学思政课教师教学基本功培训与展示活动为平台，在持续推进思政课程建设与实施中推进思政课教师队伍建设。另一方面以"学科德育指导纲要"的研制修订与课例落实为平台，推进全学科、全过程育人。根据高中和义务教育阶段新课标修订、社会主义核心价值观教育等主题，同步修订《北京市中小学学科德育指导纲要》，并通过课例研究与培训在北京市中小学各学科教学中形成育人氛围，提升各学科教师的育人意识与能力。

教师研究中心以提升教师职业道德为研究目的，从教师职业道德建设视角出发进行一体化德育研究。2021年，它通过文本分析法对改革开放以来中国中小学师德规范文本的变迁进行了系统研究，希望通过对中小学教师职业道德规范文本的分析，进一步明确师德规范的维度及其对教师的道德要求；2022年，它聚焦教师幸福感与师德水平研究，以期对影响教师职业道德成长的因素进行系统探讨；2023年，它主要研究中小学教师情绪及其对师德表现的影响，探索提升教师职业道德的路径。

课程中心最初启动了生涯规划的体系化构建工作，致力于引导学生明确个人发展方向，树立远大理想。随后，它开启劳动教育的顶层设计以及系统的课程建设与实践研究，旨在通过劳动教育培养学生的实践能力和社会责任感。2024 年，它将研究重心放在了中华优秀传统文化的顶层设计上，致力于深入挖掘传统文化的内涵与价值，将其融入学校教育的各个环节。

基础教育科学研究所结合其部门特点，三年来从心理健康教育的角度进行了重点部署和整体设计，在中小学分别开展了主题为"小学性健康教育"和"中学生生涯发展指导"的系列研究。"小学性健康教育"系列研究从学校整体发展的角度，调研家长和教师开展学校性健康教育的现况和需求，研发了相应的小学生教育课程，在小学一至六年级开展了家校合作的性健康教育干预研究，取得了良好的效果。"中学生生涯发展指导"研究主要梳理普通高中学生生涯发展指导的现状及影响因素，并开展普通高中学生生涯成熟度现状调研，提出提升学生生涯成熟度的指导建议。有三篇调研论文被收录于《北京大中小幼一体化德育发展研究蓝皮书》系列丛书中；有两篇论文发表于国内核心期刊《中国健康教育》和《北京教育学院学报》上。

职业教育研究所按照问题导向、逐步深入的思路设计与开展了 2021 年至 2023 年的德育一体化课题研究。2021 年，在《中等职业学校思想政治课程标准》刚颁布的背景下，职业教育研究所针对课程标准新理念如何在中职学校落地的现实问题开展了议题式教学内涵及实践路径模型构建的研究；2022 年，为进一步了解课程标准指导下中职学校思想政治课程建设与实施现状，它开展了面向北京、吉林等六省（市）的中职思想政治课程建设与实施现状调研，发现中职学校在课程体系建设、师资队伍建设，尤其是大思政课建设方面存在不足，提出了对策建议；2023 年，其课题研究聚焦 2022 年调研中发现的中职学校大思政课建设问题，形成了完善思政课程体系建设、建强大思政课工作体系，建设专兼结合的教师队伍以及建设纵向贯通、横向协同的思政大格局等建议。其相关研究成果被收录于《北京大中小幼一体化德育发展研究蓝皮书》系列丛书中。

早期教育研究所在 2021 年到 2023 年期间开展了一体化德育系列研究，分别聚焦三个主题："基于幼儿年龄特点的幼儿园德育创新研究""家园社协同教育背景下的幼儿德育研究"和"幼儿园'文化育人'课程的理论与实践研究"。这三个主题具有连续性逻辑脉络，自成"一体化"，呈现出承上启下、交叠相融的特点，从研究问题不断贴近时代发展和实践需要、研究方法不断增强实证性、研究成果不断扩大实践指导效应等方面推动研究的不断深入，在此基础上，结合当前落实《幼儿园保育教育质量评估指南》的背景以及幼儿园对自主游戏中幼儿品德启蒙教育存在的问题困惑，确立 2024 年研究主题为"《评估指南》背景下自主游戏中对幼儿品德启蒙的实践研究"。在三年研究期间，早期教育研究所德育研究项目组注重成果输出与实践转化，共完成研究报告三篇，提交蓝皮书文章三篇，发表期刊文章五篇，依托项目实验幼儿园在朝阳区、西城区、海淀区、石景山区、丰台区开展多次研究主题现场研讨活动与培训活动。

特殊教育研究指导中心聚焦"五育并举视域下特殊教育德育一体化建设的整体架构与实践路径"，持续推进德育研究。2021 年，它立足"摸清现状"，了解特殊教育学校在德育制度建设、课程建设、队伍建设、德育活动等方面的现状，梳理典型经验和做法，分析主要困难点，提出具体建议。2022 年，它聚焦"育人机制"，基于充分尊重、多元支持和差异满足的视角在融合教育学校中如何推进融合教育开展研究。2023 年，它锚定"育人体系"，基于五育并举的视角探讨在特殊教育学校中如何开展劳动教育。截至目前，它共发表学术论文三篇，积累典型案例 30 余个。

高等教育科学研究所聚焦高校教师群体进行一体化德育研究。2021 年，它完成了北京市教委委派的高校"师生关系"调研任务，撰文阐述了高校师生关系现状与问题及其改进。2022 年，习近平总书记在考察中国人民大学时再次强调高校教师要成为"大先生"，高等教育科学研究所围绕"大先生"开展研究，并以与教育部教育质量评估中心合作编研《中国普通高校本科教育教学质量发展报告 2021—2022》"第五章 教师队伍建设 致力培养'大先生'"为契机，召开研讨会，研制问卷开展全国调查，收集并分析 1 万余份问卷数据。2022 年底，《高校"大先生"培养现状调研报告》被纳入北京教育科学研究院《北京大中小幼一体化德育发展研究蓝皮书（2022）》出版。2023 年，为了继续深化研究，它设定"新时代高校'大先生'群体画像"选题，围绕选题确定研究框架、方法和步骤，撰写研究报告。它总结梳理习近平总书记关于"大先生"的重要论述和国内研究进展，确定研究对象和"大先生"范围，搜集 50 余万字研究资料和数据，使用质性研究方法分析相关文本并统计数据，探讨高校"大先生"的群体特征、画像、成长轨迹、发展规律等现象并提出政策建议。

另外，班主任研究中心、终身学习与可持续教育研究所、教育创新研究中心等业务部门，也很好地发挥了它们各自在一体化德育、立德树人等方面的职责，取得了显著的学术成果。

二 聚焦育人的根本在于立德，2023 年大中小幼一体化德育研究成果斐然

2023 年，北京教育科学研究院高度重视一体化德育研究的机制建设和保障，遵循高效推进院内有组织科研的思路组织和推进大中小幼一体化德育研究，通过进行全面统筹、坚持定期调度、依托专题式研究、关注区校经验等路径实现院内外研究力量的聚合、整合、融合。

"推进大中小幼一体化德育研究新发展"课题组以习近平新时代中国特色社会主义思想和党的二十大精神为指导，以习近平总书记关于教育强国建设的重要论述为指引，遵循"育人的根本在于立德"的总体要求，取得了丰硕的研究成果。北京东城区、西城区、丰台区、顺义区、北京劳动保障职业学院依托区域化、校本化、一体化德育实践，形成了具有区域/校本特色的一体化德育研究成果。

本课题组依据北京教育科学研究院一体化德育研究的八大研究领域对 27 篇研究成果进行分类整合，将其分为社会主义核心价值观教育研究、大中小学思想政治教育一体化研究、理想信念教育研究、生态文明教育研究、中华优秀传统文化教育研究、心理健康教育研究、师德与教师育人能力研究、学校家庭社会协同育人研究八个部分（见图1）。

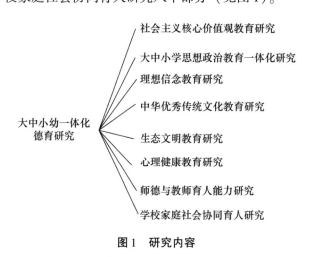

图1 研究内容

（一）社会主义核心价值观教育研究

本书中共有三篇成果从全人类共同价值教育、北京市高中国际部落实立德树人根本任务实践探索、青少年"模拟提案"育人研究维度探讨了社会主义核心价值观教育研究相关问题（见图2）。

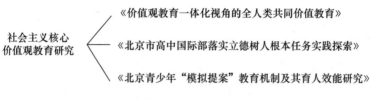

社会主义核心价值观教育研究
- 《价值观教育一体化视角的全人类共同价值教育》
- 《北京市高中国际部落实立德树人根本任务实践探索》
- 《北京青少年"模拟提案"教育机制及其育人效能研究》

图2　社会主义核心价值观教育研究成果

《价值观教育一体化视角的全人类共同价值教育》认为：全人类共同价值是构建人类命运共同体、践行全球发展安全文明倡议、共建"一带一路"的理论基础和价值支撑。全人类共同价值教育本质上是一种"类"价值教育，目的是使教育对象意识到人类命运的普遍联系和休戚与共，从而牢固树立世界眼光，建立全人类关怀。全人类共同价值教育是区别资本主义普世价值、弘扬社会主义核心价值的需要，也是对大中小学价值观教育现状的回应。价值观教育不仅包括社会主义核心价值教育，还包括全人类共同价值教育。全人类共同价值教育重在顶层设计，政策导向，在此引领下探索了具体途径。

《北京市高中国际部落实立德树人根本任务实践探索》通过对八所高中学校国际部进行的调研和分析发现，高中国际部落实立德树人根本任务普遍需要解决的问题集中在办学理念、融合课程和对外籍教师队伍的管理等方面。为此，各高中国际部积极探索，采取的主要举措包括育人理念立足国家、放眼世界，基于五育并举开展课程融合，充分利用、整合多方优质资源。为进一步落实好、实现好立德树人根本任务，从理念、政策、实践三个层面提出实施路径：在办学理念层面厘清价值取向、育人目标等基本问题，在政策层面落实监管规范以及质量评估等保障性工作，在实践层面落实好课程结构、教学方式、师资等内容。

《北京青少年"模拟提案"教育机制及其育人效能研究》在明晰青少年"模拟提案"概念的基础上，阐述了由引导激发、建言议事、现场观摩、制度保障构成的特有的北京青少年"模拟提案"教育机制,这一创新实践在落实育人要求、推动思政创新,感悟协商民主、增强制度自信,关注社会发展、培育责任担当等方面发挥了实际效用。该研究结合"模拟提案"创新育人的实践案例,在呈现教育成效的同时,提出相关建议以优化未来实践。

(二)大中小学思想政治教育一体化研究

本书有五篇研究成果聚焦思想政治教育一体化研究,从北京市实践探索、学理概念探析、新课标视域下劳动教育课程建构、"五育并举"视域下特教学校劳动教育推进、区域实践不同层次探讨了思想政治教育一体化相关问题(见图3)。

图3 大中小学思想政治教育一体化研究成果

《北京市中小学校"一体化德育"和"思想政治教育一体化"的实践探索》指出:"一体化德育""思想政治教育一体化"体现了党和国家在教育领域的战略方针和教育理念,是解决"培养什么人、怎样培养人、为谁培养人"三个根本问题的重要抓手。北京市中小学校在教育实践中进行了积极探索,针对德育工作问题,在遵循教育规律的基础上,突出思想政治教育核心内容,构建一体化育人体系;涌现出一些优秀的案例,形成了典型经验。该文从育人新模式等方面入手,形成北京市中小学全员育人的氛围和格局。

《系统论视域下一体化德育体系的内涵》认为:落实立德树人根本任务是一项复杂的系统工程,德育研究和德育工作要树立系统化思维,从系统论的视角实现不同主体、不同领域的有效协同与合作,构建一体化德育体系。系统论视域下的一体化德育体系由要素系统(教育对象、教育者和德育过程）、层次系统（学前教育、基础教育、职业教育、高等教育）和环境系统（学校、家庭、社会）构成。调查和访谈结果显示，一体化德育体系主要面临着要素系统契合性缺失、层次系统衔接性缺失、环境系统交互性缺失的困境。为破解这些问题，需要从促使一体化德育体系要素系统高度契合、实现一体化德育体系层次系统有效衔接、达成一体化德育体系环境系统良性交互着手，彰显一体化德育体系的整体性优势。

《新课标视域下开展劳动教育课程建构的实践研究》立足新课标背景，通过对劳动教育现状和存在问题进行深入分析，指出了现阶段劳动教育课程在目标设定、实施策略与评价体系上的不足。针对这些问题，该文构建了一个系统的劳动教育课程框架，明确了劳动教育总目标以及不同层级的分级目标，并提出了符合学校多元化需求的劳动教育目标。该文提倡采用多元化的推进路径和实施策略，以适应不同学校环境和学生需要，强调家校社三位一体的协同作用，共同推动劳动教育的深入开展。此外，该文还设计了全面的劳动教育评价体系，包括对学校实施维度的评价，以及家校社一体化评价机制，特别强调对学生劳动核心素养提升的考察，旨在通过科学评价促进学生劳动素养的全面提高，从而达成新课标下劳动教育的根本目的。

《"五育并举"视域下特教学校推进劳动教育的价值意蕴、现实困境与育人体系构建》强调：劳动教育对于残疾儿童少年自尊、自信、自强、自立的发展具有重要的意义与价值。限于中国特教学校起步较晚，育人过程中不平衡不充分问题仍客观存在，从学校劳动教育情况来看，尚存在育人目标、课程资源、机制保障等现实问题。该文以五育并举为导向，基于特教学校学生的实际需求，构建了"三聚焦、五融合"的特教学校劳动教育育人体系与具体可行的实施路径，以期实现新时代特教学校劳动教育质量的整体提升。

《区域中小学德育一体化建设的实证研究——以北京市顺义区为例》认为：构建大中小幼一体化德育体系，是全面贯彻党的教育方针、增强立德树人实效的路径要求。在北京市、顺义区教委的行政支持下，顺义区积极推进中小学德育一体化建设。适逢区教育质量提质年，德育与心理研究室从区域现实出发进行基础诊断，全局把握在地德育基线数据，以德育一体化建设为主线，从政策导向、数据索引、多维驱动三个层面对区域德育工作加以全景呈现，不仅为形成区域特色的德育一体化建设地图提供理性思考和借鉴，而且为区域教育提质奠定取得德育工作实效的基础。

（三）理想信念教育研究

本书中共有五篇成果分别从大中小学思政课一体化建设新样态、中小学思政课程与课程思政协同育人研究、"大思政课"一体化设计、中职学校"大思政课"建设、中高职思政课一体化的视角探讨了理想信念教育问题（见图4）。

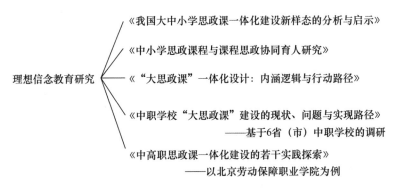

理想信念教育研究 —— 《我国大中小学思政课一体化建设新样态的分析与启示》
《中小学思政课程与课程思政协同育人研究》
《"大思政课"一体化设计：内涵逻辑与行动路径》
《中职学校"大思政课"建设的现状、问题与实现路径》
——基于6省（市）中职学校的调研
《中高职思政课一体化建设的若干实践探索》
——以北京劳动保障职业学院为例

图4　理想信念教育研究成果

《中国大中小学思政课一体化建设新样态的分析与启示》指出：思政课一体化建设呈现出新媒体给思政课教学带来新机遇、新挑战，思政课教师呈现出教学新热情和新智慧，聚焦新授课问题链、重塑思政课新样态，探索思政课新结构教学评价范式，打造实践型思政课新样态等新样态。北京市注重思政课一体化建设政策设计和机制创新，注重思政课教研学段衔接和区域协作，注重思政课一体化课堂教学结构改革和实践体验，新样态特征显著。该文得出了一些启示：思想引领和政策保障是大中小学思政课一体化发展新样态的发动机；大学师资到中小学助教支持机制是思政课一体化的外部保障；一体化教师研修机制建设是思政课的内部动力；线上线下教学资源交互共享是思政课一体化的智慧活水。

《中小学思政课程与课程思政协同育人研究》认为：思政课程与课程思政的协同育人，是新时代中小学落实立德树人根本任务的有力保证。基教研中心始终坚持对思政课程与课程思政的全面关注、同步发力。一方面，聚焦夯实教师基本功和《习近平新时代中国特色社会主义思想学生读本》的使用，在持续推进思政课程建设与实施中，促进思政课教师队伍的专业成长。另一方面，在对全学科、全学段课程中潜在的思政元素进行深入挖掘的基础上，以点带面地引领实践路向，通过开展多领域、多层次的实践探索，推动大思政视域下的全学科育人实践。

《"大思政课"一体化设计：内涵逻辑与行动路径》强调大思政课要把思政小课堂与社会大课堂结合起来；以改革创新为导向，聚焦"大思政课"一体化设计开展研究与探索。"大思政课"一体化设计的内涵逻辑包括目标逻辑、价值逻辑和实践逻辑。"大思政课"一体化设计的行动路径包括强化顶层设计、统筹资源共享、注重目标达成、重视队伍建设，分别实现拓展"大格局"、搭建"大平台"、建设"大课堂"、培养"大师资"的目的。"大思政课"一体化设计的核心在"一"，重点在"体"，难点在"化"。

《中职学校"大思政课"建设的现状、问题与实现路径——基于6省（市）中职学校的调研》认为：中华职业教育社与北京教育科学研究院联合面向北京、吉林等6个省（市）194所中职学校开展的调研结果显示，大部分中职学校"大思政课"课程体系初步形成、课堂教学改革创新显著、专兼结合的思政师资队伍初步建成、"大思政课"活动内容丰富，但选修课与必修课的关联不够密切、实践教学的推进还有较大的提升空间、行业企业专家作为兼职思政教师的占比还有待提升、多方协同的思政工作格局建设还有完善的空间。因此，建议立足新时代思政课育人目标，完善思政课程体系建设；健全实践教学工作机制，保障实践教学的开展；建设与专业适配度高的专兼结合思政教师队伍，提升思政教师实践教学实施能力；加强中高职思政一体化设计，建立协同育人思政教育大格局。

《中高职思政课一体化建设的若干实践探索——以北京劳动保障职业学院为例》指出：中高职思政课一体化建设是大中小学思政课一体化建设的重要实践举措，展现了"三全育人"综合改革的必然要求，符合学生整体性成长和差异化发展的辩证要求，反映提升思政课高水平建设的实践要求。北京劳动保障职业学院积极探索中高职一体化建设，融合设置中高职思政课一体化教研室，建立中高职思政课一体化集体备课制度，多措并举地推进中高职思政课实践教学一体化，初步实现了中高职思政课教师共通、课程共建、资源共享、实践共进。在此基础上，将从锻造打磨具有教育家精神的一体化队伍，创新推动思政课教学模式的一体化转型，协同搭建凸显职业教育类型特色的一体化课程等方面继续推动思政课中高职一体化的深入探索。

（四）生态文明教育研究

本书中有一篇研究成果聚焦生态文明教育研究，从交叉学科视角探讨了绿色低碳创新人才一体化培养的政策、困境与策略问题（见图5）。

生态文明 ——— 《绿色低碳创新人才一体化培养的政策、困境与策略
教育研究 ——以交叉学科为科学视角》

图5 生态文明教育成果

《绿色低碳创新人才一体化培养的政策、困境与策略——以交叉学科为视角》强调：绿色低碳创新人才一体化培养是中国式现代化建设的关键要素，而交叉学科建设则是一体化培养绿色低碳创新人才的基本路径。该文以交叉学科的视角分析绿色低碳创新人才一体化培养的政策基础、教育模式和实践优势；深入探讨交叉学科赋能绿色低碳创新人才一体化培养的现实困境。其主要问题表现为学科专业壁垒之困，人才一体化衔接之困，跨学科精品课程匮乏之困和绿色低碳创新文化之困。为充分发挥交叉学科在绿色低碳创新人才一体化培养中的"催化剂"作用，教育系统需要在核心素养进阶、提升专业认知、聚焦共生文化、建立学校联盟等方面持续发力，赋能拔尖创新人才培养；助推绿色发展，促进人与自然和谐共生。

（五）中华优秀传统文化教育研究

本书中有一篇研究成果从中华优秀传统文化融入幼儿园教育的视角探讨了中华优秀传统文化教育相关问题（见图6）。

中华优秀传统 ——— 《传统文化融入幼儿园教育的实践路径与推进策略》
文化教育研究

图6 中华优秀传统文化教育研究成果

《传统文化融入幼儿园教育的实践路径与推进策略》认为：中华优秀传统文化融入幼儿园教育，应重点遵循课程建设与教师专业发展相互促进的实践路径，建构目标体系、选择适宜载体、创设主要情境、运用基本策

略、把握关键抓手，并将其转化为具体、可操作的推进策略。具体策略包括以政策导向和理论探索为依据建构目标体系，将中华优秀传统文化核心要素与五大领域学习内容有机整合在一起；以蕴含文化基因的原创图画书、玩教具为适宜载体，选择与设计兼具文化性与教育性的活动材料；以生活化、游戏化的探究活动为主要情境，让幼儿感受有温度的传承、有趣味的浸润、有深度的学习；以支持幼儿有意义的多元互动为基本策略，通过师幼互动、幼幼互动、幼物互动、幼事互动实现传统文化经验建构；以提升教师的传统文化教育素养为关键抓手，提升教师的传统文化认知、传统文化认同以及传统文化教育能力。

（六）心理健康教育研究

本书中共有四篇成果从不同视角探讨了心理健康教育相关问题，涉及小学教师性健康教育素养、普通高中学生生涯成熟度、积极心理干预、提升家长心理健康素养等（见图7）。

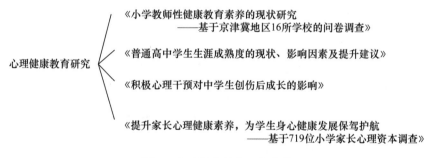

心理健康教育研究

《小学教师性健康教育素养的现状研究
——基于京津冀地区16所学校的问卷调查》

《普通高中学生生涯成熟度的现状、影响因素及提升建议》

《积极心理干预对中学生创伤后成长的影响》

《提升家长心理健康素养，为学生身心健康发展保驾护航
——基于719位小学家长心理资本调查》

图7　心理健康教育研究成果

《小学教师性健康教育素养的现状研究——基于京津冀地区 16 所学校的问卷调查》指出：小学性健康教育是高质量基础教育的重要组成部分，教师是开展性健康教育的实施主体。该书采用分层整群抽样方法，对京津冀 16 所小学 1347 名教师进行线上问卷调查，了解教师性健康教育的知识、态度、实践和培训的现况。结果显示：虽然小学教师性健康教育的态度积极，有 95% 的教师支持开展儿童性健康教育，但是其性教育知识有限，教育实践行为较少，仅有 20% 的教师曾经开展了性健康相关教育。虽然教师有较为强烈的培训需求，但是仅有不足 5% 的教师曾经接受了性健康教育

方面的培训活动。该文提示未来需开展教师系统培训项目，以期提升小学教师性健康教育素养。

《普通高中学生生涯成熟度的现状、影响因素及提升建议》采用抽样调查法，对北京市普通高中的 1048 名学生的生涯成熟度开展现状调研，结果表明：高中生的生涯成熟度处于中等水平，学生对自我知识的了解比对世界职业知识的了解更多；在学生的生涯决策态度方面，其主动性和功利性得分较高，自信心与稳定性整体得分较低，城区学生在职业决策的独立性和稳定性方面都显著高于郊区学生；学生的自我效能感、学校支持是学生生涯成熟度的有利因素，家长、社区和学校支持是提高城区学生生涯成熟度的支持路径，郊区学生则更依赖于家长的支持。该文提出了提升学生生涯成熟度的几点建议：引导学生积极参与生涯实践，增强他们生涯决策的自信心和稳定性；提升学生自我效能感，加强对学校生涯教育的系统性支持；关注城乡差异，构建"多位一体"的学生生涯发展指导体系。

《积极心理干预对中学生创伤后成长的影响》通过对北京和山西两地两所学校实验组和对照组学生心理干预的调查，探讨积极心理干预团体辅导对中学生创伤后成长的影响。该文发现：积极心理干预可以提高中学生创伤后成长水平，同时，传统的心理干预蕴含着积极趋向与价值，学校应当切实重视和开展心理健康教育，以班级为单位的积极心理干预团体辅导活动值得推广。

《提升家长心理健康素养，为学生身心健康发展保驾护航——基于 719 位小学家长心理资本调查》对某小学 719 位家长开展心理资本调查，结果发现：家长心理资本整体上处于中等偏上水平，但奋发进取和感恩奉献两个维度的均值低于常模。同时，心理资本中各维度均有不同比例的家长处于低分范畴。该文建议，要进一步增强家长对于心理资本的认知度；积极探索提高家长心理资本水平的科学策略；有效完善社会支持体系，家、校、社协同提升家长的心理健康素养，进而为青少年的心理健康成长保驾护航。

（七）师德与教师育人能力研究

本书中有四篇文章围绕师德与教师育人能力开展相关研究，其作者既包括中小学教师，也涵盖高校教师，他们从不同角度和侧面对师德与教师育人能力开展了相关研究（见图8）。

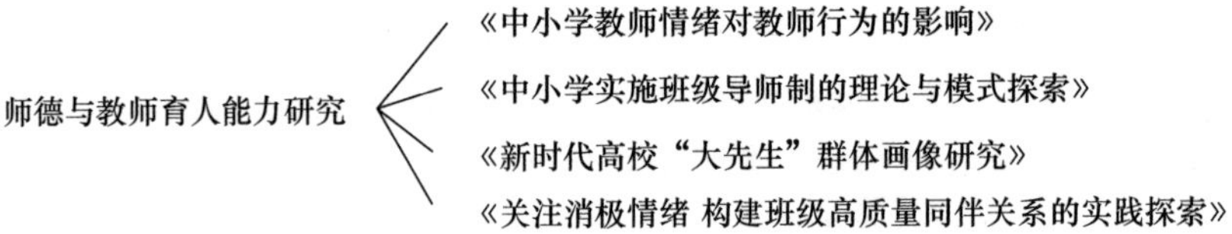

师德与教师育人能力研究 ⟨ 《中小学教师情绪对教师行为的影响》
《中小学实施班级导师制的理论与模式探索》
《新时代高校"大先生"群体画像研究》
《关注消极情绪 构建班级高质量同伴关系的实践探索》

图 8　师德与教师育人能力研究成果

《中小学教师情绪对教师行为的影响》认为：教师行为与教师情绪密切相关。该文发现，中国中小学教师在教育教学生活中经常体验到愉悦和热爱两种积极情绪，但是不容忽视的是教师对生气、内疚、伤心、担忧等消极情绪的体验水平较高。其中，在消极情绪体验中，生气的情绪体验水平最高。教师愉悦的积极情绪能够正向引导教师角色按照脚本要求进行深层表演，努力向观众呈现完美的舞台，能够展现理想的师德要求。教师的消极情绪会让教师变成玩世不恭的表演者，即通过伪装他们自己的情绪，他们假装认可脚本的要求，不追求演出效果得过且过地进行浅层表演，进而出现"躺平"等消极行为。该文建议，重塑"尊师"文化脚本，构建积极的情感文化；关心教师情绪，引导教师进行深层表演；引导教师以反思为契机，不断完善教师角色，让教师对扮演好教书育人的角色具有一种理想的道德期待。

《中小学实施班级导师制的理论与模式探索》指出：导师制萌芽于先秦私塾学院，起源于英国牛津大学，伴随着中国课程改革的深入推进而不断开展教育实践探索。中小学班级导师制是对班级全体学生的思想道德、学业发展、身心健康、潜能发展、生涯规划等进行全方位指导的一种教育制度，是班主任制的有益补充。该制度关注学生差异，倡导师生互动，强调五育融合，增进教师协作，有助于推进育人共同体的制度化建设。在中小学探索班级导师制的实践过程中，可尝试建立班级导师组模式（"1＋N"校内模式）或全员导师模式（"1＋N＋X"协同模式），以面向全体学生、发展全面素质、注重因材施教为基本原则，加强过程指导、机制建设和评价反馈，为"三全育人"新格局的建立探索实施路径和创新举措。

《新时代高校"大先生"群体画像研究》选择 32 位"大先生"作为研究对象，收集研究对象共 50 万字资料进行文本分析，形成编码和体系。根据编码，完成对"大先生"画像、特质、成长经历、教育理念等方面的全面论述，发现"大先生"具有以下特征：（1）父母和家庭奠定了良好的基础；（2）少年时立志担负起社会责任；（3）在教育和学习过程中展现出天赋；（4）拥有对专业无比的热爱与兴趣；（5）科研成果等身并获得国际公认；（6）尽心尽力培养人才，桃李遍天下；（7）丰富的性格特质提供了无尽的力量；（8）极具创新精神，勇探未知之境地；（9）有着拳拳爱国心，立志研究解决中国问题。该文据此提出需更加全面总结、提炼、宣传"大先生"的事迹与精神，继续深入开展"大先生"成长规律和性格画像研究，抓住少年、青年人才成长窗口期培养更多"大先生"的政策建议。

《关注消极情绪 构建班级高质量同伴关系的实践探索》认为：同伴关系是发展社会能力的重要背景，青少年通过同伴交往满足社交需要、获得社会支持和心理安全感，高质量的同伴交往经验有利于自我概念和人格的发展。在中小学校园中，班级是学生成长的第一环境，班级里高质量的同伴关系不仅是优秀班集体的核心标志，也是吸引学生喜欢学校学习生活的主要原因之一。在班级同伴交往中，消极情绪是引发低质量同伴关系恶性循环的中介变量，班主任要通过多种方法，从关注学生的消极情绪开始，顺藤摸瓜找到班级学生交往中引发消极情绪的不恰当社交行为；对接这些不恰当社交行为，结合学情，因地制宜地开展教育工作；班主任可以从班级文化角度，健全班级的制度文化，用文化规约学生的行为，减少班级中制造消极情绪的情境，从而建立高质量的班级同伴关系。

（八）学校家庭社会协同育人研究

本书中有四篇文章围绕家校社协同教育，对中国家庭教育国家支持社会协同运行机制、影响儿童学习品质的家庭教育因素、区域家校共育课程构建、中学家校社协同育人的实践探索等问题进行了思考与梳理（见图9）。

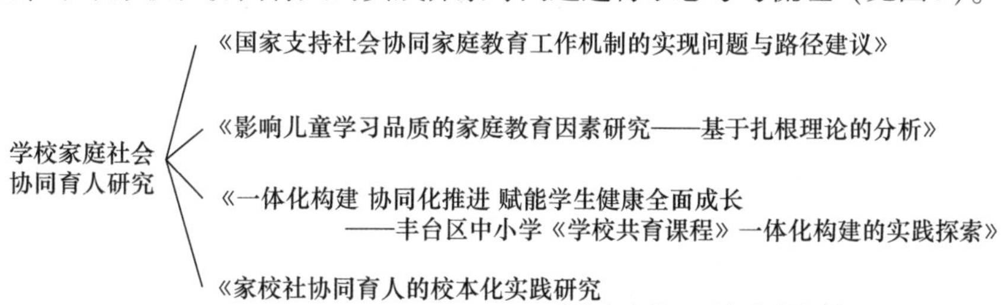

学校家庭社会协同育人研究
《国家支持社会协同家庭教育工作机制的实现问题与路径建议》
《影响儿童学习品质的家庭教育因素研究——基于扎根理论的分析》
《一体化构建 协同化推进 赋能学生健康全面成长——丰台区中小学《学校共育课程》一体化构建的实践探索》
《家校社协同育人的校本化实践研究——以北京市第一五九中学为例》

图9 家校社协同教育研究成果

《国家支持社会协同家庭教育工作机制的现实问题与路径建议》强调：家庭教育国家支持社会协同运行机制的构建是个系统工程，需要政府强有力的行政支持。但是当下的家庭教育促进法的运行机制面临着一定的现实壁垒，即家庭教育的法律地位不够明确、家庭教师社会支持的组织结构不够科学、社会协同主体自身的能力建设不强。因此，中国应从强化政府的支持主体地位、优化组织结构、提升政府的服务能力、提升家庭教育类社会团体的自身能力建设等几个方面，积极推动地方开展立法实践，并为修改"家庭教育促进法"提供基础。

《影响儿童学习品质的家庭教育因素研究——基于扎根理论的分析》认为：儿童学习品质的发展关系到他们的学业与未来的职业成就。家庭是儿童学习发生的主要场所之一，父母的各种教育行为会直接影响子女的兴趣、动机、习惯等品质的形成。该文采用扎根理论的研究方法，勾勒出家庭教育对个体学习品质影响的因素模型。结果表明，观念认识、家庭支持、家庭活动、教养内容、亲子关系和父母示范是既具有独立功能又彼此关联的几个核心因素，儿童的学习品质在这些因素的共同作用下得到促进与发展。

《一体化构建 协同化推进 赋能学生健康全面成长——丰台区中小学〈家校共育课程〉一体化构建的实践探索》立足丰台区中小学"家校共育课程"的研发与使用，以《北京市中小学养成教育三年行动计划》为引领，一体化构建课程体系，坚持目标引领，横向贯通与纵向衔接，从家长、教师、学生三个群体，小学低段、中段、高段、初中一年级、初中二年级、初中三年级共六个学段，研发"家校共育课程"18种。在使用过程中，基于学校，不断革新家长、教师与学生的学习与使用方式，努力做实线上"云上课堂"与线下"移动课堂"，为学生的成长营造一个良好的教育生态环境，促进每一个学生的健康成长。

《家校社协同育人的校本化实践研究——以北京市第一五九中学为例》在梳理家校社协同育人相关理论的基础上，立足北京市第一五九中学推进家校社协同育人的实践探索和实证素材搜集，通过了解家长对家校社协同育人的态度、探索帮助家长获得科学教育方法的路径等方式来有效改善实际教育效果，依托实证研究的方式从校本化的视角探讨如何有效促进家庭教育、学校教育和社会教育协同合作的问题，以更好地帮助学生健康成长。

三 锚定教育强国建设目标，不断推进大中小幼一体化德育研究的开拓创新

2023 年，"推进大中小幼一体化德育研究新发展"课题组紧密围绕立德树人根本任务，在党的二十大精神、习近平总书记关于教育强国建设的重要论述指引下进行主题化研究，致力于实现北京教育科学研究院内德育研究的协同化、一体化和系统化。在后续研究工作的推进中，本课题组还将着力于构建立德树人系统化落实机制，形成院内协同、院外联动的学术发展机制，以期实现大中小幼一体化德育研究的新发展和新飞跃。

（一）研究启示：进一步学习贯彻习近平总书记关于建设教育强国的重要讲话精神，切实彰显德育的基础性价值引领作用

"培养什么人、怎样培养人、为谁培养人"是教育的根本问题，是事关中国特色社会主义事业兴旺发达、后继有人的重大问题，是事关党和国家长治久安的关键问题，也是建设教育强国的核心课题。习近平总书记关于建设教育强国的重要讲话精神为德育工作注入了"强心剂"，进一步凸显了德育在德智体美劳中的根本性地位与基础性作用。

首先，牢记育人的根本在于立德，切实重视、加强和改进德育工作。中国传统文化历来高度重视立德修身，"立德"一直是中华传统教育思想的目标。"德才兼备、以德为先""德不孤，必有邻"等都生动地诠释了"立德"的重要作用。"国无德不兴，人无德不立。"道德对国家的发展、民族的振兴、社会的进步、个人的成长都至关重要。建设教育强国、实现中国式现代化，需要通过一代又一代德智体美劳全面发展的社会主义建设者和接班人的努力和奋斗。一体化德育研究要立足德育实践的实际需求，通过科学研究破解德育实践中的困惑和问题，切实重视、加强和改进德育工作。

其次，牢固树立"以学生发展为中心"理念，围绕学生设计和推进一体化德育。"推进大中小幼一体化德育研究新发展"课题旨在院内协同、院外联动的基础上构建立德树人系统化落实机制，最终服务全体学生的发

展和成长。"德育的核心目标指向于个体德育的成长"①，教育对象精神世界的提升和改变是德育的目的和归宿。在一体化德育研究和实践中，要切实关注教育对象的特点、情感、感受、体会，真正做到"以学生发展为中心"，推动和促进学校德育工作的改进和提升。

再次，将立德树人实际成效作为检验学校一切工作的根本标准，切实推进学校德育评价工作优化提升。2020 年，中共中央、国务院印发的《深化新时代教育评价改革总体方案》明确指出："教育评价事关教育发展方向，有什么样的评价指挥棒，就有什么样的办学导向。"②这既是落实习近平总书记关于"要把立德树人的成效作为检验学校一切工作的根本标准"③重要论述的现实举措，又为推动新时代教育评价改革吹响了号角。高质量的大中小幼一体化德育工作体系是高质量教育系统中的重要一环，建设高质量的大中小幼一体化德育工作体系，必须对学校德育工作评价进行深入研究，充分发挥评价的指挥棒作用。本课题组积极开展新时代学校德育工作评价研究，通过以评促建为党育人、为国育才，以立德树人铸就教育强国。

最后，跳出教育看教育，从多视角切入一体化德育研究。教育部党组书记、部长怀进鹏认为："建设教育强国，既要遵循教育内部规律，更要跳出教育看教育，在中国式现代化的进程中，深刻把握教育与政治、经济、社会、科技和国家安全的关系，找准发展目标、明确主攻方向。"④深入推进北京教育科学研究院大中小幼一体化德育研究，就要跟着教育看教育，从德育与政治、经济、社会、科技及国家安全的视角切入一体化德育研究，既关注学生理想信念教育、思想道德素质提升等传统德育问题，又关注全面健康观、职业精神塑造、创新精神培养等相关问题，力争通过教育科学研究有效解决教育中的痛点、难点、堵点。

---

① 班建武：《德育一体化的社会向度及其实践要求》，《国家教育行政学院学报》2022 年第 3 期。

② 《中共中央 国务院印发〈深化新时代教育评价改革总体方案〉》，http://www.moe.gov.cn/jyb_xxgk/moe_1777/moe_1778/202010/t20201013_494381.html。

③ 习近平：《在北京大学师生座谈会上的讲话》，《人民日报》2018 年 5 月 3 日第 2 版。

④ 怀进鹏：《奋力书写教育强国建设 支撑引领中国式现代化的新篇章》，《学习时报》2024 年 3 月 29 日第 1 版。

（二）未来思考：进一步实施精准化课题推进模式，持续推动大中小幼一体化德育政策、理论研究与实践应用

从 2021 年开始，北京教育科学研究院开始推进大中小幼一体化德育研究工作，通过课题式推进的模式取得了系统的研究成果，产生了一定的影响。在后续工作中，还需要实施精准化的课题推进研究模式，以持续推动大中小幼一体化德育理论研究与实践应用。

第一，以政策导向、实践导向、理论导向为统领，推动一体化德育研究向纵深发展。北京教育科学研究院作为市委、市政府、市教育两委的重要教育智库，理应通过一体化德育研究为教育行政部门的一体化德育教育决策提供有力的支撑和建议，力争使北京教育科学研究院的一体化德育研究成果转化为引领首都德育高质量发展的教育政策。开展教育理论研究旨在改进和提升教育实践，北京教育科学研究院作为指导北京市各级各类学校提升教育质量和水平的重要专业机构，理应通过教育研究破解教育实践中的难题和瓶颈，力争将北京教育科学研究院的一体化德育研究成果与学校的生动实践有机结合起来，从而"让孩子们有更广阔的眼界、更开阔的思路、更开放的观念，努力培养堪当民族复兴重任、勇于创造世界奇迹的国之栋梁"[1]。北京教育科学研究院作为专业的教育科学研究机构，理应开展教育理论研究、夯实教育理论成果，力争通过一体化德育完善一体化德育研究体系架构、协同与统一等理论，力争形成具有教科院品牌和特色的一体化德育研究理论成果。

第二，持续推进有组织科研的课题研究模式，实现内外联动、有效协同的研究样态。加强内部协同研究的深度，进一步探索和优化一体化德育研究的激励保障机制，鼓励并支持研究者通过自由组合形成打破部门分工和壁垒的复合型研究态势，形成研究者自由组合的德育研究新范式。持续扩展外部合作的广度，加大与国内外高校、科研院所、行业权威专家的交流合作研讨力度，充分利用和借助外部资源和力量有效扩充北京教育科学研究院一体化德育研究的视野和场域，将科研团队布局扩展至院外，开展跨界、跨领域、开放性研究，进一步发挥北京教育科学研究院在一体化德

---

[1] 《习近平在北京育英学校考察时强调 争当德智体美劳全面发展的新时代好儿童》，《人民日报》2023 年 6 月 1 日第 1 版。

育理论研究和实践指导方面的辐射带动凝聚作用。在加强内部协同、外部合作的基础上，固化有组织科研的研究模式和工作机制，逐渐形成部门之间有效协同、院内院外精诚合作、市区校三级联动的课题研究模式，产生 1 + 1 > 2 的叠加效应，实现研究力量与研究成果的进一步融合。

第三，采用跟进式课题管理方式，促进课题研究的有序高效推进。经过三年的探索和实践，子课题式科学研究机制已经成为北京教育科学研究院推进一体化德育研究的有益尝试。在后续课题研究工作中，总课题组将采用跟进式课题管理方式，统一组织各子课题的立项、开题、结题等工作，以促进课题研究的有序、高效推进。总课题组根据《北京教育科学研究院科教研成果奖励办法（修订）》相关要求，组织院外专家对部门、各单位提交的 2023 年一体化德育研究成果进行专项评审，以决定哪些成果将被收录于本蓝皮书中。在本蓝皮书出版后，总课题组将根据要求组织院外专家对本蓝皮书所收录的文章进行评审，确定奖励等级。

第四，立足全人类共同价值视野推动大中小幼一体化德育研究创新发展。党的二十大报告强调："世界各国弘扬和平、发展、公平、正义、民主、自由的全人类共同价值。"① 全人类共同价值承认世界文化和文明的多样性，承认不同民族、不同地域和不同国家的人们存在不同的价值观。在此基础上，全人类共同价值追求全人类价值的最大同心圆和最大公约数。② 北京教育科学研究院的一体化德育研究要关注全人类共同价值相关内容，从全人类共同价值与构建人类命运共同体、全人类共同价值与社会主义核心价值观的关系、全人类共同价值教育等视角开拓北京教育科学研究院一体化德育研究视野。

第五，立足"大思政课"视野推动大中小幼一体化德育研究创新发展。2021 年 3 月 6 日，习近平总书记在看望参加全国政协会议的医药卫生界教育界委员时指出："思政课不仅应该在课堂上讲，也应该在社会生活中来讲。""'大思政课'我们要善用之，一定要跟现实结合起来。上思政

---

① 习近平：《高举中国特色社会主义伟大旗帜 为全面建设社会主义现代化国家而团结奋斗——在中国共产党第二十次全国代表大会上的报告》，人民出版社 2022 年版，第 63 页。

② 孙春晨：《全人类共同价值是构建人类命运共同体的伦理基础》，《马克思主义与现实》2022 年第 1 期。

课不能拿着文件宣读，没有生命、干巴巴的。"① 习近平总书记有关"大思政课"的重要论述不仅为改进思政课教学提供了根本遵循，也为北京教育科学研究院进一步深化一体化德育研究指明了方向和路径。在后续研究工作中，北京教育科学研究院可以围绕"大思政课"的内涵、意义、路径、主体、方式等问题开展研究，充分发挥课程育人的主阵地和主渠道作用。

第六，立足全球教育视野推动大中小幼一体化德育研究创新发展。比较教育研究的中心任务就是学习借鉴国外的教育理论、教育政策和教育经验，改进和提升中国的教育工作。"德育""一体化德育"并不是中国特有的教育分支，其他国家也都在进行相关教育理论研究和教育实践（具体名称可能不尽相同）。北京教育科学研究院的一体化德育研究要立足全球教育视野，注意学习、吸收、借鉴国外的有益探索和成果，从而将外来的教育理论、政策和实践进行"内化吸收"和"本土化改造"，进而在宏观层面上完善中国一体化德育体系的政策决策，在微观层面上推进区域和学校一体化德育工作的改进和提升。

2024 年，北京教育科学研究院一体化德育研究依旧面临着发展机遇与现实挑战并存的局面。我们将继续固化、高效推进有组织科研、注重开展整体性研究、关注课题的反哺功能等有益探索，继续在"全院一盘棋"思维的指导下，聚焦习近平总书记关于建设教育强国的重要讲话精神，实施精准化课题推进模式，推动大中小幼一体化德育研究实现创新发展和飞跃，为建设教育强国提供有力支撑！

---

① 《"'大思政课'我们要善用之"（微镜头·习近平总书记两会"下团组"·两会现场观察）》，《人民日报》2021 年 3 月 7 日第 1 版。

第一编

社会主义核心价值观教育研究

价值观教育一体化视角的全人类共同价值教育

秦廷国*

价值观教育一体化是德育一体化的重要内容，而价值观教育一体化在内容方面既包括社会主义核心价值教育，也包括全人类共同价值教育。全人类共同价值是习近平主席在 2015 年第七十届联合国大会一般性辩论的讲话中提出的："和平、发展、公平、正义、民主、自由，是全人类的共同价值，也是联合国的崇高目标。"① 党的二十大报告又强调指出："世界各国弘扬和平、发展、公平、正义、民主、自由的全人类共同价值。"②

一 价值、共同价值和全人类共同价值

哲学中的价值是一种关系范畴，是指客体对于主体的意义，它同经济学中的"使用价值"和伦理学中的"善"相近，但更抽象、更具有普遍性。马克思主义价值论揭示了价值的本质和价值现象的一般规律。马克思说："使用价值表示物和人之间的自然关系，实际上是表示物为人而存在。"③ 列宁也曾用"事物同人所需要它的那一点的联系"④ 来表述事物的价值。可见，价值是主客体之间的一种"关系质"或"关系态"，凡是具有这种性质和状态的主客体关系如利、善、美等都是价值关系。这里的客

---

* 北京教育科学研究院德育研究中心。

① 习近平:《携手构建合作共赢新伙伴 同心打造人类命运共同体——在第七十届联合国大会一般性辩论时的讲话》，http://www.xinhuanet.com/politics/2015-09/29/c_1116703645.htm。

② 习近平:《高举中国特色社会主义伟大旗帜 为全面建设社会主义现代化国家而团结奋斗——在中国共产党第二十次全国代表大会上的报告》，人民出版社 2022 年版，第 63 页。

③ 《马克思恩格斯全集》第 26 卷第 3 册，人民出版社 1974 年版，第 326 页。

④ 《列宁选集》第 4 卷，人民出版社 2012 年版，第 419 页。

体不仅包括物，还包括对象化的人和精神文化现象等。物满足主体人的结构、需要、能力、生存和发展的属性就是物的（使用）价值，对象化即客体的人满足主体人的效用就是人的价值，精神文化现象满足主体人的需要就是文化的价值。①

价值关系贯穿于人们的认识和实践活动的整个过程。有人认为，达到真理只是"认识世界"，即认识中的事，而创造价值则是"改造世界"，即实践中的事，这种割断人类活动过程的理解方式是片面的。事实上，人类认识世界与改造世界彼此密切联系、不可分割。在认识世界时，人类在观念上改变着世界，否则，实践的改造便没有思想基础，而观念的改造不能不包含主体的价值选择；在实践地改造世界时，也必然受到客观事物的制约和反作用，从而改变人自身的状态特别是精神状态，重新把握规律，这也是继续认识世界、获得真理的过程。可见，不论在认识过程中还是在实践过程中，都不可能只讲真理而不讲价值，或只讲价值而不讲真理。②

共同价值是指不同主体之间为满足共同需要而共同期望同一客体达成的效用目标。譬如，甲和乙为了满足共同的审美需要而共同期望欣赏花朵的"美丽"，从而使得花朵的"美丽"成为甲和乙共同期望的效用目标，即共同价值。共同价值也是在具体的主客体关系之中生成的，其价值关系可以描述为：由于符合特定条件而实现特定关系属性的同一客体能够有效地满足不同主体的共同需要。譬如，由于花瓣色彩丰富而实现"美丽的"这样一种关系属性的花朵能够有效地满足甲和乙共同的审美需要。③ 这种共同需要的满足就是不同主体和同一客体之间的共同价值关系。

共同价值的生成至少需要以下三个条件：一是具有共同的主体需要，即不同主体都具有某种或某些共同类型的需要，都要求相应的客体能够有效地满足其各自的需要；二是具有共同的共享客体，即同一客体能够同时有效地满足不同主体的共同需要，从而使客体自身具有可共享性；三是具有共同的价值属性，即不同主体为使共同需要得到有效满足而共同期望甚

---

① 肖前主编：《马克思主义哲学原理》下册，中国人民大学出版社 1994 年版，第 657—658 页。

② 肖前主编：《马克思主义哲学原理》下册，中国人民大学出版社 1994 年版，第 659—660 页。

③ 王江伟、翟秋菊：《全人类共同价值："共同价值"抑或"共同价值观"？》，《北京航空航天大学学报》（社会科学版）2023 年第 6 期。

至共同努力使共享客体实现特定的关系属性——这种共同的"期望"与"努力"是主体以客体既有属性为条件的对象化活动，彰显着客体给主体带来所期望的"'效用'背后负载的人的本质力量"[1]和现实能力。[2] 这种共同的"期望"与"努力"其实就是共同主体的认识和实践活动的统一。

二　全人类共同价值的基本内涵

全人类共同价值是指客体属性与全人类主体的内在尺度相契合，对普遍的全人类整体即全体个人有意义的普遍性价值。[3] 全人类共同价值是人类在普遍性、总体性实践中不断积累、创造的，又经过亿万次实践重复、验证而确立的，是由经验而变成的先验。[4] 全人类共同价值有着丰富的内涵。

（一）和平、发展

和平与发展仍然是当今世界的两大主题。当今世界虽然没有大规模战争，但局部冲突不断，世界并不安宁，维护和平还需要国际社会的持续努力。在和平的问题上，要旗帜鲜明地反对霸权主义和强权政治，坚持和平共处基本原则和国际关系基本准则。发展主要是发展中国家的重要任务，但发达国家也有一个发展的问题，发达国家的发展同样离不开发展中国家的发展。在发展的问题上，发展中国家要互相扶持，实现南南合作；发达国家要支持发展中国家，实现南北合作。

和平是发展的保障，发展是和平的条件，只有不断发展才能实现持久和平。习近平在庆祝中国共产党成立100周年大会上的讲话中指出："新的征程上，我们必须高举和平、发展、合作、共赢旗帜，奉行独立自主的和平外交政策，坚持走和平发展道路……以中国的新发展为世界提供新机遇。"[5]

---

① 李威威：《全人类共同价值的哲学基础》，《哲学动态》2022年第12期。
② 王江伟、翟秋菊：《全人类共同价值："共同价值"抑或"共同价值观"?》，《北京航空航天大学学报》（社会科学版）2023年第6期。
③ 张建云：《"全人类共同价值"与西方"普世价值"本质区别的哲学评判——兼评理论界对"普世价值"论的批判》，《郑州轻工业大学学报》（社会科学版）2023年第6期。
④ 张建云：《"全人类共同价值"与西方"普世价值"本质区别的哲学评判——兼评理论界对"普世价值"论的批判》，《郑州轻工业大学学报》（社会科学版）2023年第6期。
⑤ 习近平：《在庆祝中国共产党成立100周年大会上的讲话》，人民出版社2021年版，第16页。

（二）公平、正义

公平、正义简称公正，既体现为一种价值理念，也表现为一种制度安排。公平、正义是人类千百年来共同的价值理想。在欧洲文艺复兴以后，资产阶级革命追求的价值目标之一就是公平、正义。但资本主义的公平、正义具有阶级和历史的局限性，广大人民群众是没有真正的公平、正义可言的。

社会主义实现了真正意义上的公平、正义，人民成为国家的主人，享有广泛地平等参与和平等发展的权利。公平、正义是中国特色社会主义的本质要求和特征。在当代中国，公平、正义不仅体现在政治、经济、文化、社会制度和生态文明各领域，还体现在权利公正、机会公正、规则公正、效率公正和分配公正等各方面，总的目标正如胡锦涛同志在中央党校省部级主要领导干部提高构建社会主义和谐社会能力专题研讨班上所提出的："社会各方面的利益关系得到妥善协调，人民内部矛盾和其他社会矛盾得到正确处理，社会公平正义得到切实维护和实现。"①

（三）民主、自由

民主的基本含义是一切权力属于人民，权为民所有、为民所赋、为民所用。民主就是人民的权利、人民进行治理。社会主义民主是对资本主义民主的扬弃，是符合民主本义的真实的民主。人民民主是马克思主义民主理论的创造性发展，是中国特色社会主义的本质和生命。自由是对必然的认识，是人的全面发展，个性自由是人的本质诉求。没有绝对的自由，个人在行使自由权利时必须尊重他人的自由权利。政治的自由主要是公民依法享有的参与国家政治生活的自由权利。

民主和自由是全人类共同的价值目标。民主是形式和手段，自由是内容和目的。民主和自由都是相对的，有边界的。历史和现实证明，西方所谓绝对民主和绝对自由是虚假的、行不通的。

全人类共同价值的六个方面是相互联系、辩证统一的关系。和平、发展是基础和条件，公平、正义是准则和保障，民主、自由是目标和精髓。没有和平与发展，公平、正义和民主、自由就无从谈起；没有公平与正

---

① 胡锦涛：《在省部级主要领导干部提高构建社会主义和谐社会能力专题研讨班上的讲话》（2005－2－19），https：//www.gov.cn/ldhd/2005－06/27/content_9700.htm。

义，和平、发展和民主、自由就不能持久；没有民主与自由，和平、发展和公平、正义就失去了目标指向。

三 一体化视角下理解全人类共同价值教育的意义

全人类共同价值为构建人类命运共同体凝聚价值共识，也为全球发展安全文明倡议、"一带一路"倡议提供了基本价值原则。从一体化视角出发，全人类共同价值教育是价值观教育的重要内容之一，具有非常重要的意义。

（一）全人类共同价值与社会主义核心价值的关系

全人类共同价值和社会主义核心价值是普遍性即共性和特殊性即个性的辩证统一。全人类共同价值是普遍性存在，社会主义核心价值是特殊性存在，普遍性存在通过特殊性存在而表现出来。社会主义核心价值就是社会主义核心价值体系和社会主义核心价值观。中共中央办公厅《关于培育和践行社会主义核心价值观的意见》指出："社会主义核心价值观是社会主义核心价值体系的内核……是社会主义核心价值体系的高度凝练和集中表达。"① 民主、自由、公平、正义既是社会主义核心价值倡导的价值目标和价值取向，也是全人类共同价值倡导的价值指向和价值准则。

（二）全人类共同价值教育是构建人类命运共同体的要求

在全球化、信息化时代，人类命运共同体是中国共产党倡导的人类存在和未来发展的新形态，是马克思主义世界历史理论和共同体理论的创造性丰富和发展。构建人类命运共同体，就需要一个人类全体认同的共同价值支撑，这个最大普遍性的共同价值就是全人类共同价值。全人类共同价值教育是构建人类命运共同体、践行全球发展安全文明倡议、建设"一带一路"的迫切需要。

---

① 中共中央办公厅：《关于培育和践行社会主义核心价值观的意见》（2013 – 12 – 23），https://www.gov.cn/zhengce/202203/content_ 3635148. htm。

（三）全人类共同价值教育是批判资本主义普世价值的需要

全人类共同价值实质上是普适性价值，也是人类共同体意义上真正的普适性价值，但与西方资本主义宣扬的普世价值有着根本区别。资本主义普世价值从抽象的人性论出发，打着"普世"的口号，维护资本主义的私利，没有代表也不可能代表全体人类的共同价值。全人类共同价值教育是区别资本主义普世价值，批判其虚伪性、片面性和局限性的理论需要，是培育和践行社会主义核心价值的现实需要。

四　全人类共同价值教育的诉求和现状

全人类共同价值教育本质上是一种"类"价值教育，通过教育引导受教育者形成对全人类共同价值全面而正确的认知，全面培育"类意识"，系统推进"类实践"[1]。全人类共同价值教育的目的是使教育对象意识到他们自己是"世界中的人"，意识到人类共同的理想诉求，意识到人类命运的普遍联系和休戚与共，从而牢固树立世界眼光，确立全人类关怀，形成人类大爱，尊重世界各国、各地区文明的多样性差异，凝聚开放、包容、共建、共享的价值共识，自觉在践行全人类共同价值的实践中推进人类命运共同体的构建，推进人类文明形态的新发展，推进全人类的解放事业[2]，实现人类从"必然王国"向"自由王国"的飞跃。

全人类共同价值教育对"类意识"的培育，有利于拓展现代教育的时代内涵，在落实立德树人根本任务中推进人的自由而全面发展。马克思主义将人的自由而全面发展作为社会发展的根本目标，并将之与民族历史转变为世界历史的程度紧密关联起来。结合当前社会发展和全球化进程的现实来看，现代教育要回答好"培育什么样的人"的问题，就必须紧跟时代发展的脉搏，倾听世界之声，回应时代之问。"当前，坚持和发展中国特色社会主义理论和实践提出了大量亟待解决的新问题，世界百年未有之大

---

① 韩升：《全人类共同价值教育的时代内涵、价值意蕴与实践要求》，《中国德育》2023 年第 14 期。

② 韩升：《全人类共同价值教育的时代内涵、价值意蕴与实践要求》，《中国德育》2023 年第 14 期。

变局加速演进，世界进入新的动荡变革期，迫切需要回答好'世界怎么了''人类向何处去'的时代之题。"① 在全球化发展的背景下，培养对各国多元文明具有清醒认知力，对世界进步潮流具有正确判断力，对人类发展具有全球胜任力的"类主体"成为现代教育的内在要求。全人类共同价值教育是现代教育事业发展不可或缺的一个重要环节，它突破了以民族国家为界限的狭隘视野，将"德"放在世界历史发展的语境中加以考察，融大德、公德、私德教育为一体，引导人们做具有坚定政治立场和正确价值取向的人，做具有胸怀天下和大局意识的人，做有理想信念、有实干本领、有责任担当的人，做能担当民族复兴大任的时代新人。②

但最近的调研发现，全人类共同价值教育在××市大中小学还是比较薄弱的，亟须加强。对教师的调研显示，62.8%以上的教师不了解或不太了解全人类共同价值；对学生的调研显示，75.3%以上的学生不了解或不太了解全人类共同价值。在新时代，中国学生需要全球视野和全球文明素养，全人类共同价值教育刻不容缓，势在必行。

全人类共同价值教育是价值观教育的一个重要方面。但学校价值观教育的总体效果也需加强。在市场经济和网络思潮的影响下，社会价值标准呈现出多元化、多样化。有的学校价值观教育不到位，走过场，讲排场，形式主义严重。不少学生理想信念模糊，价值观念淡薄，个别学生还出现焦虑化、盲从性的问题。非主流的娱乐文化冲击着学生的价值观念，消解其道德自觉，部分学生理性意识弱化，不能做出正确的价值判断。他们向往理想，但注重实际；充满个性，但缺乏团队精神；追求创新，但有时又偏执；在对规律的把握逐渐"深入"的同时，对价值的引领却呈现"浅出"的态势。新时代的学生是祖国的希望、民族的未来，价值观教育至关重要，不仅要树立社会主义核心价值观，还要树立全人类共同价值观；不仅要有爱国情怀，还要关爱全人类；不仅要心系祖国，还要放眼世界。在践行社会主义核心价值的同时践行全人类共同价值，把社会主义核心价值和全人类共同价值统一起来，把二者共同的价值原则——民主、自由、公

---

① 习近平：《坚持党的领导　传承红色基因　扎根中国大地　走出一条建设中国特色世界一流大学新路》，《人民日报》2022年4月26日。

② 韩升：《全人类共同价值教育的时代内涵、价值意蕴与实践要求》，《中国德育》2023年第14期。

平、正义贯通起来。特别是大都市的中国学生，由于世界文化交流和国际交往不断，因此更要有世界眼光、全球视野和人类关怀，关心人类前途和命运，自觉树立和践行全人类共同价值。

五 一体化开展全人类共同价值教育的实践途径

（一）将全人类共同价值教育纳入大中小学思想政治理论课程中

在学校思想政治理论课中增补全人类共同价值教育的内容，并安排一定的课时。开通课前国际时事 5 分钟，关注国际局势，特别是俄乌冲突、巴以冲突，突出和平与发展的主题。思政课是全人类共同价值教育的主渠道，要把全人类共同价值教育融入教育教学全过程，实现全员育人、全程育人、全方位育人。有的省市在中考改革 2024 年方案中将道德与法治科目笔试由闭卷调整为开卷，同时强化了综合素质评价的运用，将综合素质评价日常行为计入中考成绩。本文建议在道德与法治科目命题中增加开放式应用性的全人类共同价值教育考试内容。

（二）在学校文化建设中自觉渗透全人类共同价值教育

学校文化是全人类共同价值教育的重要载体。在学校文化建设中有意识地渗透全人类共同价值教育。组建学生宣讲社团，宣讲全人类共同价值，讲明全人类共同价值是人类文明发展进步的重要标志性成果。组织学生论坛、辩论赛，辩明人类对共同价值的探索永无止境、不断创新，中国社会主义核心价值丰富和创新了人类共同价值。深化国际理解教育体制机制，组织模拟联合国法庭，彰显国际公平、正义。

（三）在实践活动中让学生体验感悟全人类共同价值

组织学生参加社区志愿服务和示范区创建活动，体验、感悟和平、发展的环境；参访人大、政协机关，体验感悟民主、自由的目标；参访民政局和社会保障局，体验感悟公平、正义的制度安排。利用大都市外事机构众多的优势，组织学生参观外国使领馆、联合国教科文组织、海外机构联谊会等，体验、感悟全人类共同价值的意义。组织学生参加国际性会议，提供迎宾、翻译等会议服务。组织学生出国研学、游学，接纳国际交换生。组织学生参加中非论坛、"一带一路"论坛，通过线上线下活动，聚焦中非共同体和人类命运共同体，突出公平正义，促进和平、发展，等等。

（四）在方式方法上，一体化推进全人类共同价值教育

一是将全人类共同价值教育与社会主义核心价值教育结合起来一体化推进。全人类共同价值教育是人类普适性价值教育，社会主义核心价值教育是社会主义价值理念教育，二者是普遍和特殊、共性和个性的关系。共性寓于个性之中，并通过个性表现出来；个性也离不开共性，不包含共性的个性是不存在的。因此，在价值观教育过程中，要把全人类共同价值教育与社会主义核心价值教育有机统一起来，一体化设计、一体化实施、一体化督导评价。二是大中小学一体化开展全人类共同价值教育，既要突出各学段重点，又要注重学段衔接贯通。小学要注重学生对全人类共同价值认知教育，使其不仅了解全人类共同价值的内涵和意义，还要使其认清全人类共同价值的实质和要求。中学应注重引导学生认同全人类共同价值，将其内化为个人的价值追求，通过认同教育，使和平、发展，公平、正义，民主、自由的价值理念深入学生头脑，融入学生的理想信念中。大学应注重引导学生自觉践行全人类共同价值，引导学生积极参与维护国际国内和平、促进经济社会发展的社会实践，参与保障社会公平、正义的实践活动，参与实现人民民主和自由权利的实践活动，引导学生树立全人类共同价值观。

（五）开展教师全人类共同价值教育专题培训，增强师资力量

学校要安排优秀思政课教师担任全人类共同价值教育教师。一方面，思政课是全人类共同价值教育的第一课堂，是开展全人类共同价值教育的主渠道。另一方面，思政课教师要在全人类共同价值教育落细、落小、落实上下大力，做真功，求实效，真正把全人类共同价值内化为学生的价值诉求，外化为学生的实际行动。教育主管部门要组织和鼓励任课教师参加专题培训，可借鉴社会主义核心价值观教育专题培训的成功经验，切实提高教师全人类共同价值教育能力。同时，学校对任课教师在绩效、评职、晋级等方面要给予适当的倾斜，不断激发其工作的主动性、积极性和创造性，使其主动作为、奋发有为，在全人类共同价值教育过程中实现他们自己的人生价值。

北京市高中国际部落实立德树人根本任务实践探索

宋晓欣　刘熙*

中国教育开放总体布局不断优化，参与全球教育治理不断深化，越来越多的学生选择走出去，成为国际教育的受益者。教育部数据显示，自改革开放至2021年底，中国各类出国留学人员数量达800万人左右，学成回国人员为550万人左右。①。在疫情期间，留学人数有所回落，至2022—2023年申请季，出国留学申请人数比疫情低谷期暴增63%。习近平总书记在给南京大学留学归国青年学者回信中勉励留学人员，为全面建设社会主义现代化国家贡献智慧和力量，并充分肯定了留学归国人员的作用。高中国际部作为输送学生出国留学的重要途径之一，落实好立德树人根本任务对于实现为党育人、为国育才的根本目标，未来服务于中华民族伟大复兴具有重要意义。

以"落实""立德树人"作为关键词在中国知网平台搜索文献时发现，相关研究大多集中于理论分析或经验描述，而基于实践调查的实证研究或典型案例分析相对较少，立德树人是具有长远战略意义的系统工程，关键在于如何落实。梳理相关文献发现，以高中国际部作为研究对象的文献更是少之又少，北京市高中国际部在长期的教育实践中，就落实立德树人根本任务积累了丰富的经验，涌现出了一批典型案例。本文对北京市八所高中国际部落实立德树人根本任务案例进行分析，以探索高中国际部在践行立德树人过程中所面临的挑战与实施路径。

---

* 北京教育科学研究院教育发展研究中心。

① 刘煜：《透过数据，洞悉2023年留学趋势》，《留学》2023年1月5日。

一 研究对象的基本情况

北京市教育行政部门依据《中华人民共和国中外合作办学条例》《中华人民共和国中外合作办学条例实施办法》的规定，依法审批中外合作办学机构和中外合作办学项目。截至 2022 年，共审批 28 所学校的五个高中中外合作办学机构、30 个高中中外合作办学项目。高中阶段的中外合作办学项目也称"高中国际部"，北京市高中国际部以公办学校为主，占比超七成；所在城区覆盖东城区、西城区、海淀区、朝阳区、丰台区、通州区、昌平区、石景山区和经开区，其中海淀区占比最高；外方合作国家涉及美国、英国、加拿大、芬兰、澳大利亚五个国家，其中以美国为主。本文以市教委委托项目为依托，通过官网搜索、线上访谈、实地调研等多种方式获取一手资料，包括由市教委组织线上集中访谈两次，访谈对象为北京市高中（副）校长、校长助理或高中国际部主任八位，实地调研学校一所；访谈提纲围绕学校高中国际部的功能与定位、课程设置、教师管理与构成，以及优势与特色等问题展开；依据访谈获取的录音材料进行文字转写，并对学校官网进行搜索，获取北京市高中国际部的案例材料八份。基于此，厘清北京市高中国际部在落实立德树人根本任务过程中的主要挑战、经验做法，并构建实施路径。

表 1　　　　　　　　　　　　　样本情况

所在区	学校名称	所在区	学校名称
朝阳区	北京中学国际部	西城区	北师大附属中学国际部
	北京市第八十中学国际部		北师大附属实验中学国际部
海淀区	北京市十一学校国际部		北京八中国际部
	人大附西山学校国际部	通州区	潞河国际教育学园

二 高中国际部落实立德树人根本任务需要解决的问题

高中国际部不同于普通班型，高中普通班学生毕业后的出口主要面向国内高考，高中国际部学生毕业后的出口主要面向出国留学，高中国际部的课程、教学、教师、评价等均与普通班存在差别。高中国际部在落实立德树人根本任务过程中普遍需要解决的问题表现在以下方面。

第一，立德树人的学校办学理念在实践过程中落实不到位。在教育国际化的大趋势下，高中国际部需警惕留学预科化倾向，高中开设国际部，不应成为留学预科班。在全球格局复杂多变的今天，教育既关乎文化选择和价值传承，也关乎当下国家认同。如果国际教育不能很好地回应教育主权和对国家认同的培养，就不能从根本上解决其存在的隐患。学校在办学理念上体现立德树人内涵要求的同时，还需要在办学理念的指导下将其落实到课程、教学、管理中去。需要注意的是，文化传承与国家认同并不完全等同，许多国际部都在积极开展中国传统文化教育，这只是部分地解决了教育文化价值选择的问题，并不能以此替代国家认同。当前部分学校仍存在立德树人的办学理念在实践过程中落实不到位的情况，这是高中国际部在实践过程中亟须解决的问题。任何国家都关心保持本国教育的独立自主性，这不是中国独有的问题。

第二，国际课程在本土改造过程中融合不充分，存在"两张皮"现象。高中国际部既要引进外方课程，又要按照国家规定开设普通高中课程，这就必然涉及中外课程融合的问题。北京市高中国际部引进的外方课程主要包括 IB（International Baccalaureate Diploma Program）课程、AP（Advanced Placement）课程、GCE A-Level（General Certificate of Education Advanced Level）课程、加拿大 BC（British Columbia）课程，其中 AP 课程占比最高，达近七成（68.57%），加拿大 BC 课程占比最低，仅为 2.86%。当前，对于中西融合课程的研制，各学校正如火如荼地进行着，中外课程在融合的过程中如何有效落实立德树人根本任务，将培养学生的爱国情怀、社会责任感，以及堪当民族复兴重任等精神有效融入课程体系，以及如何保证融合课程的优质性，这是一项复杂的工程，不是单靠某一所学校的一己之力就可以办到的，亟须建立一套完整的课程质量评估体系，针对当前仍存在的国际课程和国内课程"两张皮"现象进行有效指导，从而实现国际课程在本土改造过程中的高质量融合。

第三，由于外籍教师缺乏导致对外籍教师队伍管理的要求难落实。由于高中国际部的学生毕业后主要面向出国，很多家长基于外籍教师的语言优势，将外籍教师数量作为择校的主要指标，甚至认为外来教师"好念经"。然而，由于受多种因素的影响，外籍教师供给资源短缺，部分资质不过关的外籍教师进入学校，在过去几年里外籍教师因不良行为、不当言论而被媒体曝光的情况时有发生，外教乱象长期困扰着高中国际部教育。2020年7月，教育部会同科技部、公安部、外交部制定《外籍教师聘任和管理办法(征求意见稿)》，对外教的概念、资质、签证、兼职、在线外教、合同管理、诚信体系等进行了详细规定，其中明确"外籍教师应当遵守中国法律法规，遵守中国的公序良俗和教师职业道德""所实施的教育教学活动和内容应当符合中国的教育方针和教学基本要求"等。学校如何严把外籍教师入口关，做好考核监督，把对于外籍教师队伍管理的一系列要求落实好是学校面临的挑战，比如形成相关制度、建立审核机制等。

三 北京市高中国际部落实立德树人根本任务的主要举措

北京市八所高中学校国际部在落实立德树人根本任务的实践探索中各有侧重，但从总体上看，这些案例在落实立德树人过程中也呈现出一些普遍特点。

(一) 育人理念立足国家、放眼世界

每所学校自建校之初起就逐渐形成其自身的文化、传统、风格等，进而形成独具特色的育人理念，而学校的育人理念无不影响着教师的决策选择及育人行为。北京市八所学校国际部的育人理念主要体现在以下方面：一是重视学生中国魂塑造，以及中国传统文化的传承，与立德树人坚定"为党育人、为国育才"政治立场和使命要求相适应。比如，北京市十一学校国际部等五所学校提及的"中国灵魂""民族脊梁""中国传统品格素养""中国情怀""心系祖国"等育人目标。二是关注学生综合素质的培养，既不唯分数亦不唯升学，与立德树人培养"德智体美劳全面发展"的社会主义建设者和接班人任务要求相适应。比如，八所学校国际部在其育人理念中提及的"合作精神""领导力""批判思维""个性自由"等。三是致力于培养具有国际理解能力和全球素养，以及具有全球竞争力的人才。学生要立大志、担大任，成为堪当民族复兴重任的时代新人，必然要放眼国际。比如，北京中学国际部等六所学校在其育人理念上均提及"世

界""国际""天下"等（见表2）。

表2 样本学校国际部育人理念情况

学校名称	育人理念
北京中学国际部	让人成为人，让人成为他自己，让世界因我而美好
北京市第八十中学国际部	有理想、强体魄、会学习、善合作的阳光学子
北京市十一学校国际部	志远意诚、思方行圆，具有中国灵魂、世界眼光和多元文化理解力的社会栋梁和民族脊梁
人大附西山学校国际部	既胸怀中国传统品格素养，又具备世界眼光和国际竞争力的未来领袖
北师大附属中学国际部	继承中华血脉、拥有中国情怀，自信地登上国际舞台，赢得国际竞争主动的国际化人才
北师大附属实验中学国际部	深厚的文化底蕴、坚实的学科基础、创新的批判思维
北京八中国际部	心系祖国、胸怀天下、会通中西、学贯文理、个性自由而全面发展的合格人才
潞河国际教育学园	具有国际视野和国际竞争能力的高素质人才

（二）基于五育并举开展课程融合

将课程作为学校立德树人的核心环节。北京市八所学校国际部的课程设置情况如表3所示，从中可以看出，学校间课程设置存在较大差异，各有侧重。但总体来看，中西课程融合均是在新时代五育并举的理念下，从课程设置、课程结构内容等方面进行变革，表现出以下特征。一是五育涉及德智体美劳多个板块，强调综合素质培养，国际部课程设置强调五育的综合育人价值，在实施分科课程的同时，强化课程的综合性。综合性课程是对学科间相互关联的知识进行整合、融通而形成的课程形态，比如，十一学校国际部的综合课程是学校自主开发的一套课程，将学生的日常行为规范、社团生活、职业体验、游学课程、高端项目研究课程、艺术课程、劳动教育课程等纳入其中，打造出落实五育育人目标的重要通道。二是循序渐进地推进五育是立德树人实践的现实需要，国际部试图打造分阶段分层次的课程体系。分阶段指高中三年各有侧重的课程安排，比如，第八十中学国际部中美项目课程分为学前指导、夯实基础、综合应用和无缝衔接，按照入学后的学习阶段进行课程安排；分层次指按照学生的差异化需求进行个性化的课程设置，比如北师大附属中学国际部个性化发展课程、十一学校国际部的特需课程等。三是社会实践是实现五育目标的重要路径与手段，国际部的课程非常重视基于社会需求的项目课程，重视应用能力。比如人大附西山学校国际部的课题研究等，基于现实社会的真实问题，通过项目、调查、讨论等形式，关注具有普遍性、争议性的社会性问题，引导学生参与研究，解决实际问题，强化学生的批判力与深度思考力。

表3　　　　　　　　　　　　　样本学校国际部课程设置情况

学校名称	课程体系
北京中学国际部	课程设置融合中西，包括学术课程、特色课程（阅历课程、学院课程）等
北京市第八十中学国际部	国际部涵盖中英项目部、中美项目部、IBDP项目三个项目。以中美项目部为例，其课程包括学前指导（入学评估、学业规划、学法培训），夯实基础（中国高中国际基础课程、双语教学过渡课程、预备AP课程、针对性的个别辅导等），综合应用（AP国际课程、英语强化等），无缝衔接（国外大学升学准备、通过AP国际课程提前适应西方教学方式等）
北京市十一学校国际部	由国家课程（分层课程、综合课程、分类课程、特需课程）和国际课程（AP课程、A-Level课程、IBDP课程）构成
人大附西山学校国际部	课程设置分为：国家必修课程，引进的国外课程（AP课程和语言类课程），标准化准备课程（托福、GAC课程等），项目式学习课程，1对1数字化未来学习班，"中国心"特色课程（书法、茶文化等），背景提升课程（学术竞赛、课题研究等）
北师大附属中学国际部	课程包括三类：基石课程（国家课程）；个性化发展课程（附中校本选修课程、竞赛课程与辅导等）；国际化人才专修课程（AP课程、ACT GAC融合课程和附中国际化课程）
北师大附属实验中学国际部	"4＋4"（四类学术课程＋四类项目课程）课程架构：四类学术课程（国家学历课程，中外融合课程，大学通识课程，研学专修课程），四类项目课程（学生社团课程、体验实践课程、学生自主课程、审美创意课程）

学校名称	课程体系
北京八中国际部	课程体系由北京市高中课程、美国高中基础课程（全英文或双语授课）、国际精英课程（全英文授课）、AP课程（全英文教学）四类课程组成
潞河国际教育学园	打造了由国家课程、国际课程、特色课程（全体必修和个性选修）构成的多元化、多层次、重能力的三维课程体系

（三）充分利用、整合多方优质资源

学校的资源是有限的，将多方优质资源进行整合能够实现协同效应，提升竞争力。北京市八所学校国际部在育人方面进行优质资源整合体现在以下方面。一是充分利用校内资源，比如北京八中国际部定期开展的主题教育，围绕"青春志愿行 争做新雷锋"这一主题，组织策划"争做校园新雷锋"志愿服务和"寻找时代新雷锋"宣传板报评比活动，对雷锋精神的学习和实践使学生体会奉献、团结与互助。二是特色地域文化资源，比如北师大附属中学国际部开设"人文、科学、创新"课程，每学期学生都要到1—2个地方考察学习，去过星河灿烂齐鲁、黄钟大吕中原、铁马秋风塞北、杏花春雨江南等，丰富多彩的游学活动，使学生领略祖国山河的壮美和文化的深厚底蕴，充分利用爱国主义教育的丰富资源。三是校外红色教育基地，红色资源是中国共产党人在革命、建设、改革长期实践中形成的宝贵财富，国际部充分发挥校外红色旅游铸魂育人功能，师生走出校园，前往革命遗址、烈士陵园等，寓教于游，寓学于乐，在旅游研学中树德、增智、强体、育美，铸牢革命传统教育的"根"与"魂"。四是国内外顶尖大学资源，比如，北京中学国际部借助国内外顶尖院校优质资源，邀请教授、企业家进入校园与学生进行交流，使学生领略行业前沿理论和技术核心，对于启发学生智力，激发学生科学探索的兴趣，以及对于未来职业的思考均具有重要作用。

四　高中国际部落实立德树人
根本任务的实施路径

基于北京市八所学校国际部提供的实践经验，本文从理念、政策、实践三个层面总结出高中阶段国际部落实立德树人根本任务的实施路径。

（一）在办学理念层面厘清价值取向、育人目标等基本问题

学校"立心"的关键在于其办学理念与价值追求，它是隐性的力量，对学校发展起着指导和引领作用，对学生的未来发展产生着巨大影响。落实立德树人根本任务首先要在办学理念层面厘清价值取向、育人目标等基本问题。关于树什么人，习近平总书记在党的十九大报告中提出"要以培养担当民族复兴大任的时代新人为着眼点"，在全国教育大会上提出"培养德智体美劳全面发展的社会主义建设者和接班人"。关于立什么德，习近平总书记在多个场合强调，中华优秀传统文化是"中华民族的根和魂"，在全国教育大会上提出要"深入挖掘和阐发中华优秀传统文化讲仁爱、重民本、守诚信、崇正义、尚和合、求大同的时代价值，转化为学生价值观教育的丰富营养"。由于高中国际部的毕业生主要面向出国，落实立德树人根本任务尤其需要处理好国际教育和国家认同教育之间的关系。国家认同教育是一种通过处理制度信息、文化传统、民族意识、历史知识、道德观念等材料，按照国家要素重新安排其意义，以培养公民对国家形成稳定认同感的教育形式。[1] 在高中国际部就读的学生是中国公民，在培养学生国际理解、全球意识的同时，要先让学生了解他们自己的国家和文化，培养其对国家的认同感和归属感，这是国际教育的根基。

（二）在政策层面落实监管规范以及质量评估等保障性工作

国际教育的发展较好地满足了人民群众对教育多样化的需求，但在课程引进、教材使用，以及外籍教师的管理等方面存在突出问题，亟待加强

---

① 龙静云、孙银光：《公民国家认同教育的生成逻辑与现实路径》，《中州学刊》2022 年第 9 期。

规范管理。

一是外籍教师的聘任与管理，当前境外课程授课教师聘任和管理的主体在学校，也有部分学校实行服务外包，委托第三方机构负责招聘和管理外籍教师。无论采取上述哪种方式，外籍教师聘任都要符合国家及北京市外专局的相关规定。对于教师队伍中可能出现的违背国家教育方针，损害国家主权、安全、荣誉的行为应做好风险防控。二是教材审查，对学校使用的教材建议每年组织审查，中国教材均经中国国家新闻出版部门或其他权威部门审查批准，并由正规出版社公开发行，对国（境）外的全部教材须经正规渠道引入，以及在年审评估时要求学校填报境外课程的开设情况和教材使用情况等。三是对国际课程、融合课程实施科学评估。国际课程引入尽管已有多年，但尚未形成一套成熟的评估体系。在推动国际课程本土化实践的过程中，需要对国际课程的类型、内涵等进行探究，以服务于建立国际课程实施状况的评估标准和办法，完善过程管理方案。在推动国际课程融合方面，需加强对相关课程内容的审查和评估，确保融合课程符合北京的教育实际，以及保证融合课程的优质性。

（三）在实践层面落实好课程结构、教学方式、师资等内容

立德树人是中国具有长远战略意义的系统工程，不是无源之水、无本之木，其关键在于实践层面如何落实。课程与教学是育人的重要载体，将培养德智体美劳全面发展的社会主义建设者和接班人的要求整体而准确地落实在课程与教学中，需要学校进行积极探索。当前很多学校的融合课程仅停留在拼凑层面，即对课表进行划分，一部分中国课程内容，一部分国际课程内容。中西课程融合不是简单的拼凑，有效融合是从教育教学目标、学科内容、教学材料、教学方法、评测体系、师资培训、课程管理等多个维度出发，进行全面重组整合，需要学校专门开展国际课程和教学方式教研。同时，"复兴始于教师"，任何教育改革都要通过教师去落实，最终才能得以实现。有什么样的教师就有什么样的课程，有什么样的教师就有什么样的教学，有什么样的教师就学生什么样的成长。立德树人根本任务的落实主要依靠中方教师，面对外籍教师短缺的情况，鼓励采取在保障教学质量的前提下探索由海外归国的双语教师替代外籍教师的路径。除某些课程必须由外籍教师教授以外，其他课程均由本国籍教师来担任，以缓解国际课程对外教的依赖。

北京青少年"模拟提案"教育机制及其育人效能

张 毅 李海英*

在当前多元和快速变化的社会环境下,坚持用习近平新时代中国特色社会主义思想铸魂育人,培养德智体美劳全面发展的社会主义建设者和接班人,是新时代教育的重要使命。北京市以提升青少年综合素质和创新能力为目标,探索推动青少年"模拟提案"创新育人实践,在推动思政创新、增强制度自信、培育责任担当等方面取得了实效。

一 对北京青少年"模拟提案"的概念界定

北京青少年"模拟提案"不是对政协委员提案的简单模仿,而是切切实实地"碰真",引导学生在真实的情境中关注真问题、引发真思考、开展真协商、推动真解决,让教育真实地发生,是青少年参与中国特色社会主义协商民主的重要教育实践,其主要特征有①:

一是以雏鹰建言为根基。青少年"模拟提案"是建言形态的推进,以学生自主建言为切入点,其中关注社会发展的部分,经过反复思考、深入调研、客观分析,提出解决问题的思路与建议。

二是在建言议事中推进生成。为寻求方案、推动问题解决,学生在同伴间、师生间,乃至专家、委员、社会相关机构间开展商议、研讨等,提出建议、达成公约,推动对班级、学校乃至社会的共建、共治。

---

* 北京教育科学研究院创新学院办公室 。

① 张毅:《青少年"模拟提案"的创新尝试》,《新时代背景下政协提案工作理论与实践》,北京出版社 2022 年版。

三是以调查研究为基础。没有调查就没有发言权，青少年"模拟提案"遵循"不调研不提出"的原则。学生针对其自身和同学关注的社会现实问题，以问卷、访谈、观察、文献等多种调研方式获得全面、真实的第一手资料，为建议的提出提供有力支撑。

四是在专家关注指导中获得提升。学生视角独特、生动鲜活且大胆的建言得到专家以及代表、委员的关注，他们指导学生将关注社会建设和发展的建言深化形成"模拟提案"。

五是培养青少年关注社会的责任意识。青少年学生在关注身边事、社会事、国家事的过程中更加深入地了解社会，融入社会生活，在关注生活环境，发现问题、思考问题、尝试解决问题的"模拟提案"形成、修改、完善的过程中，他们的责任意识不断增强，社会责任感得到有效提升。

"模拟提案"坚持实践性、科学性、可行性，遵循反映情况要准确、分析问题要深入、提出建议要具体的要求，重视学生所关注问题的持续解决，引导学生关心社会生活，体验建言献策的成就感，不断增强他们的民主意识和社会责任感。

二　主要研究过程和研究方法

研究团队首先明确研究的目的和问题，即探讨开展多年实践的北京青少年"模拟提案"的教育机制、实施效果及其对青少年的育人效能；明确了研究对象、研究工具，确定了研究过程及研究方法。

（一）研究过程

一是组建跨学科研究团队；二是对北京青少年"模拟提案"开展情况进行调研，与学校教师团队、参与学生等进行座谈，访谈学校、区域以及北京市组织开展青少年"模拟提案"的相关领导、专家；三是对调研情况进行梳理，研究提炼出青少年"模拟提案"开展的教育机制，结合实践案例分析其育人效能，并形成研究报告。

（二）研究方法

本文遵循定量研究与定性研究相结合的混合研究路径，对青少年"模拟提案"所涉及的核心概念、教育机制、育人成效等展开深入探索。在定量分析方面主要采用问卷调查法，在定性分析方面采用案例研究、行动研究等多种方法。

三 北京青少年"模拟提案"的教育机制

通过建立引导、激发机制，建言议事机制，现场观摩机制，制度保障机制等，构建特有的"模拟提案"培育机制。

（一）引导、激发机制

1. 引导机制

"模拟提案"引导机制主要在专业谋划设计、主题方向引领、专家指导助力三个层面下功夫。

一是北京教育创新团队与北京市政协专业团队共同谋划设计。北京青少年科技创新学院（以下简称"创新学院"）带领教育创新团队，建立了直接与学校对接培养的学生"翱翔"机制，在"雏鹰建言行动"的基础上，依托翱翔培养机制，统筹"模拟提案"实践。在市政协支持下，教育创新团队做好全市与提案相关的各类观摩安排，抓好组织实施工作，推动"模拟提案"实践落到实处。

二是每年发布建言主题引领"模拟提案"方向。围绕党和国家大政方针的贯彻落实，聚焦经济建设、政治建设、文化建设、社会建设、生态文明建设中的重要问题，人们普遍关心的问题以及与学生生活、学习密切相关的问题，发布建言主题。影响到意识形态建设的，更需要守好意识形态主阵地。

三是专家指导助力学生形成"模拟提案"。当学生积极观察、大胆尝试、踊跃建言时，他们关注的视域半径不断扩大，视野边界不断拓宽，在提出问题、开展调研以及尝试解决中需要进一步的关注、指导，专家在其中发挥着重要作用，助力学生形成"模拟提案"。

2. 激发机制

建立"模拟提案"激发机制，在激发学生敢于建言、激励学生持续探究、带动社会力量持续关注支持三个层面下功夫。

一是发布与学生学习、生活紧密相关的主题引导学生参与、激发学生建言意愿。

二是邀请专家指导，帮助学生站在社会视角上呈现问题，并针对问题开展调查研究和持续探究。

三是激发家长、教师、学校、各领域专家乃至更多的社会力量关注学生探究的问题并推动问题的解决。

（二）建言议事机制

在"模拟提案"形成的过程中，学生、教师、专家等彼此间有商有量，伴随生成建言议事机制。"有事好商量，众人的事情由众人商量"是模拟议事的根本，在商量的过程中找到各方意愿和要求的最大公约数，提出建议，形成高质量的"模拟提案"。身边的哪些零食能吃、学校厕所的手纸浪费现象、垃圾分类管理、校园周边的"飞絮"问题等都成为师生建言议事的主题。北京市第十八中学"模拟政协社团"团长张迈带领同学关注垃圾管理，通过做调查、发问卷、搞协商，最终形成关于完善校园垃圾分类的"模拟提案"，被校领导采纳。这样一份模拟提案也得到政协委员的关注，作为提案素材被委员带上北京市两会。①

在真协商、真议事中学生关注问题的视域不断扩大，视野不断拓宽，增强了对社会主义协商民主的直观感受和理性认知。

（三）观摩学习机制

让学生在真现场学习，观摩真实的提案立案、交办等协商现场，激发学生从社会视角出发思考问题，是推进"模拟提案"实践的有效路径。学生代表观摩了提案审查会、立案协商会，观摩了关于雾霾治理、校园欺凌、医疗改革等议题的提案办理协商会，参与到优秀提案的公众评审中，全链条观摩提案的提、立、交、办、评过程，真正体会到提案在委员履职、推动政府作为以及促进社会发展中的重要作用。

走进现场观摩的学生都是从前期对观摩主题有过思考和研究并提出"模拟提案"的学生中推选出来的。北京师范大学良乡附属中学的刘怿关注垃圾分类问题，调研后形成的《关于促进〈北京市生活垃圾管理条例〉有效实施的提案》得到委员的关注，作为提案素材被带上北京市两会，刘

---

① 参见张迈《"模拟政协"的成长和我的成长》，北京青少年科技创新学院办公室公众号，2020年3月23日。

怿也受邀观摩了全会、提案集中办理座谈会、"提案办理面对面"等，深化了对其自身所关注问题的认识，感悟到协商贯穿在全过程之中，体验着协商民主的独有魅力。

（四）制度保障机制

制度保障了"模拟提案"实践的可持续发展。北京市政协理论与实践研究会每年出台支持青少年"模拟政协"实践工作计划，落实观摩学习等全年整体安排。支持"模拟政协提案"连续 7 年被写入市政协常委会提案工作报告，推进青少年"模拟政协"连续 8 年被写入市政协常委会工作报告。在中共北京市委文件中也有所体现。[①] 2021 年 10 月，北京市政协办公厅、市教委、市人民政协理论与实践研究会联合印发文件在全市推进[②]，2024 年 3 月，"模拟政协提案"作为精品示范活动被纳入北京市委教育工委、市教委印发的文件中。[③]

四 青少年"模拟提案"的育人效能

"模拟提案"是培根铸魂、立德树人的育人实践，是促进学生民主意识、创新思维、独立精神培育的教育行动。其价值定位与主要效能体现如下。

（一）价值定位

1. 落实育人要求，推动思政创新

深入贯彻落实习近平总书记关于"大思政课"的重要指示批示，坚持不懈用习近平新时代中国特色社会主义思想铸魂育人，培养德智体美劳全面发展的社会主义建设者和接班人，以推进青少年"模拟提案"育人实践

---

① 中共北京市委：《关于新时代加强和改进政协工作的实施意见》（京发【2019】20 号），2019 年 11 月 13 日。

② 政协北京市委员会办公厅、北京市教育委员会、北京市人民政协理论与实践研究会：《关于印发〈关于进一步推动中学生"模拟政协"实践 深化新时代学校思政课改革创新的工作实施方案〉的通知》（京协办发【2021】12 号），2021 年 10 月 20 日。

③ 北京市委教育工委、北京市教委：《关于推进北京市大中小思想政治教育一体化建设的指导意见（试行）》（京教工【2024】17 号），2024 年 3 月 20 日。

为抓手，推动新时代大思政课改革创新迈上新台阶。

2. 感悟协商民主，增强制度自信

党的二十大报告把发展全过程人民民主确定为中国式现代化本质要求的一项重要内容，青少年是国家的未来、民族的希望，是实现全过程人民民主的重要后备力量。帮助青少年深化对中国根本政治制度和基本政治制度的认知，提升其政治站位，增强制度自信，促进青少年积极投身中国特色社会主义现代化民主实践，是教育落实立德树人根本任务的有效路径。

3. 关注社会发展，培育责任担当

青少年阶段是世界观、人生观、价值观形成的关键时期，我们遵循青少年成长规律和教育发展规律，多年来扎实推进创新人才培养研究高地建设，持续推进青少年"模拟提案"实践，引导青少年关注社会发展，带动他们感悟协商、体验民主，坚定"四个自信"，培育责任担当。

（二）主要效能

自"模拟提案"行动开展以来，在"雏鹰建言行动"的基础上，"模拟提案"实践在北京市形成了广泛的态势。激励着青少年建言社会发展，促进了学校、区域的教育改革。学生在"模拟提案"创新实践中收获成长，教师也在指导跟进中促进其自身的专业发展，同时带动了学校和区域的特色建设。

1. "模拟提案"让青少年敢碰真问题

北京师范大学附属实验中学杨一潇学生的《关于在北京市景区和景点推行可重复使用餐盒的建议》被委员作为提案素材带上北京市政协会并已立案。备受鼓舞的她持续深入地进行调研、分析、思考、实践，所形成的《关于推进低碳家庭建设、倡导低碳生活方式，助力城市实现碳中和的提案》于2023年3月被全国政协委员带上全国两会。正是翱翔培养和"模拟提案"的实践经历打开了她的视野，促使她更加深入地思考探索，关注时事热点，敢碰真问题，努力寻找解决问题的办法。

2. "模拟提案"让青少年敢担大责任

第一批推选产生的观摩政协全会的北京四中高一学生郭辰越，是一名善于思考、积极建言的孩子。《北京晚报》以"中学生建议递到全国人大"为题报道了他在初中时的建言被全国人大代表带上全国两会，引起了社会的关注。这份在昆明暴恐事件发生的第一时间写就的建言提高预警能力、预防和打击恐怖暴力犯罪的"模拟提案"，反映出小雏鹰在面对社会问题时积极参与、主动反馈，敢于承担社会之大责重任的勇气。

3. "模拟提案"让青少年在调研中成长

北京市第八中学的刘心语于 2021 年撰写了关于建立"点亮古长城"健身激励平台，弘扬北京"双奥"文化的"模拟提案"，在调研过程中，她设计调研问卷，在全国除青海、宁夏、云南和台湾以外的各省、自治区、直辖市发放，回收 1.8 万份有效问卷。这份模拟提案分析透彻、建议具体，得到委员的关注，并作为提案素材被带上两会。

（三）教师发展

教师在指导学生中推动其自身专业发展。北京市通州区潞河中学的蒋真铮是一名普通的思政课教师，她主动承担学校"模拟政协"社团工作，指导学生撰写"模拟提案"，开设"模拟政协"选修课，在指导学生的同时，她自己也在沉浸式体验的过程中不断钻研、成长，当选为通州区政协委员。北京市第八十中学的历史教师石岩，开设了《"中国大运河在北京"史学专题研究》，指导学生围绕大运河文化自主选题，带领学生赴通州区大运河沿岸进行实地田野考察，将"模拟提案"育人实践融入常态教育教学中，其自身也成长为一名研究型教师。

（四）学校特色

学校在"模拟提案"育人实践中推动其自身的特色发展。北京市第一六六中学成立了以学生为主、指导教师为辅、政协委员为导师的"小小政协"。学校的"小小政协"衍生成立了"学生观察团"，全体学生参与学校发展自诊断的持续监测，促进了学校变革，学生对学校的满意度从 60%上升到 95%。①北京市第一零一中学建立全市首个"模拟政协"社团，与

---

① 参见北京市第一六六中学学校总结。

学校思政课建设紧密结合，带领学生深入调研社会实践，推动学校人文领域创新人才培养。

（五）社会推动

在学生关注问题得到持续解决的同时，委员也成为特殊的教育供给，推动着教育的创新发展。委员从以评提案为抓手的面对面，走到把脉指导、将学生模拟提案转化为正式提案的"肩并肩"。学生观摩提案的提、立、交、办、督、评过程，了解其自身关注问题的解决过程，激励其更加关注社会发展，提升其对社会的责任意识和能力。

此外，创新学院团队与团市委共同推动典型模拟提案的征集，研制评审指标开展相关评审，并被推荐至团中央，拓宽青少年有序参与社会主义民主政治实践，引导青少年准确理解全过程人民民主的内涵实质。创新学院团队与市政协、外交学院共同推动中学生团队参加大学生提案大赛，探索大中小一体化推动青少年"模拟提案"育人实践。

"模拟提案"实践的开展打通了了解青少年群体意愿和想法的渠道，截至目前，全市所有区 400 余所中小学校 12.8 万余名学生的 10 万余条建言在市级平台上交互，5000 余条建言受到代表、委员的关注，300 余项优秀模拟政协提案作为议案、提案素材被带上北京乃至全国两会并立案，部分成为优秀提案。200 余所学校的 77000 余人次以线上、线下相结合的方式观摩学习，深化了他们对中国基本政治制度的认识，坚定了制度自信。

五　持续推进的几点建议

"模拟提案"的推进态势引起各方的关注，在全国产生了影响，也带给了我们很多思考与启示。

（一）在协商、议事中激活学生的思维状态，注重科学意识和理性思维的培养

基于"模拟提案"引导学生开展学科综合的科学教育，从学生身边事

入手，分析、提炼适合学生的鲜活话题，基于调查研究从多个角度寻找证据进行支撑，在思考的过程中通过协商、议事的方式不断激活学生的思维状态，培养学生科学证据意识和理性思维能力。

（二） 在体验、模拟中感知国家的政治制度，提升青少年社会责任和公民意识

基于"模拟提案"为学生创设和搭建体验、理解国家民主政治制度的有效空间和广阔平台，在体验、模拟中唤醒青少年的社会责任，在提高其调查、分析、研究、合作能力的同时，引导更多的青少年积极参与社会政治生活，为他们成为未来优秀的社会公民打下坚实的基础。

（三） 借鉴自然科学的有效经验，创新人文与社会科学领域的人才培养方式

进一步汲取传授自然科学的有效经验，给学生实践的空间，基于"模拟提案"探索人文与社会科学领域的社会实践方式。在加强研究，梳理"模拟提案"典型开展模式的同时，总结出符合学生成长规律、推进这一教育实践的有效路径，创新人才培养方式。

对"模拟提案"的探索尝试，无疑有助于青少年学生真正了解彰显中国智慧的民主政治制度，使其融于无形之中，成为他们自觉的行为，并在未来身体力行。今天的培养探索必将在不远的将来结出硕果，这是我们培育"中国心"、凝聚"中国力"、铸就"中国魂"的有益尝试，是对社会主义核心价值观的最好践行，也是教育发挥"立德树人"作用的最好呈现。

第二编

大中小学思想政治教育一体化研究

北京市中小学校"一体化德育"和"思想政治教育一体化"的实践探索

沈 培[*]

"一体化德育""思想政治教育一体化"是近年来的教育热点问题，越来越多的教育实践者认识到构建"一体化德育"和"思想政治一体化"育人体系有利于提高学校的德育工作水平，有利于促进学生的健康成长，有利于教育质量的提升。北京市中小学校在教育实践中对"一体化德育"和"思想政治教育一体化"进行了积极探索，涌现出一些优秀的案例，形成了典型做法和经验。

本文从"一体化德育"和"思想政治教育一体化"两个概念的理解开始，在了解北京市近200所学校相关工作的基础上，对北京市中小学在落实"一体化德育"和"思想政治教育一体化"的情况做一个介绍与分析，最后说明其在教育实践中的价值和意义，以为其他学校的教育实践提供参考和借鉴。

一 "一体化德育""思想政治教育一体化" 等概念的提出

"一体化德育""思想政治教育一体化"，以及相关的"大思政课""思政课一体化"等概念基本上是在国家层面出台的一系列文件以及讲话中正式提出的。

---

* 北京教育科学研究院德育研究中心。

（一）相关文件

1. 一体化德育

2005 年，教育部印发了《关于整体规划大中小学德育体系的意见》，着手对大中小学德育体系进行整体规划；2010 年，国务院颁发了《国家中长期教育改革和发展规划纲要（2010—2020 年)》，提出"构建大中小学有效衔接的德育体系"；2017 年，习近平总书记主持中央全面深化改革领导小组第 35 次会议，提出"构建以社会主义核心价值观为引领的大中小幼一体化德育体系"的德育新战略。同年 9 月，中共中央办公厅、国务院办公厅印发《关于深化教育体制机制改革的意见》，强调要构建以社会主义核心价值观为引领的大中小幼一体化德育体系；指出推进"大中小幼一体化德育"体系建设是一项全局性、系统性、长期性任务，从幼儿园、小学、中学到大学各个学段之间的德育应当是紧密联系的整体结构。

2. 思政课一体化

2019 年 3 月 18 日，学校思想政治理论课教师座谈会在北京召开，习近平总书记在会上强调："办好思政课，最根本的是要全面贯彻党的教育方针，解决好培养什么人、怎样培养人、为谁培养人这个根本问题。"青少年阶段是人生的"拔节孕穗期"，最需要精心引导和栽培，"引导学生扣好人生第一粒扣子"，这就是教育的历史责任。所以，"在大中小学循序渐进、螺旋上升地开设思想政治理论课非常必要，是培养一代又一代社会主义建设者和接班人的重要保障。""要把统筹推进大中小学思政课一体化建设作为一项重要工程，推动思政课建设内涵式发展。"

3. 大思政课

2021 年 3 月 6 日，习近平总书记在看望参加全国政协会议的医药卫生界教育界委员时，从湖北武汉抗击新冠疫情惊心动魄的斗争讲起，强调"'大思政课'我们要善用之，一定要跟现实结合起来"。2022 年 7 月，教育部等十部委联合印发《全面推进"大思政课"建设的工作方案》，"大思政课"成为正式文件概念。

4. 思想政治教育一体化

2022 年党的二十大召开。二十大报告强调要"用社会主义核心价值观铸魂育人，完善思想政治工作体系，推进大中小学思想政治教育一体化建设"。

从"一体化德育"到"思想政治教育一体化"历经十余年，从中可以看出党和国家在教育领域的战略方针和教育理念：针对问题（德育碎片化、割裂化），遵循规律（教育规律、学生发展规律），重点突出（思想政治教育）。它们实际上是对"培养什么人""怎么培养人""为谁培养人"三个根本问题在实践中如何实施的解释与说明；同时为学校德育工作指明了方向，对学校德育工作提出了新要求。"大中小学思想政治教育一体化"是解决培养什么人、怎么培养人、为谁培养人根本问题的重要抓手。

（二）"一体化德育""思想政治教育一体化"概念解析

"一体化德育""思想政治教育一体化"两个概念各有不同，但又相互联系、相互重合。

第一，从学科归属来看，德育归属于教育学科，德育侧重于道德教育、品格教育；思想政治教育归属于马克思主义理论学科。思想政治教育更侧重于理想信念、意识形态教育。

第二，从文件及讲话来看，"一体化德育"指的是将立德树人的德育要求落实到大中小学的教育教学实践中，构建纵向衔接，横向配合，教育内容层层递进、螺旋式上升的立体化育人体系。"思想政治教育一体化"的"一体化"与"一体化德育"中的一体化是相同的、一致的，更加侧重强调的是思想政治教育。

第三，从学校教育实践的角度来看，"一体化德育"中的德育指的是广义的德育，即"大德育"，指对学生进行思想、政治、道德、法制、心理健康等各个方面的教育，涵盖学校教育中除"学科教育"外的诸多内容。"思想政治教育"则包括思想教育、政治教育、道德教育等方面。这两个概念中的教育内容、教育对象、教育目标、实施者基本重合。尤其是大多数一线教育实践者认为这两个概念指的是同一件事，"干的活做的事是一样的"（学校德育干部语）。

"一体化德育""思想政治教育一体化"的共同之处是"一体化"，指在遵循教育教学规律和学生身心发展规律、认知规律、成长规律的前提下，大中小各学段纵向贯通衔接，家庭、学校、社会横向协同共育，进而达成循序渐进、螺旋式上升的教育效果，实现培养社会主义事业建设者和接班人的教育目标。

"一体化"针对的是学校德育中所存在的碎片化、割裂化，学校教育与家庭教育脱节，学科教学与德育脱节的问题。"一体化"的关键在于"纵向学段衔接、横向学科贯通、家校社协同"。

如何使"一体化德育""思想政治教育一体化"政策方针、讲话精神、教育理念在一线教育教学实践中得到准确理解、有效落实，是非常值得探讨的问题。

二　北京市中小学"一体化德育"和"思想政治教育一体化"的实践与探索

北京作为全国的首都、政治中心，在完成立德树人根本任务，推进"一体化德育""思想政治教育一体化"建设方面有更高的标准，也具有独特的优势。近年来，北京市中小学校对此进行了有益的探索和尝试，形成了生动的育人实践。很多实践案例通过"北京市中小学立德树人实践研究成果征集评优交流活动"得以展示，并得到认可与关注。

（一）北京市中小学立德树人实践研究成果征集评优交流活动

北京市中小学立德树人实践研究成果征集评优交流活动由北京教育科学研究院德育研究中心主办，始于2017年，现已成功举办五届。该活动旨在聚焦教育强国使命，深入落实立德树人的根本任务，为党育人、为国育才；重在引导广大中小学教师共同研究德育工作中的典型经验、育人难题，探究破解育人问题的途径和方法，挖掘中小学德育工作优秀案例，搜集有效做法，总结首都经验，以提升全市中小学德育工作水平，提高育人质量；同时也为全市中小学德育工作者（德育干部、教师、班主任等）提供展示与交流的平台。该活动已逐渐成为有效推进践行社会主义核心价值观，落实立德树人根本任务的专业活动和首都德育品牌。

根据国家政策方针及教育实践的需要，从第四届开始，北京市中小学立德树人实践研究成果征集评优交流活动加入了"思想政治教育一体化"的相关内容。

1. 征集对象

征集对象为全市中小学校道德与法治课教师、思政课教师、学校德育干部、德育教师（班主任）、区教研员等。

2. 征集内容

征集内容为各区各学校及教师在落实一体化德育、思政教育一体化建设中的典型经验、创新模式、有效做法等，所征集成果能够体现出纵向学段衔接、横向家校社协同等"一体化"特征，能呈现出"循序渐进、螺旋上升"的育人效果。可附支撑性材料，例如思政教育一体化实施方案、系列课程设计（学校、班级）、教学案例、活动案例等。可参照《北京市大中小幼一体化德育体系建设指导纲要》（京教工〔2021〕49 号）文件。

3. 征集结果

表1　　　　　　　　　　　　成果上交数量及获奖情况

	各区推荐成果（项）	获奖情况			
		特等奖	一等奖	二等奖	三等奖
2022 年第四届	101	5	16	24	18
2023 年第五届	102	7	31	31	26

从获奖数量来看，第五届比第四届成果质量有所提升。

（二）优秀案例介绍

第四届和第五届两届活动提交的成果在一定程度上反映了北京市中小学"一体化德育""思想政治教育一体化"的落实情况，下面对征集中所涌现出的优秀案例和典型经验做简单介绍和分析。

1. 十二年一贯制学校典型案例：北京理工大学附属中学教育集团

"一体化"的关键之一在于"纵向学段衔接"。

北京理工大学附属中学教育集团是集高中、初中、小学、国际部于一体的"十二年一贯制"学校，向上与北京理工大学联系紧密，北京理工大学附中依托集团化办学背景所具备的得天独厚的优势，积极开展思政课一体化实践研究和探索：北京理工大学附中和北京理工大学血脉相连、联系紧密，多年来，在教育教学、学生发展、教师交流等方面保持着良好的交流和互动。北京理工大学马克思主义学院在 2020 年与教育集团制定了《"北京理工大学—北京理工大学附属中学教育集团"大中小学思政课一体化项目实施方案》，借助大学的教研科研和专家队伍资源，集中两校思政教学优势，在一体化建设无缝衔接上做出有益的探索，形成机制，进而推动实现思政育人效果的最大化。

北京理工大学在建立联合备课机制的基础上，做好大中小学"同上一堂课"活动。

同上一堂课的前提是同备一堂课，北京理工大学马克思主义学院和理工大学附中共同制定了"齐心共筑理工梦"大中小学思政课一体化项目实施方案，通过同上一堂课活动、参观虚拟仿真思政课体验教学中心、共建"理工大讲堂"等形式打通教师和技术资源；双方确定共建基地项目"1＋N"工作机制："1"即思政学科共建基地建设项目，"N"表示每年一个研究课题、一个未来中小学思政课教师培养储备计划，每学期一次北京理工大学名师工作室培训活动、每季度一次跨学段教研活动、多学段共上一堂思政课等来打造全面互动平台，集中两校思政教学优势，在各个学段无缝衔接上做出有益的探索，进而推动思政课育人效果的最大化。

2021年，在建党100周年之际，教育集团进行了两次大中小共上一堂思政课的课例研究，分别以"没有共产党就没有新中国""我爱你中国"为大中小学各个学段的统一主题。

表2

专题1	我爱你中国			
学段	小学	初中	高中	大学
课题	我是中国公民	公平正义的守护	实现中华民族伟大复兴的中国梦	在践行"国之大者"中弘扬爱国主义精神
年级	小学六年级	八年级	高一年级	大学一年级
学段	小学	初中	高中	大学
课题	红军不怕远征难	高扬民族精神的旗帜	中国共产党执政是历史和人民的选择	坚持和平发展道路：中国从世界舞台的边缘走向中央
年级	小学五年级	九年级	高二年级	大学一年级

中小学侧重讲为中国人民谋幸福、为中华民族谋复兴的初心使命内涵。

大学侧重"为世界谋大同"，从国际视野的角度丰富了对中国共产党初心使命的认识。

小学：通过查路线、讲故事的方式体现了小学课堂的"活"。

初中：通过对比分析、观点辨析的方式，体现了中学课堂的"议"。

高中：通过讨论汇报、查阅宪法和党章的方式，体现了中学课堂的"议"。

大学：通过阅读国内外文献的方式，体现了大学课堂的"思"。

同上一堂课、同备一堂课能够根据学生成长规律，遵循不同学段学生认知规律，科学规划教育内容，设计教育方法。不同学段的联动，可以改变"铁路警察，各管一段"的弊病，是实现"一体化德育""思想政治教育一体化"的有效方式。

"同上一堂课""同备一堂课"这种方式正在被更多的学校使用。北京市各区教师研修的一体化机制建设也在逐步建立。

随着北京市集团校数量越来越多，北京理工大学附属中学教育集团在"一体化德育"和"思想政治教育一体化"上的做法可提供借鉴参考。

2. 非一贯制独立学段小学典型案例：北京市朝阳师范学校附属小学

北京市大多数非"九年一贯制""十二年一贯制"学校，都没有北京理工大学附属中学教育集团向上可衔接大学这样的条件，北京市朝阳师范学校附属小学就属于这样的学校，它们在"一体化德育"和"思想政治教育一体化"上也进行了积极的尝试。

北京市朝阳师范学校附属小学（简称"朝师附小"）始建于1958年，历经60多年的发展，该校从"立德树人"的根本任务出发，以"教育改革的典范，优秀人才的摇篮"为办学目标，形成了落实"社会主义核心价值观"独具特色、浸润师生的"悦文化"。"悦文化"倡导"乐观豁达 积极有为"的价值追求，强调"悦己、悦人、悦境、悦事"。在此基础上，学校结合新时期思政教育工作新形势新要求以及学校工作实际，确定了学校大思政课一体化建设理念：以"悦文化"为引领，将思政教育融入学校教育教学各个环节，使教育教学活动与思想政治理论课同向同行，拓展途径，创新载体，构建"大思政"育人格局——"1+2+3+4+5+6+X"一体化育人体系，培育积极有为"悦少年"。

1是指"落实一条主线"，即增强立德树人实效，促进学生全面成长成才，努力成为担当民族复兴大任的时代新人。（建设者、接班人）

2是指"覆盖两个维度"，即学生成长的空间和时间，在空间上实现横向统筹、整体育人，在时间上实现纵向一体、侧重启蒙。

3是指"重视三个衔接"，即幼小衔接、学段内衔接、小初衔接。（抓

住关键）

4 是指"优化四个要素"，即优化思政课的目标、内容、方法、评价。

5 是指"抓住五个内容"，以政治认同、家国情怀、道德修养、法治意识、文化素养为重点进行启蒙性学习。

6 是指"用好六个途径"，即进一步发挥好"课程、文化、活动、实践、管理、协同"的作用。

X 是指"尊重学生思想认知规律、发展差异和成长需求，成就学生成长的无限发展可能"。

该校在思政课一体化建设中，没有另起炉灶，而是在原有工作基础上，结合新时期思政教育工作的新形势新要求，聚焦关键问题，将思政教育融入学校教育教学各个环节，使教育教学活动与思想政治理论课同向同行，构建了"1+2+3+4+5+6+X"一体化育人体系，形成"大思政"育人格局，使学校德育工作上新台阶，得到全面提升。

北京市朝阳师范学校附属小学虽没有"一贯制"的优势，但它做好了上下学段衔接工作，同时在学校负责的小学学段内，守好了一段渠，种好了责任田。

3. 非一贯制独立学段中学典型案例：北京市第十一中学

北京市第十一中学在"一体化德育""思想政治教育一体化"建设中重点解决好了三个问题："怎么管？怎么教？怎么学？"第十一中学制定了"党建引领、思政主导、大主题、小切口"的行动路径，推进"大思政课程"开发，探索"情景体验"学习路径，思政小课堂与社会大课堂相结合，鼓励学生关注社会，引领学生解读社会发展；促进学生走进社会，以实践活动体悟新时代。

第十一中学总结经验认为：德育一体化理念是将学生生长的时空看作一个相互影响、不可割裂的生态系统，整合学校、家庭、社会中培养学生品德和人格的课程要素，形成三位一体的整体育人环境和课程体系，为学生良好道德品质的形成提供支持。

"党建引领、思政主导"，突出"思想政治教育"，被越来越多的学校认可与效法。

以上三个案例代表了不同类型的学校，具有代表性和典型性，它们在"一体化德育""思想政治教育一体化"实践中形成了如下共同经验：

第一，针对问题（德育碎片化、割裂化），遵循规律（教育规律、学生成长规律）。

第二，突出重点（思想政治教育），构建育人体系。

经过几年来的教育实践探索，它们取得了效果，通过对案例学校德育干部、教师的访谈，他们认为，"一体化德育"和"思想政治教育一体化"：一是有利于促进学生的全面发展："一体化德育"和"思想政治教育一体化"关注学生的道德修养、社会责任感和公民意识的培养，改变了之前社会上和学校中存在的"重智育轻德育""唯分数论"等现象，有助于学生的全面发展，尤其是学生思想道德素质得到了显著提升，非常有利于培养社会主义事业建设者和接班人；二是有利于提高教师德育专业化水平："一体化德育"和"思想政治教育一体化"要求教师具备更全面的教育知识和技能，经过几年的教育实践，教师队伍的整体素质得到了提升；三是促进了学校德育工作体系的创新与完善，提高了学校的育人质量。

这些效果的取得并不是一蹴而就的，而是需要在长期的教育实践中不断探索和完善。同时，不同的学校和地区在实施一体化德育和思想政治教育时可能会有不同的侧重点和效果；能够提高教育的整体性、系统性、连贯性。

三 北京市中小学"一体化德育""思想政治教育一体化"在实践中存在的问题及解决办法

（一）存在的问题

北京市中小学在积极响应国家教育政策，深入探索"一体化德育"与"思想政治教育一体化建设"的道路上取得了一些成就，积累了宝贵的成功经验。但在汇总分析来自全市各校的 200 余份实践成果报告时，也发现了几个方面亟待解决的问题与挑战。

首先，概念理解与应用的深度不足。许多学校在面对"一体化"等新型教育理念时，显得较为迷茫，未能充分理解其内涵与具体要求。这直接导致了在所提交的成果中，"一体化"特征不够鲜明，往往停留在表面形式的整合上，而没有体现出真正意义上的深度融合与协同发展。同时，"思想政治"元素在教育教学活动中的融入也显得不够自然和充分，影响了教育效果。

其次，缺乏教育理论支撑，成为制约"一体化德育"与"思想政治教育一体化"深入实践的瓶颈。当前，尽管部分学校已开始尝试将德育与思想政治教育融入日常教学中，但普遍缺乏系统、科学的教育理论作为指导。这导致在实践过程中往往缺乏明确的目标导向、有效的策略方法以及科学的评估体系，难以形成可复制、可推广的成熟模式。

再次，教师队伍的育人能力与意识提升是另一个不容忽视的问题。一线教师在实施"一体化德育"与"思想政治教育一体化"过程中，面临着理论素养不足、实践能力欠缺的困境。他们往往难以准确把握教育目标，缺乏将德育与思想政治教育巧妙融入学科教学中的技巧，更鲜有成功的教育案例可供借鉴。这种现状不仅影响了教育效果，也制约了教师自身的专业成长。

最后，区域间、学校间的发展不均衡问题同样值得关注。虽然北京市整体在推进"一体化德育"与"思想政治教育一体化"方面取得了显著成效，但各区、各学校之间的工作进展却存在较大差异。特别是东城、西城、海淀等核心城区的学校，由于资源相对丰富、师资力量雄厚，往往能够更快地推进相关工作并取得显著成果；而一些地处偏远或资源相对匮乏的学校，则面临着更大的挑战和困难。这种不平衡的发展状况，不仅影响了教育公平的实现，也不利于全市教育质量的整体提升。

（二）解决方法

1. 学习政策理论

学校应了解、学习相关政策、文件和讲话，深刻理解相关政策及讲话的精神，把握好"一体化德育""思想政治教育一体化"体系建设原则。2021年，北京市委教育工委、市教委印发《北京市大中小幼一体化德育体系建设指导纲要》，这是全国省级教育部门第一份关于大中小幼一体化德育体系建设的文件。2024年，北京市委教育工委、市教委印发《关于推进北京市大中小学思想政治教育一体化建设的指导意见(试行)》。这两个文件包含一体化德育目标、德育内容、德育方法、德育队伍、德育评价等多个方面的内容，对学校开展工作具有重要的指导意义。

2. 加强教师培训

教师是"一体化德育""思想政治教育一体化"工作的关键，目前来看，教师缺少"一体化"的意识，教师育人专业性有待进一步提升。教师工作具有很强的专业性。教师的专业性体现在两个方面：学科专业性和育人（德育）专业性。教师除了要具备必要的学科背景外，还要掌握教育学、心理学知识与技能，并将之熟练地运用在教育教学实践中。育人（德育）的专业性在现实中被忽略了，不能给予足够的重视。学校应面向全体教师，提高全体教师的育人能力。

3. 做好示范引领工作

学校在"一体化德育""思想政治教育一体化"方面的实践探索是不断创新发展的过程，需要不断总结经验，市区教研部门应发挥引领作用，及时总结各学校的典型经验，推出优秀案例，组织交流活动，使学校间能够相互学习、借鉴，为北京市各中小学校开展"一体化德育""思想政治教育一体化"教育实践提供借鉴、参考。2022年、2023年举办的两届北京市中小学立德树人实践研究成果征集评优交流活动，从各区征集评选到市级层面特等奖的展示交流，都对此项工作起了推动作用。

综上所述，在学校德育工作中"一体化德育""思想政治教育一体化"不是要学校的德育工作另辟蹊径、另起炉灶，而是要在遵循教育发展规律和学生成长规律基础上对已有工作进行梳理、重构、提升，解决德育工作中存在的问题，突出德育工作重点，使德育工作更加具有科学性与实效性，更好地完成立德树人的根本任务。

学校开展"一体化德育"和"思想政治教育一体化"的经验可以总结为16个字：针对问题，遵循规律，突出重点，构建体系。

市区研修部门应高度重视"一体化德育""思想政治教育一体化"工作，发挥好引领作用，推动"一体化德育""思想政治教育一体化"建设在学校的落地落实，以实际行动回答好"培养什么人、怎样培养人、为谁培养人"这三个根本问题。

系统论视域下一体化德育体系的内涵

冷雪玲*

教育是国之大计、党之大计。党的二十大报告明确指出："培养什么人、怎样培养人、为谁培养人是教育的根本问题。育人的根本在于立德。"① "立德树人"是中国共产党在长期的教育实践中探索并确立的优良教育传统，党从不同的历史背景和现实要求出发，结合新的时代特征不断完善党的教育方针和育人思想，既发展创新了马克思主义教育思想，又为立德树人思想的丰富发展、深化完善奠定了坚实基础。

教育的本质就是培养人。习近平总书记指出，我们要"坚持把服务中华民族伟大复兴作为教育的重要使命"②。在世界百年未有之大变局加速演进的新时期，"用社会主义核心价值观铸魂育人，完善思想政治工作体系，推进大中小学思想政治教育一体化建设"③ 无疑是新时代落实立德树人根本任务的创新和特色。通过以社会主义核心价值观为引领的一体化德育体系建设，科学定位育人目标、完善育人内容、改进育人方法、丰富育人途径，实现全员、全程、全方位育人，建立互为补充、互相渗透的立德树人协同机制，将立德树人根本任务落到实处。

系统论是一门新兴学科，兴起于20世纪40年代的欧美。"系统"一词最早出现于古希腊语中，意指由部分组成整体。系统论的创始人贝塔朗菲给系统下的定义是："处于一定相互联系中的与环境发生关系的各组成

部分的总体"①。中国著名科学家钱学森认为，系统是由相互作用和相互依赖的若干组成部分合成的、具有特定功能的有机整体，而且这个系统本身又是它所从属的一个更大系统的组成部分。②虽然不同领域的研究者从不同角度对系统进行了不同的解释，但一般认为系统是由两个以上相互作用又相互依存的要素组合在一起、与外部环境发生联系的有机整体。

落实立德树人根本任务是一项复杂的系统工程，需要全局性地设计和推进。"德"是立德树人的根基，是育人的前提和基础。人的发展具有阶段性、连续性、全面性，德育研究和德育工作都要遵循人的发展和成长规律，树立系统化思维，从系统论的视角实现不同主体、不同领域的有效协同与合作，构建一体化德育体系。

一 系统论与一体化德育体系

德育是一项系统工程，由诸多要素和环节组成，缺一不可。从现有的研究成果中不难看出，一体化德育研究主要从纵、横两个维度探讨德育目标、德育内容、德育途径、德育方法、德育管理、德育评价等整合统一问题，旨在从学段、空间、内容、途径等方面解决德育的协同与统一问题。

"结构是系统内部诸要素相互联系或相互作用的方式，它主要指系统诸要素在时间、空间、人际以及其他广义空间的相对位置和它们在不同性能等方面的相互搭配及相互间的联结方式。"③从时间维度上分析，一体化德育体系是各种要素"关系运行的即时状态"④，需特别关注育人的长期性，要站在教育对象整个成长过程的高度来关注其不同发展阶段的特质、特点、问题和对策，不能"只见树木，不见森林"或仅仅囿于某一时间节点和学段；从空间维度上分析，一体化德育体系是"各要素之间一种关系构建的客观性存在"⑤，需全面考量教育对象的生活成长环境及影响因素，

① 工诺：《系统思维的轮回》，大连理工大学出版社 1994 年版，第 38—39 页。
② 王雨田：《控制论、信息论、系统科学与哲学》，中国人民大学出版社 1988 年版，第 401 页。
③ 王华峰、韩文秀：《系统科学视野下的高等教育转型发展》，《教育研究》2002 年第 9 期。
④ 闫昌锐：《系统德育论》，博士学位论文，华中师范大学，2019 年，第 54 页。
⑤ 闫昌锐：《系统德育论》，博士学位论文，华中师范大学，2019 年，第 54 页。

既要重视显性德育场域的作用，也要注意隐性德育场域的影响；从人际维度上分析，一体化德育体系是其内部要素之间的交互关系和互动状态，需整体考虑能够对教育对象产生教育和引导作用的各种要素，进而充分发挥其教育引导价值，打造完整的育人体系。

系统论的基本观点认为：系统是普遍存在的，世界上任何事物都可以被看成一个系统，每个系统都是由多种要素构成的有机统一整体，构成系统的各个要素在组成为有机统一的整体后，就开始具备其作为独立要素而不具有的功能和性质，具有整体性、层次性、开放性、自组织性等特点，体现出整体特有的优势。一体化德育体系在将横向的人际维度（全员育人）、纵向的时间维度（全过程育人）和立体的空间维度（全方位育人）整合统一后，就开始形成由各要素组成、具有优于各要素功能之和的新的系统性特征，呈现出系统的整体性、层次性、开放性、自组织性等特点（见图1）。

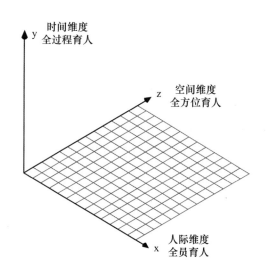

图1　系统论视域下一体化德育体系的三维结构与"三全育人"

二　系统论视域下一体化德育体系的内涵

按照系统论的观点，应重点关注系统的结构和功能，分析系统内的要素、层次、环境等因素。基于此，一体化德育体系可以被界定为一个由要素系统、层次系统和环境系统三个子系统组成的兼具开放性的自适应系统。子系统之间在结构和功能上具有一定的耦合性和互补性，呈现出立体式的网格关系。如果缺少任何一个子系统，则会使一体化德育体系失去整体性功能，同时其他子系统的连接效应也会有所下降。

从德育过程的角度上看，一体化德育体系实质上就是在相关要素的建构、互动、变化、发展的过程中所形成的一种相对稳定的存在态势，实现整个系统的功能优化和逐步完善，更好地服务于教育对象的成长和进步。因此，一体化德育体系的要素系统包括教育对象、教育者和德育过程；层次系统按照教育对象成长的不同阶段，可以分为学前教育、基础教育、职业教育、高等教育四个层次；环境系统按照教育对象生活成长的微观环境、中观环境和宏观环境，可以分为家庭、学校和社会三个层面。系统论视域下的一体化德育体系要能够如实地反映出德育系统的整体性、连续性、层次性和独立性，凸显出一体化德育系统中各个子系统的内容、关系和相互作用（见图2）。

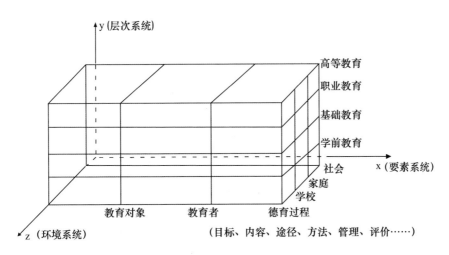

图2　系统论视域下一体化德育体系的三维结构模型

（一）要素系统

关于德育体系要素系统的构成，理论界主要有"三要素说""四要素说""五要素说""六要素说""八要素说"等多种观点。杜时忠认为："现代学校教育是一个复杂的'巨系统'，既有教育目的、内容、方法、管理、制度等不同方面，也存在普通教育与职业教育等不同类型，还包含了学前、初等、中等、高等教育等不同层次，可以从不同的角度概括出不同类型、不同意义、不同水平的教育要素。"① 本文主要着眼于德育活动的三个组成部分，从教育对象、教育者和德育过程三个维度探讨一体化德育体系的要素系统（见图3）。

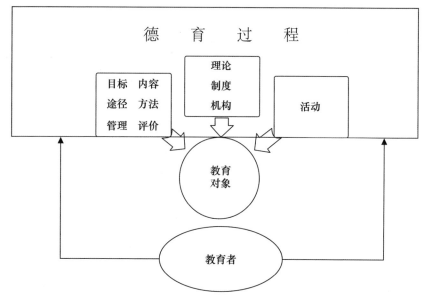

图3 系统论视域下一体化德育体系要素系统结构

1. 教育对象

教育对象意指德育活动的指向要素，也就是一体化德育体系的"育德"对象。与学科教学不同，德育并不仅限于相关知识的学习，而是指认知、情感、意志、行为等综合提升的长期过程。教育对象是一体化德育体系的中心，教育者要围绕教育对象的特点、需求等因素设计并实施德育过程，不能无视教育对象的区别而将德育过程趋同化和同一化。

教育对象的成长和发展具有整体性、螺旋性和阶段性的特点。"整体性"是指教育对象自身的发展过程是一个不可分割的有机整体，不同阶段

---

① 杜时忠：《学校德育体系建设论纲》，《中小学德育》2013 年第 10 期。

的教育者都要树立一体化思维，从教育对象整个成长过程的视角看待他们自己的教育责任和教育任务；"螺旋性"是指教育对象的认知、情感、意志、行为的发展并不是一个直线上升的过程，有时会出现一些倒退和反复；"阶段性"是指教育对象的认知、情感、意志、行为的发展受到其身心发展水平等因素的影响，会呈现出典型的阶段性特征和问题。

2. 教育者

教育者一般有广义和狭义之分：广义的"教育者"是指全体社会成员都是育人的主体，都要积极发挥育人的主动性；狭义的"教育者"则将育人的主体界定为与教育对象成长相关的人，认为所有对教育对象成长产生影响的人都应该承担相应的教育责任。在学校教育产生后，教育者通常意指学校中的教师和其他教育工作者，即学校里的每一个人——"不仅包括教师、管理人员、后勤服务人员等，也包括学生及其同伴群体。"[1]——都是教育主体、都要承担教育职责。在学校里，育人并不仅仅是全体教职工的责任，还包括学生的自我教育、同伴之间的影响和教职工自身的道德成长。概而论之，教育者囊括学校各类人员，从整体上彰显着学校内部各个要素的育人功能，即"构建基于学生成长需要的学校各因素贯通育人机制"[2]。

3. 德育过程

德育过程就是教育者依据德育理论，科学设置德育目标，梳理德育内容，制定德育制度，利用多种德育途径和方法，设计各种德育活动，组建德育机构，进行德育管理和德育评价，进而全面提升受教育者认知、情感、意志、行为的教育过程。

在德育过程体系中，德育目标是方向、德育内容是载体、德育途径和方法是手段、德育管理是保障、德育评价是导向、德育理论是指导、德育制度是规范、德育机构是依托、德育活动是形式。这些因素相互配合、共同施力，实现教育者对教育对象的引导、交流和提升。

（二）层次系统

层次是指在形成系统的过程中出现的不同等级，每个等级都是系统内

① 冯建军：《构建立德树人的系统化落实机制》，《国家教育行政学院学报》2019年第4期。
② 冯建军：《构建立德树人的系统化落实机制》，《国家教育行政学院学报》2019年第4期。

部各种要素通过长期、复杂的博弈过程而形成的相对稳定的关系，不同层次之间相互嵌套，没有绝对的界限。人身心和德性的发展是一个从低级到高级逐渐发展的持续过程，在长期的教育实践中根据教育对象的发展变化特点，通过具有层次性的阶段划分形成了现有的学段划分和分工。学段分工与一体化德育体系并不矛盾，层次性的关键在于如何解决不同学段的协调、衔接和契合问题，使分段的工作统一于整体的育人系统。

依据《2011 国际教育标准分类法》（ISCED - 2011）对教育学研究领域进行划分，按照时间序列，可以将教育体系从低龄到高龄依次分为九个等级序列，即 0 级为早期儿童教育、1 级为小学教育、2 级为初中教育、3 级为高中教育、4 级为中等后非高等教育、5 级为短期高等教育、6 级为本科教育（学士或等同）、7 级为硕士教育（硕士或等同）和 8 级为博士教育（博士或等同），构成了一个相对完整的教育序列。本文结合中国教育实际，将学生成长阶段按照学前教育（0 级）、基础教育（1 级、2 级、3 级）、职业教育（4 级）、高等教育（6 级、7 级和 8 级）划分为四个层次，构成系统论视域下一体化德育体系的层次系统。

（三）环境系统

"德育环境是指影响人的思想政治道德素质形成、发展和人的德育活动的一切外部因素的总和。"[1] 一体化德育体系作为具有动态性和开放性的系统，在同外部环境的交互和调节中形成、演化、发展，获得动力来源。环境对一体化德育体系每时每刻都产生着影响，并渗透到德育过程的方方面面。德育过程是"德育主体与环境信息不断进行反馈调节且不断循环的过程，主体德性的发展也是德育主体与外在环境主动地发生联系的过程"[2]。

通过系统科学关于系统要素与整体关系性原理可知，德育绝不只限于学校内部，不能将德育视野狭窄地局限于学校，而是要考量学校外部环境对德育的影响。因此，一体化德育体系的环境系统理应囊括与教育对象生活成长相关的家庭、学校和社会，三者皆是一体化德育体系环境系统不可或缺的组成部分。

---

① 戴钢书：《德育环境研究》，人民出版社 2002 年版，第 4 页。
② 闫昌锐：《系统德育论》，博士学位论文，华中师范大学，2019 年，第 63 页。

学校作为学生学习成长的主要场所，其育人职责不言自明；家庭作为学生成长的起点和终身场域，自然要承担对学生的教育引导责任；社会作为学生成长、发展的环境和条件，也要对学生的成长起到积极、正向的教育和引导作用。学校、家庭、社会只有各司其职、各负其责、分工协作、形成合力，才能共同承担立德树人的教育责任，共同服务于学生的成长和成才。

一体化德育体系与传统德育体系的区别在于，它将教育对象置于系统的中央，围绕教育对象成长的整体性、长期性、螺旋性、阶段性、发展性等构建其自身体系，着眼教育对象完整的成长过程，关注德育体系各子系统和要素结构并将各种要素有机整合起来，使其相互联系、相互制约，相互作用、相互影响，进而形成德育合力，发挥德育系统的整体性功能，切实增强德育工作的针对性和实效性。

三　系统论视域下一体化德育体系的困境与出路

（一）系统论视域下一体化德育体系的困境

一体化德育体系是一项庞大而复杂的系统工程。通过近年来的理论探究和实践探索，一体化德育体系的理论研究和实践推进都取得了长足的进步，成为贯彻落实立德树人根本任务的重要着力点。但也不能否认，一体化德育体系在体系建构和实践生成方面依然面临着一些现实困境，亟待解决和突破。

1. 一体化德育体系要素系统契合性缺失

要素是构成系统的基础，要素之间的联系方式和最优化排列会影响系统整体性功能的发挥，一个充满活力的系统各要素之间应该是高度耦合的有机动态连接关系。当前，教育对象、教育者和德育过程作为一体化德育体系要素系统的三个基本组成部分，分别扮演着主体要素、主导要素和过程要素的角色，存在主体要素中心性缺位、主导要素参与性不足、过程要素有效性不佳等问题，它们之间缺乏契合性关联，直接导致一体化德育体系活力不足。

2. 一体化德育体系层次系统衔接性缺失

在长期的教育实践中，学前教育、基础教育、职业教育、高等教育基本上"各自为政"，都从各自的阶段出发形成了相对独立的教育理论研究和教育实践操作体系，教学情况如是，德育状况亦然。虽然近年来国家通过政策性文件多次强调要"构建以社会主义核心价值观为引领的大中小幼一体化德育体系"①，但是因为受到传统德育模式的影响，各个阶段间的教育（包括德育）依然缺少及时而有效的沟通和衔接，存在衔接意识欠缺、衔接能力短缺、衔接保障缺位等问题。

3. 一体化德育体系环境系统交互性缺失

系统论关注系统与环境之间的连接互动，强调环境对系统的影响和调节作用。一体化德育体系具有空间的广延性、主体的多元性等特点，与环境系统的交互协同显得尤其重要。从现有的德育实践来看，学校内部德育环境同心力不够、家校社协同育人合力不强，在学校内部德育环境及学校、家庭、社会的立体式育人格局方面都存在一些短板和不足。

（二）系统论视域下一体化德育体系的出路探究

1. 促使一体化德育体系要素系统高度契合

系统论认为，系统的良性运转需要各要素之间齐心协力、高度契合。一体化德育体系作为一个复杂的巨系统，其众多构成要素之间的正向协作尤为重要，不能因为某一要素的冒进或滞后而影响系统整体功效的发挥。因此，要坚持主体要素的中心地位、唤起主导要素的育人责任、提升过程要素的实际效果、提升要素系统的契合程度，实现一体化德育体系的有效运行。

2. 实现一体化德育体系层次系统有效衔接

2010 年 7 月，《国家中长期教育改革和发展规划纲要（2010—2020年)》明确提出要"树立系统培养观念，推进小学、中学、大学有机衔接"②。实现一体化德育体系层次系统的有机衔接，既是国家政策层面的宏观要求，也是一体化德育体系建设的题中应有之义。在德育实践层面可以从培养教师的衔接意识、增强教师的衔接能力、提供衔接的必要保障等方面着手探寻增强德育不同层次之间有效衔接的路径和方法。

---

① 《中共中央办公厅 国务院办公厅印发〈关于深化教育体制机制改革的意见〉》，http://www. moe. gov. cn/jyb_ xwfb/s6052/moe_ 838/201709/t20170925_ 315201. html。

② 《国家中长期教育改革和发展规划纲要（2010—2020 年)》，http://www. moe. gov. cn/srcsite/A01/s7048/201007/t20100729_ 171904. html。

3. 达成一体化德育体系环境系统良性交互

一体化德育体系具有完整、系统、典型的开放性特征，在与环境的互动中实现其自身的完善与运转。一体化德育体系只有通过营造"去功利化"的教育氛围、创设"眼中有人"的管理制度、打造"底蕴丰厚"的校园文化等方式勾勒"同心圆"式学校内部德育环境，厘清学校、家庭、社会德育职责特点及形成学校、家庭、社会整体育人等方式合力构建学校—家庭—社会"立体德育场"，以在与环境实现良性交互的前提下，实现整个系统的良性运转，彰显系统的整体性优势。

总之，在系统论视域一体化德育体系内涵的指引下，德育实践需要逐渐突破一体化德育体系要素系统契合性缺失、一体化德育体系层次系统衔接性缺失、一体化德育体系环境系统交互性缺失等难题，促使一体化德育体系要素系统高度契合、实现一体化德育体系层次系统有效衔接、达成一体化德育体系环境系统良性交互，最终"在立德树人视域下，学段之间，学校家庭社会之间，内容、途径、方法之间相结合，形成育人共同体和大德育体系，发挥出系统协同、整体优化的效应"[①]。

---

① 谢春风：《理解和把握大中小幼一体化德育体系建设的时代特征》，《北京教育》（普教）2020 年第 12 期。

新课标视域下开展劳动教育课程建构实践

李　群　杨德军*

一　劳动教育背景及内容分析

在全球化与信息化的时代背景下，劳动教育作为学校教育不可或缺的组成部分，正面临着转型与挑战。伴随着社会结构的变化和科技的迅猛发展，劳动教育呼唤着与时俱进的改变，以适应未来社会对人才的全面素质需求。学校在劳动教育的实施过程中存在着显著的地域差异，部分学校虽然教育资源丰富、教育观念先进，但实际生产劳动机会缺乏，劳动场地不足，难以营造出劳动意识和技能教学的实践环境。相对而言，部分地处郊区的学校在自然环境及生产劳动方面有着得天独厚的优势，但其劳动教育教材和资源配置明显落后。这种城乡不均衡的劳动教育现状，导致劳动教育在理念与实践的层面上发生脱节，体现出其实施存在着重大不足。

在深入分析的过程中，我们发现，随着教育的信息化、技术化趋势的发展，新时代的劳动教育形式正在变得多样化丰富化，劳动教育的教学模式也在不断探索创新。然而，若劳动教育仅停留在知识与技能的教授层面而非真实实践中，其教育的深度和广度都将受到限制。实质性地强化劳动教育，需要将劳动教育与生活实践相结合，促进学生在真实状况中提升劳动素养和实践能力。基于此，劳动教育课程不仅要注重理论知识的传授，而且要重视学生劳动技能的实践操作和创造性价值的挖掘。

＊　北京教育科学研究院基础教育课程教材发展研究中心。

（一）劳动教育内容的全面性分析

1. 内容的多样性

根据《义务教育劳动课程标准(2022年版)》，劳动教育内容被划分为三大类：日常生活劳动、服务性（社会性）劳动和生产劳动。这三类劳动涵盖了学生日常生活的多个方面，既有家庭中的清洁整理、烹饪等日常生活劳动，也有学校和社会中的公益服务劳动，还有工业生产、农业种植等生产劳动。这种多样性的内容设置，有助于学生在不同领域、不同场景中体验劳动的乐趣和价值。

2. 内容的层次性

劳动教育内容的设置还体现出层次性。不同年龄段学生的身心发展水平、认知能力和实践经验存在差异，因此劳动教育的内容也需要有所区别。例如，低年级学生可能更侧重于日常生活劳动，如整理书包、打扫教室等；而高年级学生则可以逐步增加服务性劳动和生产劳动的比重，如参与社区服务、进行简单的农业生产等。这种层次性的内容设置，有助于学生在不同阶段逐步深化对劳动的认识和理解。

（二）劳动教育内容的实践性分析

1. 强调实践操作

劳动教育的核心在于实践操作。通过亲自参与劳动，学生可以直观地感受到劳动的过程和结果，从而加深对劳动的理解和体验。因此，在劳动教育内容的设置中，应充分考虑到实践操作的可行性和有效性。例如，在学校中设置劳动实践基地，让学生在老师的指导下进行种植、养殖、手工制作等实践活动；在社区中组织志愿服务活动，让学生在服务他人的过程中体验劳动的价值和意义。

2. 注重过程体验

劳动教育的过程不仅仅是完成某项任务或达到某个目标，更重要的是在过程中体验劳动的乐趣、感受劳动的艰辛、领悟劳动的价值。因此，在劳动教育内容的设置中，应注重过程体验的设计和引导。例如，在种植活动中，可以引导学生观察植物的生长过程、记录劳动日志、分享劳动心得等；在志愿服务活动中，可以引导学生关注受助者的需求和感受、反思他们自己的行为和态度等。这些过程体验的设计和引导，有助于学生更加深入地理解劳动的意义和价值。

（三）劳动教育内容的文化性分析

1. 融入传统文化

劳动是中华民族的传统美德之一，也是中华文化的重要组成部分。在劳动教育内容的设置中，应充分融入传统文化元素，让学生在劳动中感受传统文化的魅力和价值。例如，在农业生产劳动中，可以引导学生了解农耕文化的历史和发展、学习传统农具的使用和保养等；在手工制作活动中，可以引导学生学习传统手工艺的制作技艺、了解传统手工艺的文化内涵等。

2. 培养劳动精神

劳动精神，包括勤奋、敬业、创新、奉献等品质是劳动教育的重要内容之一。在劳动教育内容的设置中，应注重培养学生的劳动精神。例如，在劳动实践活动中，可以引导学生树立正确的劳动观念、培养积极的劳动态度；在劳动成果展示和分享中，可以引导学生感受劳动所带来的成就感和自豪感；在劳动反思和总结中，可以引导学生深入思考劳动的意义和价值、明确未来的劳动方向和目标。

综上所述，教育资源分配的不均衡、信息化学习环境的导入、教学模式的革新、教师专业素养的提升以及学校、家庭、社会的联动都是当前劳动教育亟待解决的问题。而构建体系化劳动教育课程、创新劳动教育方式方法、充实劳动教育内容、推广家校社联动模式等则是面对这些问题的有效方法。因此，在这样的背景分析中，我们应深入了解并解决劳动教育所面临的各类问题，探索新时代劳动教育创新实施与发展的路径，最终推动劳动教育的全面发展。

二　当前劳动教育存在问题梳理与分析

（一）劳动教育目标在一定程度上仍然停留在知识传授的层面

劳动教育在新课标理念下不断推进，然而，在实践中，劳动课短缺和劳动教育课程实施链条薄弱，依然是教育改革中亟待解决的问题。对劳动教育的传统认知偏差导致了诸多实操环节的偏离，这包括对劳动教育核心价值理解的不足、教学内容与方法的单一化，以及缺少有效的教师培训和专业支持。具体来说，劳动教育目标在一定程度上仍然停留在知识传授层面，而非从更广阔的实践和体验中提炼学生的生活技能和社会责任感。

(二) 缺乏典型劳动教育课程结构的引导和创新

在学校劳动教育实施过程中，对手工课或活动课简单替代的误区普遍存在，忽视了劳动教育深入人心的意义，使得学生的劳动体验往往停留在表层，不能有效培养学生长期的劳动习惯以及对劳动的敬畏与尊重。此外，缺乏典型劳动教育课程结构的引导和创新，相对狭隘的课程设置也没有体现出劳动教育的多样性和实用性。

(三) 教师队伍普遍缺乏对劳动教育重要性的认识

教师在劳动教育上所扮演的角色至关重要，然而，当前的教师队伍普遍缺乏对劳动教育重要性的充分认识，且在专业培训上亟须得到加强。部分教师虽然在教学实践中积累了丰富的经验，但却因缺少有效的平台和机制，而难以将其自身的经验转化为他人的资源和借鉴。

在社会观念上，劳动教育同样面临着挑战。尽管现代社会普遍认同不同劳动之间没有高低贵贱之分，但这种观念并未深入人心，反映在学生身上就是他们不愿意承担体力劳动，渴望成为理想化的脑力劳动者的心态依然存在。这反映了在价值观教育方面的不足，即家庭和学校在培养学生的劳动价值观方面做得不够。

整体来看，劳动教育实施过程中的问题严重制约了其价值的实现。不但需要教育决策者在制度层面进行调整，确立明确的目标和评估机制，而且需要教育工作者在实践层面创新教学内容和方法，实现劳动教育的多维度发展。同时，需要社会各界共同努力，形成家校社三位一体的劳动教育大环境，以培养学生成为社会所需的劳动者。

三　劳动教育课程系统建构

(一) 劳动教育课程总目标及学校多元化劳动教育目标

在新课标的引领下，劳动教育课程的总目标要与时俱进，综合考虑学生的个性发展需求和社会劳动需求，不仅要传承劳动的文化价值，还应当为学生的全面发展和终身学习奠定坚实基础。在总目标的规划上，首先明确劳动教育不仅仅是实际劳动技能的培养，更应关注学生劳动情感、劳动态度与价值观的内化以及创新精神和实践能力的培育，确保每位学生都能在劳动实践中实现自我价值和社会价值的有机统一。

针对学校多元化需求的劳动教育目标，一方面要明确劳动教育对于培养学生良好的劳动习惯、健康体魄和创造性思维的基础性作用；另一方面需要凸显其在激发学生探索兴趣、解决问题能力以及团队协作精神上的关键作用。具体到学校层面，劳动教育目标的确立需充分考虑校本课程特色和资源条件，因地制宜地制订劳动教育计划，以兼容并蓄的方式充分利用校内外资源，促进学生在不同劳动环境下的沉浸式学习与体验。

在劳动教育的整体目标之下，分级目标的设置要求明确且具体。例如，针对第一学段（1—2年级）学生，重点在于培养其对劳动的兴趣与初步的劳动技能，如从事基本的家务劳动、获得简单的农事劳动体验；对于第二学段（3—4年级）、第三学段（5—6年级）学生，则应当重视其劳动技能的系统培养以及团队合作意识的提升；而第四学段（7—9年级）学生的劳动教育目标应更注重劳动的创新与实践，如参与社区服务、技艺竞技和创业计划等。

在实践中，劳动教育课程目标的实现需要结合多种教学方法和手段。课堂教学、体验活动、社会实践等应有机结合起来，形成层层递进、相互衔接、立体多维的教学体系，真正使劳动教育成为增强个体责任感、促进身心健康、提高综合素质和促进社会适应能力的重要途径。

综上所述，新课标要求劳动教育不仅关注劳动实践能力的培养，还需要注重劳动教育在塑造学生全方位素质和促进其终身发展中的作用。从劳动教育的课程目标入手，确保每个阶段的教育内容都与学生的发展相匹配，以致力于在全社会范围内共同培养有责任感、有创造力、有实践能力的新时代劳动者。

（二）劳动教育课程分级目标

根据新课标下的劳动教育理念，本文明确提出了劳动教育课程分级目标的具体内容与实施要求，将劳动教育的核心目标分解到不同的学段，以形成符合不同年龄段学生认知水平和实际操作能力的劳动教学体系。

在第一学段（1—2年级），注重培养学生对劳动的基本认识和兴趣，逐步塑造其积极参与劳动的内在动机，引导学生体验劳动的基本过程，养成良好的劳动习惯。

在第二学段（3—4年级），旨在提升学生的劳动技能，如做简单家务劳动的能力，重点在于教会学生基本的手工操作和工具的正确使用方法，鼓励学生尊重各行各业的劳动者，建立劳动的初步价值观。

在第三学段（5—6年级），课程设计将围绕提高学生自主参与家庭及社区劳动的能力展开，通过具体的劳动活动，学生不仅可以掌握一定的劳动技能，而且可以进一步加深对劳动价值的认识，初步建立正确的劳动观念。在此阶段，课程也将着眼于培养学生的团队合作意识和社会责任感，通过小组合作项目，配合加分、记分制度，鼓励学生主动贡献、相互评价和反思。

在第四学段（7—9年级），学生的劳动教育目标更为深化，除了需承担较多的日常家务劳动外，还应深入理解劳动对于个人成长与社会发展的双重意义。本学段的学生应能主动发现并解决劳动中的问题，将劳动与学科知识相结合，创造性地开展劳动实践。同时，课程鼓励学生探究劳动的社会价值，建立全面而成熟的劳动观念。

从整体上讲，中小学劳动教育课程旨在植根于真实情境，通过连贯的课程设计和分级实施计划，将知识与技能、情感态度价值观融入学生的日常生活与实际行动中。通过此方式，学生能够在完成具体的劳动任务中，获得成就感，增强自信心，促进劳动习惯的形成，并最终培养出具有健全人格的劳动者。

四　劳动教育课程的推进与实施

（一）多元化推进路径

劳动教育在新课标中占据着重要的地位，而在推进这一教育形式时，需要多维度、多角度的合作与实践。在构建多元化推进路径的过程中，关键在于挖掘和整合各方资源，确立符合时代发展的教育理念，利用创新思维实现劳动教育的深入发展。具体来说，可以通过以下几个途径来推动劳动教育。

1. 深化劳动教育课堂教与学方式的变革

在劳动课堂教学过程中应注重培养学生的劳动习惯、动手能力、创新思维能力以及团队合作能力。

组织学生参与不同的劳动实践活动，让他们体验到劳动的重要性和乐趣，激发学生对劳动的兴趣，并逐渐养成良好的劳动习惯；通过设置各种实践任务，引导学生进行动手实践，如小组合作制作手工制品、种植植物等。锻炼动手操作的技能，提高实际动手能力；引导学生在实践中遇到问题时，积极思考解决方法，并鼓励他们提出创新的想法；培养其独立思考和解决问题的能力，提高创新思维水平。劳动教育强调的是学生的团队合作精神，教师可以通过分组活动，引导学生在小组内互相合作，共同完成任务，培养他们的合作意识和合作能力。

劳动教育课堂教学模式是劳动教育范式构建的重要部分。通过培养学生的劳动习惯、动手能力、创新思维能力和团队合作能力，使学生能够全面发展，并为将来的社会生活和工作打下坚实的基础。

2. 优化学校劳动教育环境，对于学生的全面发展和未来的社会适应能力培养具有重要意义

学校劳动教育环境的塑造需要注重营造良好的劳动氛围。学校应当建立起尊重劳动、推崇劳动的价值观，为学生提供一个积极向上、勤劳奋进的学习环境；可以通过组织劳动教育实践活动，如劳动体验、劳动竞赛等，让学生深刻体验到劳动的价值和收获劳动成果。

学校劳动教育环境的塑造需要营造多样化的劳动方式。校园劳动教育应该摒弃单一机械化的劳动方式，鼓励学生参与到多种有益的劳动活动中。学校可以开展农耕体验、手工制作、科学实验等多样化的劳动项目，让学生通过实际操作获得劳动技能和经验。

学校劳动教育环境的塑造需要提供良好的劳动教育设施和工具。学校应当加强对劳动教育设施的建设和维护，配备必要的劳动工具和器材，为学生提供良好的劳动教育条件。例如，学校可以建设农田、菜园、工艺品制作室等实际劳动场所，让学生在实际劳动中感受到劳动的乐趣和成就感。

学校劳动教育环境的塑造对于学生的全面发展和培养其社会适应能力具有重要意义。通过营造良好的劳动氛围、多样化的劳动方式和良好的劳动教育设施和工具，可以增强学生的劳动参与意识和实际操作能力，促进学生的全面成长。因此，学校应当加强对校园劳动教育环境的塑造，为学生的劳动教育提供良好的基础。

3. 家庭与社会是孩子成长过程中十分重要的两个环境

家庭是孩子最早接触到的社会环境，家庭成员的劳动行为和劳动态度对于孩子的影响是深远的。因此，家庭应该提供一个良好的劳动教育环境，鼓励孩子参与到家庭劳动中。可以通过家务劳动的方式，让孩子亲身参与劳动的辛苦和收获劳动成果，培养他们的劳动意识和劳动习惯。

家庭应该注重培养孩子的劳动技能。可以根据孩子的兴趣和能力，引导他们参与到一些适合的劳动活动中。比如，给孩子提供一些简单的手工制作材料，让他们尝试动手做一些小玩具或者装饰品，培养他们的动手能力和创造力。

社会也是孩子劳动教育的重要环境之一。孩子应该有机会参与到社会劳动中，了解社会劳动的意义和价值。学校可以与社区、企事业单位合作，组织一些劳动实践活动，让孩子亲身参与社会劳动的过程和收获劳动成果。比如，可以组织孩子去参观工厂、农田等地，参与农作物的种植或者产品的加工过程，让他们了解到劳动的重要性和劳动者的辛苦。

家庭和社会的劳动教育融合还可以通过媒体教育的方式来实现。家长可以引导孩子通过观看一些劳动教育的电视节目或者阅读一些有关劳动的书籍，让他们了解到不同劳动岗位的工作内容和特点；也可以通过互联网等新媒体平台，让孩子参与到一些劳动教育的游戏或者互动活动中，提高他们对劳动教育的兴趣和参与度。

通过家庭和社会的努力，可以实现家庭与社会劳动教育的有机融合，为孩子提供一个全面发展的劳动教育环境。这样的劳动教育模式能够培养孩子的劳动意识、劳动能力和劳动精神，为他们未来的成长和发展打下坚实的基础。

综上所述，劳动教育的推进需要坚持长期性与系统性的原则，构建与时代发展同步的教育理念，整合学校、家庭、社区、企业及社会各种资源，遵循学生个体差异与需求，注重实践与体验的结合，通过多元化的途径全方位、深层次地推动劳动教育的全面发展。

（二）多元化实施策略

在劳动教育实施过程中，多元化实施策略的确立对于提升教育质量和效果起着关键作用。首要步骤是建立基于学生兴趣和实际需要的个性化教育目标，为此，学校需在课程内容设计上进行多样化和灵活化调整。举例来说，结合学生的个人爱好和特长，设计包括园艺、家政、工艺制作等在内的综合性劳动活动，每项活动均需设定一套量化标准，以确保学生能在实践中达到课程预设目标。如在园艺劳动中，学生应完成至少一个种植周期，体验从播种到收获的全过程，并对植物生长的条件和影响因素进行记录和分析，最终通过实际操作考核产出至少一份完整的种植报告。

针对不同年级的学生，应制定阶段性的学习路线图。例如，对低年级学生，应注重培养他们的基础劳动技能和劳动乐趣；对中年级学生则应提高工艺制作的复杂度，以培养学生的动手能力和创造力；对高年级学生，则可以组织更具挑战性的社区服务和社会实践活动，鼓励学生运用在校学习到的劳动技能解决实际问题，从而达到劳动与社会服务相结合的教育目标。在实施过程中，应组织学生至少参与两次社区服务项目，如环境美化、老年人陪伴等，使学生在服务中进一步理解和践行劳动的社会价值。

此外，在教学资源配置上，要确保劳动教育的材料、工具和场地能满足教学需求。不同规模、类型的学校均能合理分配专项经费，配置必要的劳动教育设施。农村学校应建立至少一片可供全校师生使用的实际劳作园地，并配备相应的农耕工具。城市学校则可以利用阳台、屋顶等空间，建立小型技能工坊或家政实验室，满足多样化劳动教育的场地需求。

在教师培训方面，学校应实施周期性的专业发展培训计划，每学期至少举办一次与劳动教育相关的教师能力提升研修活动，强化教师的实践指导能力和科研素养。通过制定精细化的教学方案，依托于课程目标完成度的定量评价指标，分析学生在劳动过程中的表现和问题，形成基于实践操作的教学反馈，进一步优化教学内容和方法。

通过上述策略的实施，可以实现劳动课程的有效落实，达成学生劳动素养全面提升的目标。同时，这也为未来劳动教育的深入研究和发展打下了坚实的基础，为学生培养出具有更高质量的劳动能力奠定了基石。

五　劳动教育评价

（一）学校实施劳动教育的评价

作为劳动教育的主阵地，学校教育实施状况直接关系着劳动教育能否达成预设目标。因此，本文旨在设计一套针对学校实施劳动教育的评价体系，以确保教育活动的质量和效果。

所构建的劳动教育课程实施的量化指标，包括教师的教育能力、课程开展的频率与广度、创新实践项目的开展情况以及劳动技能训练设施的完备性等。通过设立这些指标，将学校实施劳动教育的程度定量化，能更有效地进行评价和监控。

对于教师教学能力的评价，主要参考其在劳动教育过程中的指导能力、动手操作能力和创新教学方法的应用，以实际指导案例数、学生操作成功率和创新教学方法的实施次数来衡量。在课程开展频率与广度方面，则统计年度内教师不同类别劳动教育课程的开设次数、覆盖学生比率以及课程内容的多样性指数。

关于实践项目的开展情况，则从项目数量、项目质量、学生参与度和合作机构的数量四个方面进行评估。具体可通过统计年度内完成的项目数量、每个项目中参与学生的人数比例以及校外合作机构的参与数量来细化评价。同时，应照顾到不同地区学校资源的差异，在评价时须根据学校地理位置、学校规模进行合理的指标权重调整，以保证评价结果的公平性。最后，关于劳动技能训练设施的完备性，则可通过设施数量、现代化程度、覆盖学科范围及设施利用率等指标进行评估，同时关注设施维护和更新情况，以保证教学活动的正常进行。

此外，还应结合家校社合作模式，推动劳动教育的外延发展。通过学校与家庭、社会的合力，形成一个共育共建的良好生态环境，鼓励学生在家庭与社会中应用所学到的劳动技能，并对家庭劳动参与和社区劳动服务等行为进行量化记录和正向激励。

在实施过程中，应运用定期和不定期评估相结合的方法，以捕捉教育实践的即时反馈和长远效应，教师、学生、家长和社区成员均为评价体系中的参与者和反馈者。确保评价体系灵活有效，能随着劳动教育课程的深化调整而不断优化，促进学校在劳动教育领域的自我完善与创新发展。通过上述维度的深入评价，可以逐步完善学校的劳动教育实施策略，为新课标下劳动教育的成功落地打下坚实的基础。

（二）家校社三位一体的评价

家校社三位一体的评价机制是评价劳动教育实施效果的重要手段。在家校社协同开展劳动教育模式下，家庭是孩子劳动习惯养成的第一课堂，学校是教授劳动技能和知识的主阵地，而社会则提供了丰富多样的劳动实践场景。因此，对家校社三个维度的教育实践效果进行综合评价，能够反映出孩子劳动素养的全面发展情况。

在评价体系的设计中，各维度的评价标准需明确具体，可操作性强。首先，在家庭维度需要关注家长对劳动教育的支持度及参与度，例如，家长是如何在家中安排孩子参与家务劳动的，孩子在家庭劳动中所展现出的主动性和责任感如何。在学校维度则需聚焦于学校劳动教育课程设置的合理性、教学资源的充分性以及教学过程的有效性，这需要通过课堂观察、教师访谈和学生的劳动成果展示等多种方式来综合考量。在社会维度则应侧重于学生在社区服务、社会实践中的表现，考查其是否能将学校学到的劳动技能和知识应用到实际中，是否能积极参与到社会劳动中，体现出应有的公民责任和社会意识。

在评价方法上，家校社三者需各自建立起它们自己的评价指标体系，并在实际评价中形成有效衔接。例如，通过家长问卷调查来收集家庭劳动教育的信息，利用教师评价和同学互评来衡量学校劳动教育的深度和广度，通过组织学生参与社会调研和服务项目来考察其在社会劳动中的实践能力和合作精神。这种三位一体的评价体系，可以更全面地反映学生在劳动教育中的学习情况和成长变化，为劳动教育的持续改进提供科学的决策依据。

总之，建立家校社三位一体的评价机制，不仅能够激发家长、学校教师和社区工作者对劳动教育的重视，提高他们的参与度，还能更准确地评价和指导学生劳动素养的发展。通过这种机制，可以使劳动教育变得生动实在，而不是空洞的口号，从而真正达到培养学生全面发展的教育目标。

（三）学生劳动素养提升的评价

在构建学生劳动素养提升的评价体系时，应重点关注学生在实践劳动中所展现出的各项素养和技能。首先，应对学生完成劳动任务的实际能力进行评估，包括判断其在完成劳动任务中所展示出的操作技能水平、独立解决问题的能力以及创新意识。例如，通过对学生在种植、制作手工艺品等任务中操作的准确性、效率以及作品的创意性进行量化分析，能够客观反映学生的劳动操作能力和问题解决能力。

其次，评价学生在劳动过程中的合作态度和团队精神表现。这一评价维度既包括学生在团队配合中的协同工作能力，也包括在面对团队冲突时所表现出的调适能力和承担责任的意识。通过观察记录学生在集体项目中的互动频率、角色承担情况以及对团队贡献的程度，可以定性和定量地评估学生的团队协作能力。

评价体系还需纳入学生的劳动态度和持续性，这是评价学生劳动素养不可忽视的一环。通过记录学生参与劳动活动的频次、持续时间以及在面对重复性劳动时的态度变化，可以有效衡量学生对劳动活动的热情和耐心。在这方面，我们可以通过设置长周期的劳动项目，追踪学生的参与度和学习热情的变化趋势来评估学生的劳动持续性。

此外，劳动教育的评价还应包含学生的自我反思和自我评价。在这一评价环节中，通过引导学生完成对劳动实践过程中他们自身表现的自我评价报告，以及参与评价交流会等活动，不仅可以激发学生自身的自我改进意识，还可以提升他们对劳动活动的自我认知和价值判断能力。例如，学生可以记录在完成一项劳动任务后的自我感受和反思，通过定期分享会，同伴互相进行学习交流，进一步提升劳动素养。

综上所述，开发一套综合评价学生劳动素养提升的体系需立足于不同维度，从实际操作能力、团队协作到自我反思等多角度进行全面考量，通过具体的指标体系和多元化的评价手段，实现对学生在劳动教育中素养提升的定性与定量分析。这不仅有助于课堂教学的深化和教育目标的实现，还将为学生打造一个科学、公正、具有激励性的劳动教育环境提供有力支撑。

随着新课标视域下劳动教育的不断发展，劳动教育将逐渐从过去注重实践技能培养转变为兼顾动手能力、实践能力和创新能力的综合素质培养，以切实培养学生的创新能力和综合素质，适应更加复杂多变的社会需求。

"五育并举"视域下特教学校推进劳动教育的价值意蕴、现实困境与育人体系构建

陆莎　王善峰　孙颖*

劳动教育是中国特色社会主义教育制度的重要内容，是全面发展教育体系的重要组成部分，承载着全面建设社会主义现代化国家、全面推进中华民族伟大复兴的重要使命。[①] 2020 年 3 月，中共中央、国务院在《关于全面加强新时代大中小劳动教育的意见》中指出：劳动教育是国民教育体系的重要内容，是学生成长的必要途径，具有树德、增智、强体、育美的综合育人价值[②]，应将劳动教育与德育、智育、体育、美育并举，积极探索具有中国特色的劳动教育模式。《劳动教育课程标准（2022 年版）》提及要"坚持德育为先，提升智育水平，加强体育美育，落实劳动教育"。特殊教育肩负着促进残疾儿童、青少年的全面发展，促进社会公平与正义的重要责任。劳动教育对特殊学生的成长发展具有极其重要的作用，既能使他们获得劳动体验、习得生活必备的技能，又能补偿他们的身心缺陷，使其形成良好的品德和健康的心态，促使其得到全面适宜的发展。如何有效实施劳动教育，使之成为促使特殊学生全面发展的有力助推器，成为教育工作者的关注焦点。然而，由于特殊学生自身的特点以及个体间的差异，特教学校分为不同的类型，它们在资源分配、师资力量、课程设计等方面存在一定的局限性，劳动教育的实际效果往往受到限制，未能充分发挥其在特殊学生全面发展中的作用。

---

　　* 北京教育科学研究院特殊教育研究指导中心。

　　① 本课题组：《全面加强新时代大中小学劳动教育——习近平总书记关于教育的重要论述学习研究之十三》，《教育研究》2023 年第 1 期。

　　② 中共中央、国务院：《关于全面加强新时代大中小学劳动教育的意见》，中国政府网（www.gov.cn）。

一　"五育并举"视域下特教学校劳动教育的价值意蕴

　　"五育并举"是中国关于德智体美劳均衡发展这一教育方针与目标的鲜明体现，也是对新时代教育领域中破除"唯成绩论"、坚持以人为本、追求全面发展的人的清醒认识。① 在新中国成立后，党中央在教育政策方面始终强调与生产劳动、社会实践相结合，促进受教育者的全面发展。从2018 年全国教育大会强调"构建德智体美劳全面培养的教育体系"② 到2019 年《中共中央 国务院〈关于深化教育教学改革 全面提高义务教育质量〉的意见》指出要"坚持五育并举"③，就能看出新时代④教育方针的价值内核，凸显了中国在培养人才实践中的动态发展。劳动教育作为"五育并举"中的重要一环，对推进特殊教育学校落实立德树人根本任务、支撑五育并举育人、促进特殊学生成长成才等方面具有重要价值。

（一）劳动教育是特教学校落实立德树人根本任务的重要体现

　　教育的根本任务在于立德树人。德育是指对学生进行思想、政治、道德、法律和心理健康的教育，而理想信念教育是德育之根本。⑤ 劳动作为人类生产生活实践中最基本、最广泛的实践活动，其"树德"作用在于它具有实现理想的重要作用，是立德树人的重要推动力。劳动教育使劳动转变为一种教育方式走进课堂，一方面能够让学生通过劳动锻炼坚定理想信念，明白幸福来自奋斗的道理，从而正确认知劳动价值、珍惜劳动成果、

---

　　① 赵垚：《"五育并举"视域下小学劳动教育育人体系建设研究》，硕士学位论文，湖北师范大学，2023 年，第 18 页。

　　② 习近平：《坚持中国特色社会主义教育发展道路 培养德智体美劳全面发展的社会主义建设者和接班人》，《人民日报》2018 年 9 月 10 日第 1 版。

　　③ 《中共中央 国务院关于深化教育教学改革 全面提高义务教育质量的意见》，《人民日报》2019 年 7 月 9 日第 1 版。

　　④ 新时代主要是指中国共产党第十八次全国代表大会以来教育更加强调立德树人、教育公平以及教育的全面深化改革，以适应国家发展和人民对美好生活的追求。而在特殊教育领域更加强调教育质量的全面提升，其中包括课程教材体系进一步完善，课程教学改革不断深化，教育模式更加多样。

　　⑤ 乐乐、雷世平：《劳动教育何以"树德"》，《中国教育报》2020 年 7 月 21 日第 4 版。

锻炼优良的劳动品德、养成良好的劳动习惯、掌握必备的劳动技能，收获劳动教育独有的育人效果；另一方面，劳动教育实效性的高低影响着立德树人根本任务的实现。中小学生（包括特殊学生在内）正处于人生成长的关键时期，也是世界观、价值观、人生观形成的关键时期，劳动教育能从多个角度促使学生形成正确的道德认知，通过将学生在劳动锻炼中所获得的体验转为更加系统、科学的知识储备，也能在道德认知和道德行为上架起一座桥梁，实现认知和实践的统一，充分发挥劳动教育"以劳树德"的德育功能。因此，立德树人目标的实现离不开劳动教育这一关键要素。

（二）劳动教育是促进特殊学生适宜发展的现实需求

习近平总书记强调要"努力让每个孩子享有受教育的机会"，《"十四五"特殊教育发展提升行动计划》提出要促进残疾儿童青少年自尊、自信、自强、自立，实现最大限度的发展。特殊学生在认知、情绪、意志行为与人格特征等方面都有一些区别于普通儿童之处，不少学生在接受九年义务教育后由于其自身缺陷及社会观念等问题难以找到适宜的工作，这些都表明促进他们适宜发展是重要的，也要求特殊学生具备足够扎实的知识、技能与相关素养。此时，劳动教育对特殊学生的价值就凸显出来。《残疾人教育条例》提出："残疾儿童、少年特殊教育学校（班）应当坚持思想教育、文化教育、劳动技能教育与身心补偿相结合"，表明劳动教育对特殊学生具有综合的育人价值。在劳动教育的过程中，劳动观念、劳动精神教育贯穿于全过程，使特殊学生在掌握基本劳动知识和技能的同时，理解劳动的意义和价值，形成正确的人生态度；通过劳动锻炼实现手脑并用、知行合一，特殊学生通过运用所学知识和技能解决实际问题增强智能；通过亲手操作锻炼其自身意志增强体能；通过接受劳动教育发挥其主观能动性，在劳动过程中体验和感悟劳动之美，感受劳动的快乐，形成正确的审美观。[①] 这样的过程可以使特殊学生成为道德健全、智力发展、身心健康、具备审美素养及正确的劳动价值观、必备品格和关键能力的社会主义劳动者，为社会主义建设事业添砖加瓦。

---

① 张轩瑜、杜学元：《关于特殊教育学校劳动教育的几点思考》，《绥化学院学报》2022年第4期。

（三）劳动教育是特教学校实现"五育并举"的重要支撑

劳动教育作为新时代国民教育体系的内容已成为德智体美劳全面培养教育体系建设的出发点和落脚点，也是"五育并举"的起始点和凝结点。[①]劳动教育与德育、智育、体育、美育四育并进，就是让劳动教育在德育、智育、体育、美育中无时、无处不在。将劳动教育引入德育中，激发学生形成劳动价值观，增强劳动自信，弘扬劳动精神；将劳动教育引入智育中，帮助学生理解劳动知识和技能，促进学生智力发展，实现知行合一；将劳动教育引入体育中，促进学生强健体魄、健康身心；将劳动教育引入美育中，培养学生审美人格，提升审美境界。[②] 因此，劳动教育是特教学校实现"五育并举"育人，促进学生全面发展的有力支撑。

二 "五育并举"视域下特教学校推进 劳动教育的积极成效

自党的十八大以来，党和国家高度重视劳动教育，《关于全面加强新时代大中小劳动教育的意见》《大中小学劳动教育指导纲要（试行）》等一系列政策的出台，为劳动教育的实施指明了方向。特殊教育学校劳动教育取得了一定的成绩和效果，本调研组研制了"北京市特殊教育学校劳动教育实施情况调研问卷"，从劳动教育整体规划与方案、劳动教育课程及实践、劳动教育资源、劳动教育机制、教师对劳动教育的认知态度等方面设置题目，组织 19 所特教学校教师协助完成问卷调查和材料收集。本次调研共回收问卷 670 份（有效问卷 664 份），调研实地走访学校 4 所。调研显示出以下积极成效。

（一）特教学校劳动教育的育人价值得到进一步凸显

劳动本身具有特定的教育意义，通过劳动可以实现教育价值。劳动教育不能没有关于劳动知识、劳动技能和劳动品质等基本劳动素养的内容，

---

① 徐长发：《新时代劳动教育再发展的逻辑》，《教育研究》2018 年第 11 期。

② 俞林亚：《培智学校劳动教育新探索——让智障学生过上有品质的生活》，浙江工商大学出版社 2022 年版，第 33 页。

劳动教育最为根本的价值在于促进人的全面发展，劳动教育的育人价值也得到进一步彰显。与普通学生相比，特殊学生虽然对劳动观念、劳动精神的感知会有很大差异，但是从调查中依然能看到特教学校劳动教育的重要性。在参与调查的 664 位教师中，大部分教师认为，劳动教育有利于特殊学生学习劳动知识和培养劳动技能（占比为 87%），有利于培养特殊学生良好的劳动习惯和品质（占比为 79%），有利于培养特殊学生形成正确的劳动价值观与劳动精神（占比为 77%），有利于特殊学生的潜能开发和缺陷补偿（占比为 66%）。

（二）特教学校劳动教育内容与学生个人发展紧密相连

斯宾塞认为，"教育的目的是为未来生活做准备。"① 特教学校实施劳动教育在考虑学生当下需求的同时更关注学生的未来发展需求，通过实施劳动教育帮助学生适应未来发展。特教学校劳动教育的内容是以三类特殊教育学校《义务教育课程标准》为引领，与特殊学生个人发展紧密相连。培智学校劳动教育以《劳动技能》课程为基础，以个人生活为轴心向家庭生活、学校生活、社区生活和社会生活不断延伸。盲校和聋校的课程标准虽未有劳动教育单列的课程，但盲校和聋校其余课程中均不同程度地包含着劳动教育内容，如盲校《品德与社会》3—6 年级中设有"我的家庭生活"单元着重培养学生"学会料理自己的生活，养成良好的生活习惯，关心家庭生活……"聋校《品德与生活》1—2 年级提出开展"我会做，我能行"活动培养聋生相关的自我照顾等能力。在课程标准的指引下，特教学校可以根据学生残疾类型、程度、发展水平等开展劳动教育，围绕日常生活劳动、生产劳动、服务性劳动培养学生的劳动素养。

（三）特教学校劳动教育的育人方式呈现出多样化特征

特教学校学生的差异性决定了其育人方式需要尊重学生的个体差异，尊重每位学生的学习起点和学习能力，允许学生按照他们自己的学习速度前进。调查显示，以实践活动为主、知识与活动相结合、以教师讲解为主是目前特教学校劳动教育开展的主要方式，其育人方式多样化特征的主要体现，一是任务个性化，根据每个特殊学生的能力和需求设计不同的劳动

---

① 赫伯特·斯宾塞：《论教育》，胡毅译，人民教育出版社 1962 年版，第 7 页。

教育任务，多以实践操作为主，确保所有学生都能参与并从中受益。二是教学策略多样化，结合不同类别特殊学生的特点，通过任务分析法、结构化教学、游戏化教学、体验式学习等教授劳动技能，激发学生的学习兴趣。三是跨学科融合初显。结合智力障碍学生、孤独症学生等的特点，不少教师会将劳动技能与生活适应、数学（生活数学）等学科知识相结合，让学生在劳动过程中掌握更广泛的知识。四是评估多元化，强调过程而非结果，注重特殊学生在劳动中的态度、努力程度以及技能的提升，同时运用师评、自评、生生互评等多种方式对学生的表现进行评估。

三 "五育并举"视域下特教学校推进劳动教育的现实困境

通过上述调查同时也发现，特教学校劳动教育在社会不断发展以及特教学校生源变化的背景下还存在一定的问题与挑战。

（一）"五育并举"育人理念下对劳动教育的内涵、目标把握不准确

一是五育并举中各"育"的地位和功能不同。德智体美劳"五育"其实各自具有其特征，在特殊学生培养过程中的地位和作用各不相同。立德树人，德育为先，智育对特殊学生来说也是极其重要的，体育、美育和劳育是实现特殊学生全面发展的有力支撑。对于每一位特殊学生来说，若将"五育并举"中各育理解成地位"平等"，功能"同举"，这是观念上的偏差。二是"五育"是整体而非简单拼凑。"五育并举"并非在课程方案中将劳、体、美加入其中，从表面上看是五育齐全，实质上是对"五育并举"做了狭隘理解。无论对于需要参加普通高考的特殊学生还是高举"智育"旗帜，对于障碍较重的学生来说都仅仅停留在培养其个人生活自理能力上，而缺乏对其劳动素养中关键品质等的培养。三是在培养目标即"培养什么人"上对劳育、美育的表述较为简单。如培智学校"使智力残疾学生具有初步的爱国主义、集体主义精神；具有初步的社会公德意识和法治意识；具有乐观向上的生活态度；具有基本的文化科学知识和适应生活、社会以及自我服务的能力，养成健康的行为习惯和生活方式，成为适应社会发展的公民"，相关要求对于美育、劳育的特色和目标的表述都不是很

明确，特殊教育特色和针对性还不强。

（二）"五育并举"育人格局下劳动教育师资队伍建设不足

"五育并举"视域下劳动教育的有效开展离不开专业化的师资队伍，建设特教学校劳动教育专业师资队伍是切实实施劳动教育的主要支撑。但阻碍特教学校劳动教育发展的因素是专业师资队伍建设不足。一是劳动教育师资队伍结构建设有待优化。目前师资队伍在数量、学科结构等方面不够合理。调查数据显示，全市目前仅有 41 名（占比为 6%）教师为专职劳动教育教师，且 90% 的教师无相关职业类资质证书。二是劳动教育教师的专业素质有待进一步提升。尽管 91% 的劳动教育的教师具备本科及以上学历，但是特教学校劳动教育课程的开发对教师的专业能力与综合能力都提出了更高的要求，现有劳动教育专任教师多为师范教育培养，强于学科教学但弱于劳动技能培养，面对技能培养、职业能力培养，需要教师进一步提升他们自己的专业素质和技能建设。

（三）"五育并举"育人体系中劳动教育的内容还不够融洽

从新时代"五育并举"视域出发，特教学校在劳动教育的育人内容方面还存在诸多问题。一是课程体系中对劳动教育的定位还停留在"技能"层面，还未从劳动观念、劳动精神、劳动能力和劳动习惯四个要素上对劳动教育的目标进行进一步梳理。二是劳动教育的内容陷入"窄化"的境地，即劳动教育的实施只有劳动实践这一内容载体，很多学校或教师认为劳动教育不易开展，认为是学校缺乏给学生提供足够的、真实的劳动实践机会。三是劳动教育的教学质量评价缺乏对劳动情感、劳动态度等内在素养的培育。在参与调查的教师中，76% 和 75% 的教师采用作品（成果展示）和操作展示的方式开展评价，缺少对劳动教育过程的监测或评价，没有对劳动中产生的问题进行分析，并提出有效的解决对策。四是劳动教育仍难以与其他四育达到融合。德智体美劳"五育"既有各自的独特功能，相互之间也存在内在联系和协同规律。以特教学校劳动教育为例。它如何融入生活语文（语文）、道德与法治、艺术（艺术与休闲）、体育（体育与健康）等学科教学中是实现以劳树德、增智、强体、育美的关键一环。但就目前来看，劳动教育仍难以与其他四育达到融合的状态。在关于哪些课程或活动融入了劳动教育的调查中，仅仅有不到 20% 的教师表示在学科教学中融入了劳动教育的内容。因此，如何以渗透、贯穿的教育方式全方位地将劳动教育的内容融入其余四育中成为一大难点。

（四）"五育并举"中劳动教育育人资源还不够充分

资源是劳动教育开展的有力依托。以空间分布作为条件，特教学校的学生接受劳动教育的资源总体上可以分为校内资源和校外资源两大类。从调查的结果来看，特教学校的学生接受劳动教育主要还是集中于教室、操场、校内基地等校内场域，相比于普通学校的学生，社会大课堂资源如研学基地、劳动教育示范基地等"活资源"还未进入特教学校学生的视野。不少教师在调查中反馈说，希望可以打通资源使用，让特教学校的学生也有适合他们的劳动教育实践基地。同时，不少特教学校会考虑到经费、学生安全等因素，没有开发、建设适合特殊学生需要的劳动教育实践基地也使得劳动教育的实施效果大打折扣。调查发现，在开展劳动教育的场所中，教室占76%、专门的活动室占67%、校外基地占16%、社区占14%，可以看出学校劳动教育对社会资源的利用率占比仍然较少。此外，劳动教育育人资源相对短缺：劳动教材、劳动场所、劳动工具和劳动实践活动资源是特教教师反馈排序前四位相对短缺的资源。

（五）"五育并举"视域下劳动教育育人机制尚不健全

在"五育并举"背景下开展劳动教育需要劳动教育相关制度建设等政策支持，还需要家庭、学校、社会的协同，从而才能确保劳动教育的育人效果。但从调研的相关结果来看，目前特教学校均存在一些问题。一是特教学校支持劳动育人的相关政策乏力。近年来，国家多次颁发关于劳动教育相关文件，但特教学校在实施劳动教育时还是缺乏相关的政策支持，如培智学校有劳动技能课程标准但盲校、聋校无相关劳动课程开发的顶层设计和系统规划，加上适合特殊学生劳动场所缺乏等问题导致特教学校劳动教育课程处于育人成效不高的状态。二是特教学校劳动教育的开展还未与家庭、社会形成有效联结。家庭参与劳动教育多以宣讲、家庭简单家务、特定节日帮助父母为主，社会中单位、个人参与特教学校劳动教育的不多，家校社在协同育劳方面还未形成最大合力。

四 "五育并举"视域下特教学校劳动教育育人的体系构建

育人体系旨在培养学生全面发展的能力和素质。① 教育目的是回答培养什么人，新时代教育不仅注重人的当前发展，而且注重人的长远和全面发展。因此，新时代劳动教育必须以立德树人作为其价值基点，以培养合格的社会主义建设者和接班人、实现中华民族伟大复兴为其终极目的。构建特教学校劳动教育的育人体系就是要坚持"五育并举"的理念，运用整体性、系统性的思维和方法，既做好劳动教育的顶层设计，又要统筹协调好其内部各个元素的关系，进而最大限度地发挥劳动教育的价值，达到构建体系的目标。

"五育并举"劳动教育育人体系包括育人目标、育人主体、育人内容、育人资源、育人机制五个部分。这五个部分既相互独立又相互关联，共同作用于整个育人体系。其中，育人目标是导向，明确的育人目标是整个特教学校劳动教育的核心，在育人体系中起着驱动作用；育人主体是关键，劳动教育的主体包括学校党委班子、劳动教育教师、其他科任教师以及社会相关成员，这就要求在劳动教育的实施过程中统筹多方力量形成教育合力；育人内容是重点，这就要求我们在聚焦日常生活劳动、生产劳动、服务性劳动的同时，在德智体美四育中也融入劳动教育的内容；育人资源是保障，是构建劳动教育育人体系的重要依托，需要有效利用校内外资源，拓展特教学校劳动教育的实践场域；育人机制是凭借，是建立健全劳动教育相关育人机制的重要条件，需要完善相关制度机制，确保劳动教育育人体系建设的规范化、科学化运行。

新时代特教学校要在"五育并举"理念的指导下，根据劳动教育的内在构成，需要聚焦日常生活劳动、生产劳动、服务性劳动三大领域，积极探索构建"三聚焦、五融合"的劳动教育育人体系（见图1），即构建日常生活劳动、生产劳动、服务性劳动"三聚焦"，将劳动教育的育人目标、育人内容（课程体系）、育人主体（师资队伍）、育人资源（场域等资源）和育人机制（制度）"五融合"的育人体系，切实增强

---

① 钟飞燕：《新时代学校劳动教育研究》，博士学位论文，吉林大学，2021年，第37页。

特教学校劳动教育的实效性。

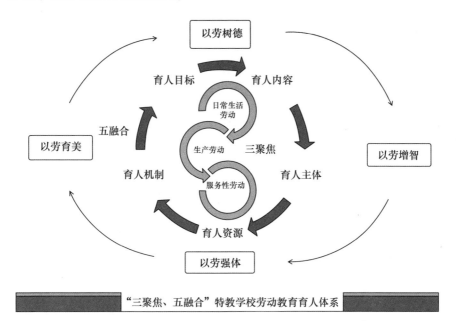

图1 特教学校"三聚焦、五融合"劳动教育育人体系结构

（一）五育并举，明确特教学校劳动教育整体育人目标

特教学校在特殊教育中承担着骨干作用，是培养特殊学生德智体美劳全面发展的主阵地。劳动教育承载着为强国建设、民族复兴培养合格人才的重要使命，我们要站在全局角度看待和加强劳动教育，以更大的格局、更强的力度推动这项工作。特教学校应秉持"让每个残疾孩子都有人生出彩机会"的办学理念，结合特殊学生障碍类型多样、障碍程度不一且生活适应能力差异大的实际，将劳动教育纳入学校的育人体系，强化劳动教育的地位，立足学科教学、实践活动、劳动基地、家庭教育等探索劳动教育实施的路径，以促进特殊学生劳动意识的增强、劳动技能的提高、劳动精神的培养，为特殊学生走向社会、提高生存能力奠定坚实的基础。

在设置特教学校劳动教育的目标时，要更加凸显以劳树德，在劳动中树立正确的世界观、人生观和价值观；以劳增智，要在劳动中锻炼照顾自我、参与家庭劳动、具备社会生活和职业的技能；以劳强体，在劳动中增强体质，挖掘潜能、弥补缺陷；以劳育美，在劳动中感受美、鉴赏美、创造美的能力。十五年一贯制的特教学校必须坚持"五育并举"教育方针和发展理念，充分发挥劳动教育的综合育人价值、形成五育合力，构建三段一体化的劳动教育目标。

（二）课程育人，构建全学段劳动教育内容体系

特教学校开展劳动育人，落脚点在课程。要融入劳动教育，必须针对培智学校、聋校、盲校不同类别的特殊学生，设计适合他们需求的劳动教育课程体系。培智学校在课程内容的确定上要设计符合智力障碍学生认知特点和个性差异的劳动教育内容，开发贯穿学生生涯发展的个人劳动、家庭劳动、学校劳动、社区劳动和职业劳动项目，涵盖日常生活劳动、生产劳动、服务性劳动（即三聚焦）并统整生活适应、生活语文等相关学科，发展学生各学科知识技能。盲校和聋校劳动教育应开展整体设计，以视力障碍学生和听力障碍学生真实生活为基础，围绕个人、家庭、学校、社会等生活领域遵循螺旋式上升的原则，考虑到各学科之间的联系，根据实际情况科学地安排各项劳动教育内容。

总体来说，三类特教学校从日常生活劳动、生产劳动、服务性劳动（即三聚焦）三种不同类型的劳动教育活动在义务教育阶段、非义务教育阶段低中高年级段各有侧重，即日常生活活动要贯穿始终，结合小学阶段以生产劳动为主，初中阶段适当加入服务性劳动以达到职业启蒙和职业培训的效果，普通高中、职业高中以丰富职业体验和培养职业劳动技能为主。无论是日常生活劳动还是生产劳动和服务性劳动，都要基于劳动教育的核心素养设计相关的学习任务，将各种学习任务分布在任务群中，通过完成劳动任务、解决劳动问题的过程，不断生成与发展劳动教育核心素养。同时，三类特教学校可根据学生特点开展劳动教育课程的差异性教学，设计基于情境化的劳动教育教学模式，根据课程标准中相关的教学实施建议从环境创设、教辅具使用、信息技术等方面研发劳动教育教学资源。

（三）实践育人，拓宽劳动教育多样化场域资源

劳动教育有别于文化课程的一点在于其需要多样化的场域加以实施，以特殊学生的劳动活动和实际操作等开展教学和评价。不少特教学校也提出"场地资源有限"成为发展劳动教育的制约因素，因此，一方面，特教学校要根据不同劳动主题或劳动课程模块设计符合特殊学生特点的劳动实践活动，合理利用校内的空间、校内资源开展劳动教育，如充分利用楼道、走廊、操场等区域；另一方面，特教学校要在日常生活劳动、手工技艺体验、农业劳动实践、工业劳动实践、职业生活体验、社区服务实践等方面拓展与社会企事业单位，如博物馆、实践基地、加工厂、酒店等的合作，为学生争取实践生产劳动和服务劳动的机会。

（四）管理育人，完善特教学校劳动教育制度

劳动教育实施的规范性、特殊学生的参与度、效果的好与坏都与相关制度体系息息相关。制度、政策的系统性、针对性是保障新时代特教学校劳动教育实施有效性的重要条件。第一，完善相关制度。教育行政部门要进一步构建特教学校学前阶段、义务教育阶段和职业教育阶段、校内和校外劳动教育有效衔接的机制，针对培智学校、聋校、盲校不同类型特教学校制定劳动教育实施指导意见，编写劳动教育教材，对日常生活劳动、生产劳动和服务性劳动的内容进行科学编制，将新时代劳动教育课程的任务书、路线图书写得更加完整。第二，建立评价体系。劳动教育是一个全员、全过程、全方位的教育，它更需要建立全过程、多元的考核评价机制，应基于劳动教育核心素养改进劳动教育的结果评价、强化劳动教育过程评价、探索劳动教育增值评价。第三，健全协同机制。劳动教育是具有整合性、开放性与实践性的教育活动，这就要求我们建立家校社三方协同机制。学校、家庭、社会可以通过合力开展劳动实践活动、劳动教育志愿服务等拓展劳动教育实践途径，形成以学校为主导、家庭为基础、社会为支持的协同育人机制。

（五）教师先行，加强劳动教育育人主体的专业化水平

教师作为劳动教育的有机主体直接影响着劳动教育及其课程教学的实施效果，是确保劳动教育课程专业化、劳动教育系统化开展的关键因素。一方面，壮大劳动教育教师队伍。目前，大多数特教学校劳动教育专职教师数量相对匮乏，因此可以采用"专兼并用"模式即以专职为主、兼职为辅，增加劳动教育专职教师的配备，以此壮大劳动教育的教师队伍。另一方面，加大劳动教育师资培训力度：通过增加专业人士授课指导、定期开

展劳动教育跨学科教研活动等方式提升劳动教育教师的教学能力和专业化水平。不同学科教师之间的相互借鉴与经验分享能够促进教师突破劳动教育单一学科的固有思维，有利于其发挥主观能动性，不断探索、反思进而提升其教学基本功，为建设一支专业化、专职化的劳动教育师资队伍提供可行性途径。

新时代劳动教育的发展仍处于探索阶段，同时也赋予特教学校劳动教育新内涵、新思想、新导向，而将新时代劳动教育的核心思想贯彻至特教学校劳动教育育人体系的各个环节，则不仅是保障特教学校劳动教育深层次开展的坚实保证，也是促进特殊学生劳动观念、劳动能力、劳动习惯和品质、劳动精神提升的关键所在。因此，特教学校在推进劳动教育时应以育人体系的构建为出发点，并以此确立劳动教育育人目标、构建劳动教育育人内容、提升劳动教育育人主体专业化水平、完善劳动教育育人机制、整合劳动教育多元育人资源，使特殊学生感受劳动的魅力、理解劳动的重要性、领悟劳动精神的内涵，促进其全面健康发展。

区域中小学德育一体化建设实证

——以北京市顺义区为例

单德芳*

构建大中小幼一体化德育体系，是全面贯彻党的教育方针、增强立德树人实效的路径要求。中小学德育一体化建设作为大中小幼德育一体化建构中的重要一环，需要准确把握区域实际和中小学各学段育人目标、内容和方法以及实践现状。为全面了解顺义区中小学落实文件精神情况和实施现状，梳理学校深化德育一体化精神的推进举措、实施成效及需求，挖掘德育一体化建设典型经验和案例，为进一步推进区域中小学德育与心理工作纵向学段衔接、横向家校社协同的深入提供借鉴和建议。顺义区德育与心理研究室对全区中小学德育主管领导进行了问卷调查，同时辅以学校典型经验梳理和提炼。

一 文献述评，切调研之需

（一）关于德育一体化建设的理论基础

1. 对"德育"的理解

对于"德育一体化"中"德育"概念和内涵的理解，学者有着狭义和广义上的不同看法。狭义上的"德育"，从字面上理解就是道德教育；于学校德育而言，意在培育学生的道德品质和行为。[1] 而广义上的理解则认为，"德育"不仅包括道德教育，还应包括政治教育、思想教育、法治教育和心理教育等多方面的内容。学生是成长变化的个体，又在集体中相互

---

* 北京市顺义区教育研究和教师研修中心。

① 戚万学、唐汉卫：《学校德育原理》，北京师范大学出版社 2012 年版，第 2 页。

影响，因此，德育实质上是一种"大德育"理念，在当今的教育布局中①，更加强调"大德育理念"，强调德育价值取向的全面化、德育系统建构的一体化和德育内容规划的社会化，以促进学生道德人格的培养、形成和核心素养的综合提升，全面推进学校德育工作的系统化构建和一体化实践。

2. "德育一体化"的概念与延伸

当前，中国现行的中小学德育采取的就是大德育理念下的德育工作框架，这体现在中国教育部历年颁布的有关中小学德育工作的系列政策文件中。早在 2005 年，教育部就出台了《关于整体规划大中小学德育体系的意见》；2011 年，教育部启动"整体规划大中小学德育课程项目"，促进德育纵向衔接、横向贯通、螺旋式上升。② 2017 年，由中共中央办公厅、国务院办公厅印发的《关于深化教育体制机制改革的意见》首次明确提出，"要构建以社会主义核心价值观为引领的大中小幼一体化德育体系"，并指出应针对不同年龄段学生，科学定位德育目标，合理设计德育内容、途径、方法，使德育层层深入、有机衔接，推进社会主义核心价值观内化于心、外化于行。从党和国家的文件和政策解读以及习近平总书记的重要讲话精神中可知，"德育一体化"理念是结合中国深化教育体制改革、落实立德树人根本任务的现实需要而提出的重要德育观念。

在关于"德育一体化"的学理研究中③，一些学者则进一步提出，所谓德育一体化就是：

> 将大、中、小学等教育机构以及家庭、社会等涉及的德育环境看作一个整体，再以学生身心发展规律作为指导德育一体化的思想，分出不同学段的层次和重点，每个阶段德育目标、德育内容、德育路径等都要为下一阶段做好准备，去主动衔接和延伸，同时要求德育教师、德育管理也要前后联系，彼此服务，横向纵向共同作用并构成"网格"，以此实现德育全面、科学、体系化的整体，最终为每一个学

---

① 杨丽翠：《云南民族自治州中小学德育一体化建设研究》，硕士学位论文，云南师范大学，2020 年，第 9 页。

② 中共中央办公厅、国务院办公厅：《关于深化教育体制机制改革的意见》，新华社，2017 年 9 月 24 日。

③ 谢梦菲：《哲学视域下新时代一体化德育的构建》，《思想政治课教学》2017 年第 8 期。

生的终身发展服务。①

这种观点从德育主体、德育客体及德育系统的有机组成部分等多角度出发比较全面地分析和概括出德育一体化所涉及的丰富内涵和基本特征，点明了"德育一体化"在整体上就是一种从系统着眼、全方位构建德育机制的育人体系。

（二）关于国内推进德育一体化建设过程的实践现状

通过关键词为"德育一体化"的20余篇文献的分析，基本形成如下思考：

国内各地按照时代背景和现实需要，采取积极的策略和方法推进德育一体化建设：一是从改进管理方面，促进德育管理体制的一体化建设；二是进行系统设计，促进德育目标内容和活动方式的一体化建设；三是创新方法，促进德育工作队伍的一体化建设；四是多措并举，促进德育评价的一体化建设，提出合理化的建议；五是建设统领全局管理指导的组织架构，科学构建大中小学德育课程一体化体系，构建社会、家庭、学校共同参与的德育一体化模式，打造一支专业化的德育工作队伍，加强大中小学德育之间的联系，深化大中小学德育制度改革，建立学生道德水平评价机制；六是推进大中小学德育一体化应及时健全德育资源保障机制、德育一体化评价—反馈—推广联动机制、德育一体化动态监测机制和教师德育能力更新机制，作为突破现实困境的重要路径；七是在学校德育评价、师德考核、学生德育认知与行为评价等方面有不同程度的探索；八是制定具有连续性、系统性的包含大中小学多阶段的德育方案。

在看到推进举措和效果的同时，还发现存在如下亟须解决和优化的问题，如德育一体化机制建设的科学性；课程设计、课程教学、师资队伍、课程评价等方面的一体化构架的针对性和有效性；大中小学这三个重要阶段德育合力作用的发挥；各阶段德育工作目标虽然明确，但是对于各阶段德育的完成情况缺乏有效的评估，缺少明确的标准和有效的考核体系；德

---

① 张益、罗艺：《大中小学德育一体化探析》，上海书店出版社2016年版，第14—15页。

育的主副渠道一体化以及德育一体化中政府功能及时补位等，都是未来推进德育一体化建设的突破口。

以上的研究和实践带给我们的启发是：推进中小学德育一体化，既是落实立德树人根本任务的宏观教育战略，又是解决当前德育实践微观问题、提升德育质量的现实选择。不同地区在推进中小学德育一体化方面都有了一定的尝试和实践，但是具有区域特色的中小学德育一体化建设还是要立足区域的区情、校情和学情。本文提出的区域中小学德育一体化建设更多的是问计基层、靶向施策、梳理特色，实现区域中小学校德育工作循序渐进、螺旋式上升、层层深入、有机衔接，为建设"业强城优生活美"的新城提供强有力的人才支撑。

二　政策导向，解时代之变

（一）调研内容

为使调研结果科学有效，本次调研问卷是集中参考了教育部、市区级文件以及知网中关于德育一体化建设的相关文献，提取了其中的核心要义和主要测评点设计而成的。在初步编制题目后，请部分德育干部代表进行测试，最后，根据结果及建议进行微调并形成最终的问卷。

表1　　　　　　　　　　　　问卷内容及主要指标

内容	主要指标
学校德育一体化建设工作的基本情况	承担角色、任职年限、主要负责人
学校德育一体化建设的基本认识和实践举措	德育一体化建设的基本认识，认知与实践（学段间工作了解、校级一体化建设方案、临近学段的育人目标等），实施一体化德育中的目标差异、问题探索的交叉分析，德育一体化建设的内容、途径与方法
学校德育一体化建设的评价和需求	德育一体化队伍及机制建设情况，推进工作需求
学校德育一体化建设的成效及建议	学校德育工作的显性变化以及可能的内隐样态，"双减"背景下德育一体化建设的新思考

（二）信息收集

本次调研共计回收问卷 78 份，做到了区内中小学全覆盖（见图 1）。在学校作答人员的基本信息方面，学校德育主管领导占比为 92.3%，德育与教学主管领导占比为 5.1%（涉及四中、八中、十二中、张镇中学），其他角色占比为 2.6%（天竺中学、九中）。

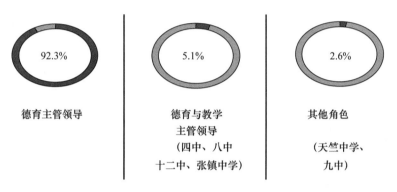

图 1　参与作答人员情况

参与作答干部的任职年限（见图 2），任职年限在 4—9 年的比例最高，且 1—9 年的主管领导占据了整个作答人员的 64.1% 以上。

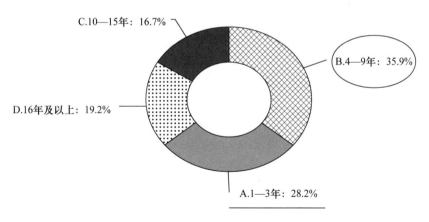

图 2　任职年限

三 数据索引，梳理现实基础

（一）认识先行，落实并创新德育一体化建设的机制

从调研反馈来看，有98%的学校制定了德育一体化建设实施方案，其中有23%的学校由校长牵头主责、有65%的学校由德育主管领导主责德育一体化建设的推进与实施；对于"德育一体化建设"的核心要义的把握和理解（见图3），有88.5%的干部能够对"德育一体化建设"有个系统的认知，5.1%的干部认为，一体化建设要使学科教师注重学科德育的渗透，有3.9%的干部认为是开展好一系列主题教育活动，还有2.6%的干部认为德育一体化建设是要开展好思政课教学。在实践认知这一维度下，有32人表示比较了解其他学段是如何开展德育工作的，有46人表示对其他学段开展德育工作的情况了解一些。同时通过交叉分析（见图4）可知，任职4—9年和16年以上的干部对其他学段的德育工作的开展表示比较了解的程度明显高于1—3年和10—15年的干部，其中的可能原因，一是在实践中积累了认知和经验；二是4—9年是干部队伍成长的爬坡期，在此期间，他们形成了基本的工作主张和特色；三是10—15年是干部队伍成长的瓶颈期，在此期间干部的工作期待值有所下降，这有主客观双重因素。

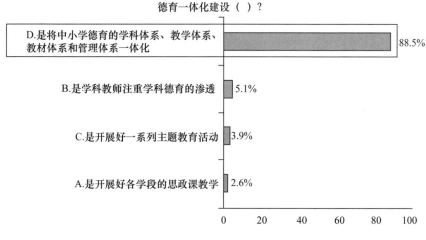

图3 对德育一体化建设的基本认识

您了解其他学段是怎样开展德育工作的吗?

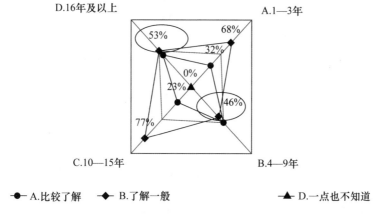

图4 任职年限与纵向德育工作了解的交叉分析

在已制定完成德育一体化建设方案的学校中，兼顾与本学段临近学段的德育教育目标的占到了62%；在正在设计方案的学校中，有29%的学校考虑了本校对应学段的德育目标，有41%的学校兼顾了与本学段临近学段的德育教育目标。李桥中小、南彩一小、高丽营学校、仓上小学考虑了小学—初中学段的德育教育目标，四中分校、牛一西校区、八中考虑了初中—高中学段的德育教育目标。

总体来说，全区中小学健全了校长牵头、德育/教学干部具体实施的德育一体化建设推进机制，尤其是关注到了横向学校教学—德育—科研—家庭间协同、纵向学段间参照的工作机制，做到了在达成统一共识后再行动。

（二）要点靶向，德育一体化建设推进有的放矢

北京市教委印发的《北京市大中小幼一体化德育体系建设指导纲要》，明确了推进德育一体化建设的总体要求，以及一体化德育目标、内容、方法、资源、队伍、评价、协同、保障八个核心要点，本次调研所编制的问卷也是以市教委文件为蓝本，着重了解基层学校在德育一体化建设初始阶段对该指导纲要精神的把握和运用，聚焦一体化建设主旨、注重课堂主渠道、落实学科德育、选取适切的德育方法推进德育工作等内容。

　　就实施德育一体化建设的目标要素调研结果来看：有55.13%的干部认为，他们非常注重上下学段的德育目标衔接，能够整体构建和实施德育主题教育；有43.59%的干部认为，其学校基本上符合。在学校起始年级德育工作中，对难度的主要原因认可程度由高到低分别为：上一学段升学衔接教育不到位、本校新生学情分析不到位、本学段德育教育实效性差、本学段德育目标定位脱离学生实际、上一学段的德育实效性差（见图5）。

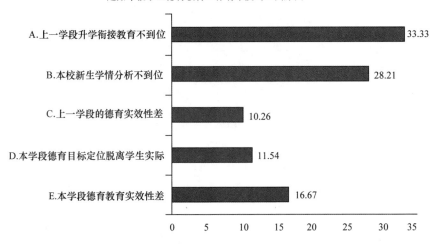

图5　对学校起始年级德育工作难度进行了初步分析（%）

　　在本次样本中，对"学校在设计德育一体化建设方案时考虑到不同学段的德育教育目标"与"认为学校起始年级德育工作难度的主要原因"两个题目进行了交叉分析（见图6），有31.25%的干部认为，在制定方案时考虑到了本校对应学段的德育教育目标，本学段德育教育实效性差；有38.64%的干部认为，在方案制定时兼顾了与本学段临近学段的德育教育目标，与上一学段升学衔接教育仍不到位；在制定方案时考虑到了小学—初中—高中贯通德育目标，仍有27.27%的干部认为他们的学段德育目标定位脱离学生实际。从数据来看，可以说，各中小学整体上对要点的把握达到96%以上，在方案制定、内容设置、方法选择上能够关注学生成长规律和学段目标的达成；发挥学科育人的作用，同时进行了顶层设计并开发出一些德育教育活动；在校内外学习资源整合、家校社协同育人方面也做了不少的尝试；建立起一支符合学校办学理念和学生学情的一体化德育队伍，基本上保障了德育一体化建设的落地和落实。

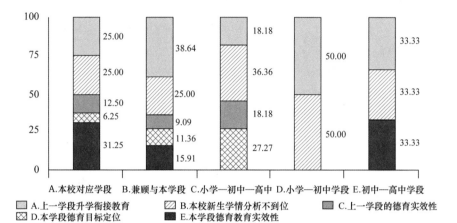

图6 "考虑学段德育目标"与"起始年级德育工作难度原因"的交叉分析（%）

（三）实践探索，德育成果初显

1. 数据结果

问卷中对学校德育一体化建设的效果，有96%的干部给予了"比较好"及"非常好"的评价。

2. 实践路向

（1）以立德树人为统领，以学生为核心，既关注了从学生出发设计和整合育人元素和内容，也反映了学生在学校德育一体化建设思路中的发展变化。关于学校推进德育一体化建设的题目，包含了相互衔接、循序渐进的德育课程符合程度内容，有43.59%的干部认为"非常符合"；关于在德育一体化建设中，学科教师开发课程的意识和能力考查，有98.72%的干部认为，其本校教师能够依据学科课程标准，注重挖掘学科德育元素，有一位干部认为教师不知如何开发课程。从实践案例来看，牛一附小为学生设计了一定比例的操作性、活动性课程；李遂中小在幼小衔接上有设计、有实施，新生家长知道如何配合学校和班主任开展工作，学生也能很快接受新身份、适应小学生活；首师大附小关注幼小衔接、小升初衔接，开设了一年级幼小衔接课程，以及六年级故宫毕业季课程；顺义九中关注学生心理健康建设，开发出职业生涯规划课程，学生得以较早确定人生的方向，学习目标很明确。

（2）全员德育，既增强了学校的全员德育意识，又从全员德育途径的角度进行了深化和设计。如杨镇一中在逐步推进德育一体化建设中，明确了学段德育目标，并依据目标设计德育内容和方法，充分发挥出思政工作的作用；牛一西校区德育一体化配置较为完整，校长率先垂范，带领班领导与处室值班教师每天轮流定点值守，抓细节，促养成；马坡二小整体育人氛围较浓，课堂教学将德育与主题活动有机结合起来，学生综合素质得到稳步提升；高丽营学校是九年一贯制学校，它在思想认识上形成统一，对德育工作能够进行整体设计；光明小学坚持"五育并举"理念，组建德育、体育、美育党支部，以党支部活动促进部门间的育人协作，提高"五育并举"的育人效果。

（3）课程育人的意识和体系逐渐厘清。通过词云图（见图7）可见，"课程"一词的热度很高，学校开始有意识地将德育课程、学科课程、传统文化课程和实践活动课程加以一体化建设和实施。例如，后沙峪中小学科教学注意学段特点，并注意学段联系；对传统文化课程及主题教育等德育活动进行衔接性设计；教师的教育理念得到更新。空港小学德育的工作方法发生改变，由校内部分转为和家庭联动，增加了更多的实践类活动，让学生在活动生活中总结经验，汲取其中的教育内容。空港二小在养成教育、活动开展、学科渗透上，有了德育一体化的支撑，更具有针对性、全面性和普遍性。

（4）协同育人，形成德育实施的开放性。学校内部在全学科育人、全员育人的基础上，注重将协同育人的触角延伸至家长指导、家庭教育指导、家校共育上。牛一附小加强宣传，利用家长学校、学校微信公众号（牛牛的种子）、微信家长群、腾讯会议线上家长会、校园文化阵地、小荷尖角广播站（如牛小最动听栏目、牛小故事汇栏目、六年级线上毕业季活动）等途径强化舆论宣传，共同营造立德树人的良好氛围。顺义三中自"双减"政策实施以来，首先帮助家长了解"双减"的意义，开办家长大讲堂专题培训；其次是联系家委会成员了解更多家长的真实诉求，便于与其一起制定"双减"方案。顺义二中是一所完中校，该校积极做好家校沟通，打通学段壁垒，做到学科教学、德育活动、教育研究等各学段一体化实施；同时加强德育队伍建设，提升教师专业素养与德育能力。

图7 "课程育人"分析词云图

推进中小学德育一体化，既是落实立德树人根本任务的宏观教育战略，又是解决当前德育实践微观问题、提升德育质量的现实选择。因此，作为德育一体化建设的推动者和行动者，从区域到学校形成了研究合力，以实践基础看发展走向。

四 区域和学校推进中小学德育一体化建设的问题

（一）中小学德育一体化体系德育目标整体性规划的立意

从数据结果的呈现来看，有56%的学校在制定方案时兼顾了与本学段临近学段的德育教育目标，尚有21%的学校仅仅关注了本学段的德育教育目标，而没有从学生个体纵向发展和学生素质全面发展的视角设计和实施德育一体化建设。

（二）德育一体化建设的具体操作指引和评价工具的缺失

从对区域和学校德育一体化推进中的瓶颈问题和现实需求数据来看，有近45%的干部参加过跨学段德育交流并且有很好的效果，同时也有37%

的干部没有参加过跨学段德育交流，他们希望举办聚焦主题的交流研讨。未来应该建立起跨学段德育工作交流机制，使其成为干部成长必培训内容。在瓶颈问题方面，认为未形成家校教育合力的比例最高，为41%；认为各学段的德育目标基本相同或不清晰的比例为32%，认为各学段未采用针对性的教育方法的占比为21%，认为没有尊重学生身心健康发展的比例仅为6.41%。可见，作为学校德育工作的骨干力量，他们能够在学生德育工作中尊重学生的心智成长规律，但是在具体的目标、措施及方法定位和应用上仍存在难点甚至痛点。在需求了解方面，有60.3%的干部认为需要关注德育教育路径与过程设计的能力提升，有19.2%的干部认为需要关注德育理论与政策法规的提升，各有10.3%的干部认为需要在教育方法、教育目标与内容的把握上加以提升。

同时他们也在思考思政课堂作为德育的主渠道，是落实立德树人根本任务的关键课程，是直接德育；而作为间接德育的学科课程、主题教育课程、社会大课堂活动等德育的副渠道，两者间尚未形成真正意义上的顶层设计和统筹贯通，在较大程度上导致了间接德育活动实效性差、走过场等，直接影响了一二课堂的一体化融合。

（三）德育一体化建设的教育主体性发挥不足

通过调研了解到，有近23%的学校尚未形成本校的德育一体化建设实施方案，不能与学校的教育教学工作实现统筹和同步。在具体的实践中，德育一体化还没有转化为学校干部和教师的主动行为，在顶层设计上缺少主动加强学段间纵向沟通、衔接的一体化意识；缺少与相邻学段衔接、与其他渠道贯通的德育实践能力，缺少对其自身发展和成长的内在动力，甚至有个别学校在问卷反馈中还有不认同德育一体化建设的设计和实施的看法。

（四）德育一体化课程存在泛化的现象

在座谈中我们了解到：学校将学校教育范畴内的主题教育活动、评价内容等同于德育课程，忽略了德育一体化建设的顶层设计和具体化。如学校开设的传统文化课程，更多地关注了"做成"的技术讲解和要求，没有充分从学生的真实生活体验进行课程设计，弱化了对学生思想道德发展育人价值的引导和彰显。

（五）德育一体化建设存在于"零敲碎打"中

思政课程与课程思政是推进德育一体化建设的重要载体和内容，但是当下还未真正厘清思政课（道德与法治课）与其他学科育人的关系，因此，思政课程和课程思政的功能和作用还需进一步建构和实现。

总之，问题即课题，未来我们应将这些难点进阶、赋能、增值成德育一体化建设的生长点，探索德育一体化构建与实施的新的可能和途径。

五 多维驱动，指向提质发展

德育一体化建设的应然状态与区情校情学情的实然状态之间的差距就是我们参与实践、服务实践的内生动力，因此要精准把握基础，生发出一个个鲜活的潜能点、生长点和撬动点，努力构建中小学德育一体化建设新格局。基于以上思考，我们最终形成了以下五点想法。

（一）行政主导，优化机制

正如在文献学习中所述，在中国全面深化教育体制改革的背景下，在培养社会主义建设者和接班人的使命中，我们要基于大德育理念影响下的德育观，自上而下地深入贯彻落实立德树人根本任务，强化职能间协同，形成行政主导、业务跟进、学校主体的组织管理架构，分别在开学初、学期中、学期末的不同节点上，开展政策宣传、学段交流、常态评估工作，跟进学校干部教师的德育能力优化与提升，促进中小学德育一体化建设的专业性、规范性和实效性。

（二）基于问题，靶向施策

2017年，教育部颁布的《中小学德育工作指南》是对中小学德育体系建构方向和实践框架的规定，是新时期我们开展中小学德育一体化建设工作的行动指南。因此，应以统一德育思想认识为前提，加强中小学各阶段德育目标、德育内容、德育路径的一体化建设，兼顾一体化建设外部支持体系的优化，共同丰富中小学德育一体化建设的实践路径和理论延展。针对学段间、学科间德育目标整体性不足的问题，区域和学校层面从宏观的视角建构"五育融合"的德育课程，优化学科研究和顶层设计，明确各学段目标的内容和边界；加强德育一体化体系建设中各关键要素和环节的研究，找准难点和痛点，有针对性地开展"问题解决式"的行动研究，促进德育一体化建设科学实施。

（三）关注过程，物化成果

在中小学德育一体化建设实践中，基层学校有着丰富的实践和举措，为了更好地固化想与做的成果，要形成"实践—总结—改进—提炼—推广"的实践闭环，环环相扣，共同构建德育的有机整体。

（四）丰富主体，指向实效

本文汇集了主管领导的需求和期待，如有 60.3% 的干部认为需要关于德育教育路径与过程设计的能力提升，有 46% 的干部认为需要提升干部、班主任及学科教师的教育情怀，有 16.7% 的干部认为要加强干部、班主任及学科教师的理念落地等。后续将丰富学生、任课教师以及家长的主体参与，确保在推进与实施上有体系支撑，在落点上育出成效。

（五）定位"体"，将工作"化"进来

以理论依据和学术文献为研究基点，建立思政课程、课程思政与德育一体化建设的逻辑自洽，探索思政课内在课程体系，将德育工作与思政课整合起来，最终以德育一体化建设的"育人观念一体化"这一"牛鼻子"紧紧附着在德育一体化建设的全部进程和实践路径中，实现德育一体化向立体、多维、纵深发展。

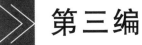

第三编

理想信念教育研究

中国大中小学思政课一体化建设新样态的分析与启示

谢春风　殷　蕾*

一　新样态：新时代中国大中小学思政教育成就的新表征

"苟日新，日日新，又日新。""万物负阴而抱阳，冲气以为和。"样态是万物生、长、化、壮、熟、老的不同阶段性表征，而新样态是对事物发展过程中所呈现的新样式、形态、性状的综合，既是生物学、物理学、化学概念，也是哲学、文化学概念，还是一个教育学概念。而德育、思想政治教育学视域下的新样态，一般涉及四个基本维度，即战略层面的教育思想、宏观层面的教育政策、中观层面的学校实践和微观层面的课堂教学。

（一）战略思想：大中小学思想政治教育战略高瞻远瞩，与时俱进，开拓创新

思想政治课和思想政治理论课（简称"思政课"）聚焦理想信念教育和社会主义核心价值观教育，是思想政治教育工作的专门课程和主要载体，经历了从无到有、从小到大、从虚到实、从边缘学科到关键学科的发展过程。在全媒体影响的新情况下，思想政治教育目标、内容、方法、载体和对象都发生了巨大变化，全球文化多元共存的复杂性不仅深刻地影响着人们的思想意识，而且会影响教师、学生的价值判断和认同。应充分认

---

* 北京教育科学研究院德育研究中心。

识到思想政治教育所面临的新机遇与挑战，从党和国家的高度做好新的顶层设计。①

战略层面的思想政治教育新样态，是指党和国家关于思想政治教育发展目标、方针和实践方略的新变化、新发展。它主要体现为党的十八大以来，在习近平新时代中国特色社会主义思想指导下，中国德育特别是思想政治教育发展战略思想出现了一系列新阐释和新变革，如"教育是国之大计、党之大计，立德树人是教育的根本任务"的新教育价值论，"为谁培养人、培养什么人、如何培养人"的育人新立场论，"培养德智体美劳全面发展的社会主义建设者和接班人"的教育方针新内涵，"要从党和国家事业发展全局的高度，坚守为党育人、为国育才，把立德树人融入思想道德教育、文化知识教育、社会实践教育各环节，贯穿基础教育、职业教育、高等教育各领域，体现到学科体系、教学体系、教材体系、管理体系建设各方面，培根铸魂、启智润心"的思政教育新战略论，"思想政治理论课是立德树人的关键课程""大思政课我们要善用之"的思政育人新实践方略，"要把师德师风建设摆在教师队伍建设的首要位置""教师要立志成为大先生"②的新教师观等，构成了新时代中国思想政治教育思想新样态的主要内容。

党的十八大以来，在以习近平同志为核心的党中央的高度重视下，大中小学思政课进入更受重视、更受期待、面临更大机遇和挑战的一体化建设新时代，呈现出不少新样态。党和国家特别是习近平总书记从目标、战略、内容、方法、外部影响、教师发展、社会实践、课程结构、范式评估、问题研究等角度，系统探索了新时代思政课一体化发展的战略问题。深入分析这些新战略的内涵和特征，有利于厘清认识，强化价值理性和工具理性，推进学校思政课教学的健康发展，提升思想政治教育的质量和水平，服务于立德树人根本任务的落实。

---

① 韩玉玲、文学禹：《全媒体样态下高校思政课教师提升教学实效性研究》，《经济师》2020年第5期；王芳：《文化新样态视域下提升高校思政课质量路径研究》，《北京青年研究》2019年第4期。

② 王鹏：《为党育人 为国育才——以习近平同志为核心的党中央关心学校思想政治工作纪实》，http://www.qstheory.cn/qshyjx/2021 - 12/02/c_ 1128123028. htm。

（二）政策设计：大中小学思想政治教育政策系统推出，主题鲜明，内容丰富

宏观层面的思政教育政策新样态，是指新时代党和国家及省市级出台的思政教育新政策。中国在教育新思想、新战略指引下，陆续出台了德育特别是思政教育的全局性、综合性、系统性和专题性政策，包括党中央和国务院出台的教育政策、中共中央办公厅和国务院办公厅出台的教育政策、教育部等中央部委及省市级党委政府出台的教育政策，形成新时代思政教育发展"政策群"新样态。如2021年，中共中央、国务院印发《关于新时代加强和改进思想政治工作的意见》；2019年6月，中共中央、国务院印发《关于深化教育教学改革 全面提高义务教育质量的意见》，明确了"强化党建带团建、队建"的要求；2020年2月，中共中央办公厅、国务院办公厅印发《关于深化新时代教育督导体制机制改革的意见》，还将"学校党建及党建带团建队建"情况作为对学校督导的重点之一，将团中央纳入国务院教育督导委员会成员单位；2021年2月，中共中央印发《关于全面加强新时代少先队工作的意见》；2021年1月，中共中央办公厅印发《关于建立中小学校党组织领导的校长负责制的意见（试行）》；2022年7月，教育部等十部门印发《全面推进"大思政课"建设的工作方案》；2022年12月，教育部办公厅发布《关于开展大中小学思政课一体化共同体建设的通知》；2023年1月，教育部、中央宣传部等十三部门联合印发《关于健全学校家庭社会协同育人机制的意见》，并明确了学校家庭社会协同育人职责及协调机制，等等，形成了立体化、整体化、系统化的德育和思政教育一体化政策新样态。

分析表明，中国德育特别是思想政治教育政策具有如下新的特点和样态：不断拓展新的实践和空间，加强社会参与，打造实践型思政课教学新样态。在政策设计上更加重视学生的情感体验、道德实践、实践体验和社会志愿服务，既能弘扬社会主义核心价值观，给学生丰富的情感体验，又具有很强的实操性，为学生提供充分动手的实践机会。[1] 开展对话教学，构建对话式思政课教学新样态。对话式思政教学可以扩大课堂知识总量、

---

① 王华琳、李爱红：《打造以志愿服务为载体的思政课新样态》，《中学政治教学参考》2020年第20期。

深化知识理解、培养学生发散思维、激发学生学习兴趣、提高学生人际交往能力、促进良好的师生和生生关系构建，是打造高校思政课教学新样态的突破口和立德树人根本任务实现的关键。① 强化目标导向、问题导向和研究导向，思政课教学形成大中小学共振的新方式，问题导向、课题研究和学术交流为思政课一体化建设和教师成长提供了新的平台。② 通过线上、线下研讨交流方式，使大中小学思政课教学实现从形而下到形而上，再指导形而下的飞跃。

（三）学校实践：大中小学思政教育实践特色彰显，方法多样，效果提升

中观层面的学校思政教育新样态，是指由新时代学校思政教育实践场和育人力量良性互动所构成的"有人性""有温度""有故事""有美感"的"四有"新生态学校表征。③ 新样态学校是新形势下学校发展的高概念，旨在去功利化，反对各种非科学、反教育的行为，意在创建那种"原生态、去功利、致良知、可持续"的现代学校，使每所学校都能获得"有品性、有品质、有品牌、有品位"的发展。④ 学校把劳动作为育人的重要载体，引导学生在劳动中实现精神成长，逐步建构出独具特色的劳动教育新样态。对劳动课程进行了系统规划和构建，重新明确了劳动教育在学校课程中的重要价值和地位，实现了观念和态度上的一大步，成为课程建设、师资建设、基地建设不断深入推进的重要动力。⑤

目前，学校思政课正从边缘学科回归到立德树人关键学科，思政课教师的责任感和教学热情得到激发，实践智慧不断增长。学校通过上下

---

① 高玉旭：《对话教学：打造高校思政课教学的新样态》，《未来与发展》2021 年第 3 期。

② 闫琳：《高站位引领思政育人方向 真思考探索课程改革样态——全国大中小学思政课一体化建设暨第五届全国德育教科研课题研究与论文写作高级研修班线上研修活动纪实》，《中学政治教学参考》2021 年第 45 期。

③ 陈如平：《关于新样态学校的理性思考》，《中国教育学刊》2017 年第 3 期。

④ 陈如平：《关于新样态学校的理性思考》，《中国教育学刊》2017 年第 3 期。

⑤ 朱焱：《劳动是一所学校——江苏省南京市金陵中学河西分校劳动教育新样态》，《人民教育》2019 年第 13—14 期。

联动、内外联动和学科联动等形式，以县域学科中心组引领教研网络建构，实施自上而下、由点带面的示范辐射，综合建构一种统筹全区域、全学科的整体协同体系，以助推德智体美劳全面发展，实现立德树人的根本任务。① 学校循序渐进、螺旋式上升地开好思政课，引导学生立德成人、立志成才，是新形势下加快推进思政课一体化建设进程的需要。在充分把握学科本质的基础上，探讨不同学段下课题的教学目标、教学设计、教学建议等，以期为探索和加强小初高思政课一体化建设提供有益的参考。同时，结合初中学生特点，着重探索体验性学习的实践路径，分析"改革开放"课题下的体验性学习实践样态，力求打造具有生命力的思政课堂。②

（四）课堂教学：大中小学思政课堂教学共性突出，个性清新，情理交融

微观层面的学科教学新样态，是基于学生身心健康成长的教师课堂教学新目标、新内容、新形式和新手段的学科化发展性状，是扎根实践的课程育人创新。它的一个显著表现是，思想政治理论课教学出现质的飞跃，既有共性，也有个性，日益入情入理，学科呈现出结构化、系统化变革的一体化新样态。"一体化"是一种历时性与共时性相结合的非因果关系的有序状态。青少年思想政治教育是一个接续的过程，按照循序渐进、螺旋式上升的原则，对大中小学思政课进行一体化设计，体现了各学段前后衔接、首尾呼应的历时性特征。③

恩格斯有一句名言，"理论永远是灰色的，实践之树常青。"德国著名诗人歌德在诗剧《浮士德》中说："一切理论都是灰色的，唯生命之树常青。"思政课教学既要聚焦实践问题，破解难题，也要关注学生的生命状态和成长需求，发挥对理想信念和心智成长的引领作用。可喜的是，价值引领、学生立场、问题导向正在成为广大教师提升思政课教

---

① 徐振伟、戴久芳：《全域联动：思政课教师区域研训的新样态——以淮安市清江浦区思政学科为例》，《教学月刊·中学版（政治教学）》2020年第12期。
② 郑海燕：《思政课一体化背景下的初中体验性学习实践样态——以小初高"改革开放"为例》，《福建基础教育研究》2021年第7期。
③ 吴晓云、李珍琦：《论大中小学思政课一体化建设的课程观创新》，《中国教育学刊》2022年第11期。

学质量的主要策略。接地气的教学必须关注问题，理解和尊重学生心理需求。研究发现，很多学校教师展现出匠心独运的课堂设计和独具魅力的教学风采，教师聚焦新授课问题链，重塑了思政课新样态①，基于核心素养培育的思政课教学样态出现转型，但因固守学科知识立场和传统教学样态，不少思政课堂教学改革仍停留在知识表层，内化不够，需要进一步探索思政课新结构教学评价范式，打造学科课程提质增效新样例。②

二　北京视域下大中小学思想政治教育一体化建设的新样态

（一）市级政策引领：聚焦思政课一体化建设的政策设计和机制创新

1. 形成"市区联动、知行联动、时空联动、家校联动"的思政课一体化互动机制

北京作为首都和首善之区，积极将大中小学思政课一体化建设作为深化思政课改革创新的关键环节，以首善标准开展思政课一体化建设，实施"大中小学思政课一体化建设工程"，以政策设计为先导，形成"市区联动、知行联动、时空联动、家校联动"的一体化思政课建设互动机制、发展机制；出台《北京市深化新时代学校思想政治理论课改革创新行动计划》《关于推进北京高校思政课质量保障工程的若干措施》等文件。2021年出台的《北京市大中小幼一体化德育体系建设指导纲要》，是全国省级教育部门第一份关于大中小幼一体化德育体系建设的文件。成立大中小学思政课一体化建设领导小组和专家组，成立市学校思政课工作中心，有力地推进不同学段思政课教学有序衔接，循序渐进，螺旋式上升地办好思政课。教育部社科司司长徐青森在听取北京市思政课一体化建设介绍后认为："北京市大中小学思政课一体化建设谋划到位，政治格局大，站位高，每

① 杨金艳：《聚焦新授课问题链　重塑思政课新样态——听"做全球发展的贡献者"有感》，《中学政史地（教学指导）》2022年第8期。

② 广州市教育研究院：《探索思政课新结构教学评价范式　打造学科课程提质增效新样例》，《教育导刊》2022年第5期。

一步都很扎实，前瞻性强。"①

2. 探索"纵向衔接、横向协同"的全市一体化思政课建设实践研究新机制

2018 年 11 月 8 日，北京市学校德育研究会成立，首次将大中小幼及职高、学校家庭社会等资源进行系统整合，成为一体化德育特别是一体化思政课教学实践研究的专门力量。陆续推出"大中小幼各阶段教师同台讲述育人故事""大中小学思政课教师同备一堂思政课""大中小学思政教师同上一堂思政课"举措，产生了广泛而积极的影响。调查发现，有 49.4%的小学教师、40%的初中教师、54.8%的中职教师、42.9%的高中教师和7.9%的大学教师认为，思政课教材的内容衔接和一体化开发程度，达到无缝衔接或衔接较好的程度。②

3. 开展《习近平新时代中国特色社会主义思想学生读本》研制和教学，进行教育价值引领

2020 年，受国家教材局委托，北京教育科学研究院基础教育教学研究中心参加了《习近平新时代中国特色社会主义思想学生读本》小学、中学分册的研制工作，编写了《习近平新时代中国特色社会主义思想学生读本教学指导意见》，承担了中小学 4 册读本的试教试用和教师审读工作，体现了思政课教学探索中的首善作用。

（二）区域群体实践创新：跨区域、跨学校的思政课一体化建设实践丰富多彩

积极探索全国大中小学思政课一体化实践研究共同体的形式和内容。2021 年 4 月，由北京教育科学研究院德育研究中心牵头发起，东城区教委、北京工业大学、中国高等教育杂志社、首都师范大学、北京市第十一中学共同推进，成立全国首个大中小学思政课一体化实践研究共同体，全国有近百个大学、中小学加入其中。举行 20 多节大中小学思政课观摩和交

---

① 2021 年 6 月 21 日，本文作者之一谢春风应邀参加教育部社科司召开的中国大中小学思政课一体化建设专题会，教育部社科司司长徐青森在听取北京市大中小学思政课一体化建设情况介绍后，做出上述表示。

② 2021 年 10 月至 12 月，受北京市委教育工委委托，北京市学校德育研究会承担"北京市大中小学思政课一体化建设工作现状调查研究"任务，本文所引用的数据来自本次调查报告。本文作者为本次调查工作的主要实施者。

流研讨活动。2022 年 4 月，第二届全国大中小学思政课一体化实践研究论坛再次举办，大中小学思政课一体化教学研究交流日益自觉。

进行政策、研究和实践协同，设立首个市级大中小学思政课一体化建设实践研究示范区和研究基地。2021 年 11 月，北京市学校德育研究会与海淀区教委签署协议，成立"北京市大中小学思政课一体化建设实践研究示范区"，聚焦一体化思政课实践研究，具有创新和示范意义。示范区和基地立足海淀区，着眼北京市，致力于总结大中小学思政课改革创新经验，开展思政课一体化建设理论研究和实践探索，把海淀区教育资源富集的优势转化为全市大中小学思政课一体化建设的新动能。

（三）学科教研一体化：思政课教研学段衔接和横向协作迈出新步伐

成立大中小学思政课一体化教研组。2020 年 6 月，在北京市学校德育研究会的指导支持下，北京海淀区率先成立了大中小学思政课一体化教研组，加快融合各级学校资源，提高思政课教师的教课能力和专业能力。海淀区整体规划并实施了中小学思政课教师 5 + M + N 思政教育课程。"5"课程指面向全体教师，每学期不少于 5 次，聚焦教材、学情、研究教学中的关键问题，开展集体备课，探讨思政课一体化教学的改进；"M"课程指在中学开设深度学习作业设计与课堂教学展示等，在小学开设深度学习和学业标准等工作坊，供老师自主选择，随意参加；N 课程指举办名师和骨干教师研讨会，发挥骨干教师的示范引领作用。

举办大中小幼教师同台讲述育人故事活动，形成培养教师育德能力的"大思政课"舞台。从 2019 年开始，北京市学校德育研究会和西城区教委一起，聚焦大中小幼基地校教师师德师风建设，承办大中小幼教师"讲述我（我们）育人故事活动"，塑造优良的师德师风。四年来，有 73 位大中小幼教师登台分享他们感人至深的育人故事，参与学校层面讲述育人故事活动的老师有近万人次。实践表明，讲述育人故事是新时代分享教师育人经验的平台，是展示教师育人成果的平台，是提升广大教师育人能力的平台，更是弘扬和塑造良好师德师风的平台。教师讲述"我（我们）的育人故事"，是善用"大思政课"、用优良师德师风和优质育人能力回应教育根本问题，落实"立德树人"根本任务的有效途径。

实践部门和高校协作开展思政课一体化课程教学，推动思政课改革创新。例如，清华大学马克思主义学院研究生走进东城，开展主题实践活动，东城区 13 所中小学校成为首批实践活动基地校，成立思政课青年教师成长营，走进清华马院，助力青年思政教师成长。

（四）学校实践改进：思政课课堂教学结构改革和实践体验同频共振

1. 整合教学内容，打通思政课一体化教学知识点

中小学思政课教材交叉重叠内容多，中学与小学相互了解少，形成各自为政局面。比如，北京景山学校把一体化切入点定位到教材知识点打通上，弄清 12 年思政课到底讲了哪些内容，分布在哪一段，要求到什么程度，结合实际，研究是否符合学生身心发展实际，放在哪一段讲更为合适，讲到什么层次更为科学，特别是要把交叉内容重点整理出来，不同学段要把层次性和区别讲出来；小学的重点是在讲人、讲事，落在情感认同上；初中的重点是在讲事的基础上明理；而高中的重点是讲理的产生和推演。三个学段之间不缺位，更不越位和错位。这种探索取得了显著效果。

2. 探索初中思政课一体化建设实践特色

北京市第八中学为更好地培养学生的思政课学科素养，体现学科立德树人的根本任务，学校在初中学段开展课前演讲活动，七年级演讲主题是"我爱我家"；八年级是法律演讲，培养学生的法治思维，提升法律意识；随着学生关心时政、关注国家发展热情的提升，九年级开展了时政演讲，提升学生的政治认同。

3. 把思政小课堂同社会大课堂有机结合起来

北京市京源学校聚焦小初高思政课一体化活动体系研究，开发出"现在进行时"课程。该课程是以当下正在发生的重大社会或自然事件为资源，以探究方式开展跨学段、跨学科的校本课程。"现在进行时"课程从2011 年起每年举办十期，迄今已举办 100 期，成为京源学子关注世界风云变幻和人间百态的独特形式。

4. 积极构建全域思政教育体系

北京市朝阳区实验小学立足课堂主渠道，围绕以幸福人生奠基的办学理念和幸福教育的课程设计为载体，紧紧依托道法课程，以培养 60 个好习惯为抓手，跟进不同年龄学生的认知发展特点，把思政教育贯穿于各个学科的课程教学内容中，梳理出各学科一至六年级思政教育的细目和教育的

内容，使思政教学全员化，构建学校思政课程体系。

三　主要启示

（一）思想引领和政策保障，是大中小学思政课一体化发展新样态的发动机

在习近平新时代中国特色社会主义思想和党的二十大精神的指引下，有效发挥党政机关的组织优势和管理优势，聚焦立德树人关键课程建设，成立思政课一体化党政力量工作专班和研究机制，坚持培育和践行社会主义核心价值观，充分发挥思想政治工作的生命线作用，解决热点和难点问题，让思政课教学真正在立德树人中"唱主角"。

（二）教学资源优化和供给，是思政课一体化建设新样态的外部保障

应积极发挥高校思政学科的业务引领作用，鼓励和支持大学马克思主义学院、政法学院、教师学院统筹规划专业课程，针对中小学思政课教学需要，组织硕士生、博士生和大学辅导员下沉学校思政课课堂，担任助教和教师，形成政策支持机制。

（三）教师一体化研修机制建设，是思政课教学发展新样态的内部动力

建设市区级中小学思政课教师一体化研修示范基地，将研修基地的学习效果纳入思政课教师继续教育管理考评中。采取全员轮训方式，在每个继续教育周期内，保证思政课教师都有一次在研修基地进修的机会。

（四）教师讲述育人故事机制和优秀案例交流机制，是思政课一体化新样态的生动体现

依托教师讲述育人故事活动机制和平台，市区校实现三级联动，开展思政课教师同台讲述育人故事活动、优秀案例展示活动，激活思政课专业研修的内驱力和立德树人新动能。

（五）线上线下教学资源交互共享机制，是思政课一体化新样态的智慧活水

打造跨学段备课平台，让大中小学思政课教师同备"一堂课"，增进对彼此学段内容的了解和理解，明确备课衔接点，解决备课疑难点，用真理感召学生、用事例说服学生、用情感激发学生。建立思政课一体化教学资源数据库，使每个教师都能成为教学资源的分享者和使用者。利用网络直播、线上课堂等形式开展不同学段的听课、评课活动，与不同学段的思政课教师进行交流。

（六）学校小课堂与社会大课堂有机融合，是助推思政课一体化新样态的新时空

在教育常态化环境下，积极利用社会教育实践资源，促进思政小课堂与社会大课堂相结合，组织相应的主题性社会研学实践，促进思政课教师社会实践调查和学生研学实践相结合，推动大中小学思政课一体化建设新样态不断拓展新时空，生生不息，切实发挥立德树人关键课程的重要作用。

中小学思政课程与课程思政协同育人

党的二十大报告提出，育人的根本在于立德。而思政课程与课程思政协同育人，则是新时代中小学校落实立德树人根本任务的有力保证。教育部《关于进一步加强新时代中小学思政课建设的意见》指出："思政课是落实立德树人根本任务的关键课程。要把思政课建设作为构建高质量教育体系和学校意识形态工作重要内容，融入学校人才培养全过程、各方面，充分彰显思政课政治引领和价值引领功能。"习近平总书记也发表重要讲话强调："各类课程都要与思想政治理论课同向同行，形成协同效应。"这为大力推进课程思政与思政课程的有机结合、系统育人提供了根本遵循。

一 亟待填补的研究空白

以"课程思政"和"思政课程"为关键词在 CNKI 上搜索，仅近两年发表于核心期刊和 CSSCI 期刊的研究论文就有 1600 余篇，可见该领域属实为当前备受关注的研究热点。

但对文献进行具体分析可知，其中绝大多数研究或是聚焦于"课程思政"，或是专注于"思政课程"。对于如何将二者协同起来，同向同行进行育人的研究，仅有 20 余篇，且基本上聚焦于高等教育领域。对于在基础教育阶段应如何有效开展课程思政与思政课程协同育人，研究数量则极为稀少。尽管有个别研究，也多集中于应然领域；针对实践问题开展应用研究者更是十分罕见。由此可见，关于中小学课程思政与思政课程的协同育人

研究，正成为亟待填补的空白。

尽管如此，已有研究对于"课程思政"或"思政课程"内涵、逻辑、目标、价值、实践路径的理论分析，以及对高等教育阶段课程思政与思政课程协同育人的研究探索，仍然成为基教研中心开展研究的重要借鉴资源。

在课程思政领域，殷世东等人①对中小学课程思政的内涵、逻辑依据和实践策略进行了分析，认为课程思政是学校课程育人的中国表达和具有中国特色的育人方式，应遵循"教学教育性、五育融合以及人的全面发展"的逻辑依据，并从课程目标设计、内容设计、实施过程、评价设计的指向性上，进行了实践策略的探讨。黄丽萍②针对中小学部分教师对宏观目标理解不透，对中观目标重视不够，对微观目标定位不准，导致内容理解窄化或泛化，影响课程思政实效的问题，对中小学课程思政的宏观、中观、微观目标进行了阐述，并提出教师应从坚定理想信念教育、厚植爱国主义教育、加强品德修养教育、夯实学科思想教育这四个方面把握课程思政的价值意蕴。陆道坤等人③关注到新课程背景下中小学课程思政实施的依据、机理与路径问题，基于对《义务教育课程方案和课程标准（2022 年版）》的分析，提出了课程思政的三维实践路径，即课程思政要贯穿于课程建设、教材研发、教学活动之中。

在思政课程领域，韩震④描述了中小学发挥思政课立德树人关键作用的路线图，认为中小学要从四个层面进行努力：首先是立足新时代"国之大者"，为培养担当中华民族伟大复兴大任的时代新人，着力发挥关键作用；其次是坚持问题导向，着力解决思想政治教育的痛点、难点，提升思政课的吸引力和实效性；再次是抓住关键中的关键，调动思政课教师的积极性和主动性，提升思政课教师的教育教学水平；最后是强调制度机制对

---

① 殷世东、余萍：《中小学课程思政的内涵、逻辑依据和实践策略》，《课程·教材·教法》2022 年第 8 期。

② 黄丽萍：《中小学课程思政的目标理解和价值意蕴》，《中学政治教学参考》2023 年第 21 期。

③ 陆道坤、王婧：《新课程背景下中小学课程思政实施的依据、机理与路径》，《中国教育学刊》2023 年第 2 期。

④ 韩震：《中小学发挥思政课立德树人关键作用的路线图》，《思想政治课教学》2023 年第 4 期。

各方面协调推进的保障作用。屠永永①进行了主体视域下中小学思政课再审视，认为当下中小学思政课教学中存在着大量学生主体遮蔽、伪主体教学的问题，主要表现为课程目标的窄化、课程路径的错位以及课程角色的偏差；并提出教师要尽力做到关注内容实施的情境化，让学生的生活在场；关注内容实施的思维化，让学生的思维在场；关注教学内容的情感化，让学生的情感在场，从而实现学生主体的回归。胡姝、张广斌、张志勇②关注到中小学思政课教师专业发展的困境，发现了思政课与非思政课教师共生发展存在摩擦、与教育生态环境匹配适应不足、自身结构和组织生态亟待优化等问题，提出了多形式开展合作、合力开发思政元素，多层次管理支持、保障德育基础条件，多样化激发活力、构建教师共同体等政策建议。高玉贤③及轩闯④等人则关注到中小学思政课一体化建设在教研层面存在的问题，提出了落实"集体备课"的具体实践路径，如构建由多元主体参与的"研究共同体"；建立纵向、横向链接的"群备模式"，开展跨年级、跨学段、跨学科集体备课；构建立体化、多层次的管理驱动机制等等。

对于在高等教育阶段课程思政与思政课程协同育人的问题，张尚宇⑤提出课程思政和思政课程有机结合的中心主线是讲思政道理。邹国振⑥分析了"课程思政"与"思政课程"协同育人的内在逻辑及实现路径，认为要整体构建协同育人的格局，统筹实施协同育人的范式，有机衔接协同育人的变量。张良⑦从知识与社会联系的认识论视角，探讨了课程思政如何破解"两张皮"的难题，认为要确定知识与社会的融合处作为课程思政的内生载体，并提出在实践中要着意构建社会取向的课程育人体系，凸显课

---

① 屠永永：《主体视域下的中小学思政课再审视》，《教育科学研究》2022 年第 12 期。

② 胡姝、张广斌、张志勇：《组织生态视阈下中小学思政课教师专业发展的困境与策略——基于 2020 年度全国中小学德育调查》，《教育科学研究》2022 年第 8 期。

③ 高玉贤：《中小学思政课一体化集体备课实践》，《思想政治课教学》2022 年第 7 期。

④ 轩闯、魏巍：《教研助力中小学思政课一体化建设》，《中学政治教学参考》2023 年第 9 期。

⑤ 张尚宇：《课程思政和思政课程有机结合：讲思政道理的三维证成》，《河南师范大学学报》（哲学社会科学版）2022 年第 6 期。

⑥ 邹国振：《"课程思政"与"思政课程"协同育人的内在逻辑及实现路径》，《思想政治教育研究》2022 年第 5 期。

⑦ 张良：《课程思政如何破解"两张皮"难题——知识与社会联系的认识论视角》，《教育研究》2023 年第 6 期。

程目标的社会维度，增强课程知识与社会生活的联系，推进社会实践取向的课程实施，开展社会价值导向的课程评价。张锐等人[1]则以"科学家精神"为例，解读了如何将其同时融入思政课程与课程思政，提出要辩证认知思政课程与课程思政"形"与"质"的差别，拓展教研融合的集成行动、健全教学协作机制等实践策略。

可见，虽然以上研究未对中小学课程思政与思政课程的协同育人进行探讨，但仍不失为重要的研究资源，为我们提供了聚焦基础教育阶段深入开展相关研究的思维框架。

二 实践研究的基本思路

作为省级教研部门，北京教科院基教研中心在开展文献研究的基础上，积极探索实践研究，对思政课程与课程思政予以全面关注、同步发力。

一方面以国家思政课统编教材和《习近平新时代中国特色社会主义思想学生读本》（后文简称"读本"）的使用为抓手，以北京市中小学思政课教师教学基本功培训与展示活动为平台，在持续推进思政课程建设与实施中促进思政课教师队伍的专业成长。

另一方面依据高中和义务教育阶段新课标修订、社会主义核心价值观教育等主题，研制修订《北京市中小学学科德育指导纲要》，并通过系列课例研究与培训，在全市中小学各学科教学中形成整体育人氛围，提升各学科教师的育人意识与专业能力，有效推进全学科、全过程育人。

通过这两方面的协同并进，为全面贯彻党的二十大精神，促进北京市中小学校五育并举、提升基础教育育人质量起到积极的推动作用。

三 思政课程：一体化育人实践的有效推进

教育部在《关于进一步加强新时代中小学思政课建设的意见》中指出，虽然当前思政课质量不断提高，但仍然存在着一些亟待解决的问题，

---

[1] 张锐、张彦：《科学家精神融入思政课程与课程思政：视位、要义与赋能》，《学校党建与思想教育》2023 年第 15 期。

如"中小学思政课教学资源还不够丰富鲜活，教师队伍整体素质需要进一步提升，课堂教学和实践育人效果有待加强"。

为了充分发挥好思政课关键课程的作用，基教研中心聚焦思政课教师队伍建设和《习近平新时代中国特色社会主义思想学生读本》的使用，以市—区—校三级教研共同推动中小学思政课改革创新的实践探索，提升育人质量。

（一）抓牢关键队伍：夯实思政课教师基本功

习近平总书记在学校思想政治理论课教师座谈会上发表重要讲话指出："办好思想政治理论课关键在教师"，并提出了"政治强、情怀深、思维新、视野广、自律严、人格正"的具体要求。由此可见，提升思政课教师基本功，既是对党和国家教育方针的积极回应，也是教师队伍建设和思政课建设发展的现实需求。

自2021年起，教育部基础教育司在全国开展中小学思政课教师教学基本功展示交流活动。该活动的目的，一是充分展示新时代中小学思政课教师队伍的综合素质、专业水平和育人能力；二是引领带动各地进一步加强思政课教师队伍建设，不断深化中小学思政课改革创新，不断提高中小学德育工作的整体水平。

根据北京教科院和北京市教委的统一部署，由北京教科院基教研中心进行统筹安排，基于北京市组织开展的中小学思政课教师教学基本功培训和展示活动，遴选出综合素质表现优异的教师，推荐其作为全国基本功参加人选。

为此，基教研中心相应地调整了市级方案，在保持北京市中小学思政课教师教学基本功活动主要特点的基础上，全面对标全国基本功展示要求，通过单元整体教学设计、课堂实录、时政述评三部分，全面培训、展示思政课教师的思想政治素质、学科专业素养、教育教学能力，推进课程标准和统编教材的落实，深化中小学思政课教学改革和教师队伍建设。

值得一提的是，与国家基本功活动重在展示交流不同，北京市基本功活动除"展示"以外，还更加突出了"培训"的功能。也就是说，既通过培训来夯实基础，又通过展示来促进提升。换言之，就是要以培养习近平总书记所说的政治强、情怀深、思维新、视野广、自律严、人格正的思政课教师队伍为目的，以"全面参与、关注过程、突出培训"为思路，为全市思政课教师搭建成长平台；并依托活动来发现、培养骨干，树立典型，并从中遴选、推荐最优秀的教师参加全国基本功展示交流活动。

为此，基教研中心在组织基本功活动的过程中，始终注重强化对思政课教师的专业指导与引领，通过带领区教研员、学校思政课骨干教师共同备课等浸润式研修培训，深化对课堂教学各关键环节的研究，力求充分调动思政课教师的积极性、主动性，在思想的交流与碰撞中深化对思政课教学规律的认识与把握，提高驾驭课堂的能力，真正做到在课堂上把思政道理面向中小学生讲深、讲透、讲活，以更好地发挥思政课铸魂育人的重要作用。

通过市—区—校三级教研的共同研究、反复打磨，基教研中心推选出了一批思想深刻、形式活泼、导向鲜明、具有典型示范意义的优质教学案例，面向全市进行推广、学习。而从中推选出并指导参加 2023 年全国思政课教师教学基本功展示交流活动的 10 名教师，则全部入选了教育部基础教育司公布的活动典型经验名单，在全国发挥了示范引领作用。

教师的政治素质和教学水平，决定着思政课的教学质量。聚焦夯实教师基本功，则是抓牢了立德树人的关键队伍，成为实现高水平思政课教师队伍建设、提升思政课实效性的重要途径，并进一步凝聚了广大中小学思政课教师坚守育人岗位、提升专业素养、提高育人水平的共识与决心。

（二）聚焦思想根基：深度推进"读本"教学研究

思政课作为落实立德树人根本任务的关键课程，需要充分发挥其政治引领和价值引领的功能。教育部在《关于进一步加强新时代中小学思政课建设的意见》中强调，要"扎实推进习近平新时代中国特色社会主义思想进教材进课堂进学生头脑，依据道德与法治（思想政治）课程标准，统筹编好用好国家中小学思政课统编教材、《习近平新时代中国特色社会主义思想学生读本》等。"

为贯彻落实党中央的相关要求，基教研中心自 2020 年起就按照教育部教材局的部署，参加了编写、试教、审读、指导意见研制、培训、资源建设、示范教学等一系列工作。2023 年，又以"读本"与 2022 年版义务教育新课标及统编教材的关联度为主题，开展了说课、展示课、听评课、研究课等系列教研活动，多层面推进"读本"的落实；并通过训练结合、讲评结合、学思结合等多种方式，持续推进"读本"教学的研究。

在清华附小、史家学校等北京市选定的"读本"实验学校，基教研中心推动建立了每年举办同课异构教学研讨的机制，引导全市教师积极探索"读本"教学的有效方式，让学生学得懂、学得深、学得准，推动中小学生学习贯彻习近平新时代中国特色社会主义思想走深、走实，形成新时代大思政课铸魂育人的新路径、新格局。

以2023年11月在史家小学举办的"读本"同课异构活动为例。来自东城、海淀、朝阳、密云、房山五个区的八位教师，围绕《"蛋糕"做大了同时还要分好》《新时代 新征程》两个主题展开同课异构现场教学，探索思政课堂新样态。对于《"蛋糕"做大了同时还要分好》一课，尽管教师的教学策略各不相同，但其教学目标都指向了精准扶贫、改善民生、共同富裕三个关键词，并引导学生在不断反思与追问中领悟"蛋糕"做大与分好之间的辩证关系。对于《新时代 新征程》这一教学内容，教师则通过课前调查、对比十年间他们身边发生的变化等活动，将党带领人民进行的伟大实践作为最鲜活、最有力的教材，将脱贫攻坚、抗击新冠疫情等一系列伟大成就作为"大思政课"的生动注解，启迪学生理解"两个一百年"奋斗目标，认识到"我"与祖国一同成长，"我"就是新征程上的参与者、建设者，从而把新思想的教育落在实处，引领学生在读懂时代和社会的过程中把握好他们自己的人生。

为了更好地了解北京地区"读本"教学工作的实际情况，基教研中心还组织"读本"主编等专家与一线教师、区教研员围绕"读本"的实施情况、教学中所遇到的问题展开调研研讨，搭建起全市思政课教学"共研、共享、共建"的良好平台。

针对一线教师提出的困惑与问题，专家从"读本"的编写理念、内容更新、重难点内容的凝练、体例和呈现方式以及栏目的功能等方面给予了积极回应，并围绕感悟思想伟力、提升教学吸引力、形成育人合力、增强育人效力，向老师提出翔实的教学建议，指导、帮助思政课教师与教研员充分认识"读本"使用的重要意义，深入理解"读本"编写的意图与价值导向，准确把握"读本"的内容体系与教学重点，以便能够切实落实好用习近平新时代中国特色社会主义思想铸魂育人的要求，为培养以实现中华民族伟大复兴为己任的有理想、有本领、有担当的时代新人打下牢固的思想根基。

四 课程思政："大思政"视域下全学科育人研究

（一）充分挖掘潜在思政元素

作为基础教育阶段的纲领性文件，课程方案与课程标准是党的最新理论成果在教育领域的具体体现。教育部在《关于印发普通高中课程方案和语文等学科课程标准（2017 年版 2020 年修订）的通知》中曾明确提出："高中各门课程内容落实习近平新时代中国特色社会主义思想，有机融入社会主义核心价值观，中华优秀传统文化、革命文化和社会主义先进文化教育内容"。2022 年，教育部在其最新发布的《义务教育课程方案和课程标准（2022 年版)》中同样明确要求："义务教育各门课程必须全面落实习近平新时代中国特色社会主义思想，将社会主义先进文化、革命文化、中华优秀传统文化、国家安全、生命安全与健康等重大主题教育有机融入课程，增强课程思想性。"

为此，基教研中心在第一时间组织全学科教研员对新课标进行系统梳理，依据学科特色，深度挖掘各门课程在课标、教材、知识体系中所蕴含的思政元素，研制完成覆盖基础教育全学段、全学科、符合新课标理念与要求的《北京市中小学学科德育指导纲要》，作为开展课程思政与思政课程一体化协同教学实践的教学标准与基础指南。其目的在于依据最新课标要求，聚焦解决广大教师使用旧教材落实新课标的难点问题，在深度挖掘各学科课程所蕴含的思想政治教育资源并给出相应的教学建议的基础上，搭建起旧教材和新课标之间的桥梁，以期更好地将核心素养要求融入课堂教学，解决好各门课程与思政课程相互协同、有机配合的问题，增强德育的针对性与实效性。

以小学数学学科"图形的认识和测量"部分为例。《北京市中小学学科德育指导纲要》就明确了各类德育内容在该学科中的具体内容点，分析了可以开展的课程活动内容，并依据课程内容要求提出了相应的教学建议，从而能够有效地引导学科教师树立起课程思政意识（参见表 1）。

表1 　　　　　　　　《小学数学学科德育指导纲要》内容节选

德育内容	学科德育内容点	课程内容要求	教学建议
理想信念教育	1. 党的领导	在毫米、分米的认识过程中，将中国熊猫金币、银币作为测量目标，感受毫米的产生，同时感受中国熊猫金币辉煌的40年，见证伟大祖国从富起来到强起来的过程	课前引导学生了解中国熊猫币、银币的发行背景，课上交流感受纪念币的大小，在解决纪念币包装问题的过程中探究毫米的产生，激发对新的长度单位——毫米的学习需求。在学习过程中感受中华人民共和国成立以来的辉煌成就，激发爱国情怀
	2. 革命文化	在学习千米的过程中，可以将近期全民参与线上马拉松活动融入学习中，在了解北京线上马拉松线路中促进学生了解中国首都红墙金瓦，浓缩六百多年京华烟云，感受中国首都北京的历史文化特色	在教学过程中从秋天很多人加入线上马拉松跑步活动开始，并对参加北京皇家文化特色的跑步路线如何记录进行交流沟通，引导学生了解中国首都北京的标志性建筑，同时帮助学生深入了解北京建筑历史文化
	3. 中国梦	在学习毫米的过程中，可以融入中国载人航天事业的飞速发展，感受到数据的精准是载人飞船的重要条件。航天梦的实现是中国人的骄傲	在教学中引导学生思考，哪些数据在应用的过程中会用到毫米这个单位呢？使学生深刻体会到航天数据的精准是中国人航天梦的奠基石
	4. 远大理想（侧重个人理想）	在教学毫米、千米的过程中，可以融入你长大了想做什么的理想教育，引导学生做有意义的事，懂得平凡也能铸就伟大	在教学中可以引导学生思考航天员、马拉松运动员等与距离相关的职业，感受平凡的人也能铸就伟大事业，树立正确的人生观
	5. 社会主义成就	在学习面积的过程中，融入中国人均居住面积数据，感受中国在党的领导下近年来的飞速发展，社会主义的伟大成就	提问：你知道我们所在城市人均居住面积是多少吗？对比十年前人均居住面积，你有什么发现？引导学生在思考和对比的过程中感受社会主义的伟大成就

此外，2023年10月底表决通过的《中华人民共和国爱国主义教育法》明确提出："各级各类学校应当将爱国主义教育贯穿学校教育全过程，办好、讲好思想政治理论课，并将爱国主义教育内容融入各类学科和教材中。"基教研中心按照市教委工作部署，迅速行动，结合《北京市中小学学科德育指导纲要》的修订与落实，于2023年11月便梳理撰写完成《落实"铸牢中华民族共同体意识教育"的说明》（参见表2），积极引导全学科、全学段教师通过学科融入的方式开展铸牢中华民族共同体意识教育，有效落实中小学民族团结进步教育，为筑牢国家统一、民族团结、社会稳定的铜墙铁壁打好思想基础。

表2 《落实"铸牢中华民族共同体意识教育"的说明》（部分学科节选）

学段	学科	融入"铸牢中华民族共同体意识教育"的要求	教材内容	教学落实建议
小学	语文	1. 在理想信念教育中，提出要"开展革命文化教育，继承革命传统，传承红色基因；开展中国特色社会主义共同理想教育，树立为共产主义远大理想和中国特色社会主义共同理想而奋斗的信念和信心"，增强中华民族的自豪感和责任感 2. 在社会主义核心价值观教育中，结合反映各民族团结、海峡两岸一家亲等相关作品，开展民族团结教育	1. 统编《小学语文》六年级《为人民服务》；五年级《少年中国说》《开国大典》等内容 2. 统编《小学语文》、二年级《日月潭》、三年级《大青树下的小学》等内容	1. 结合有关祖国发展历史中重大事件的课文，激发热爱祖国的情感，唤起建设祖国的责任感，树立为共产主义远大理想和中国特色社会主义共同理想而奋斗的信念 2. 在课文学习中创设情境任务，抓住优美生动的语言进行朗读，在读中感悟、体验，感受语言文字中饱含的情感，认识到各民族应团结友爱、亲如一家；也可以结合学习内容搜集相关资料，召开资料分享会或者故事会，激发学生对祖国统一的渴望

学段	学科	融入"铸牢中华民族共同体意识教育"的要求	教材内容	教学落实建议
初中	历史	能够通过了解中国古代历史发展的总体趋势，认识统一多民族国家形成、巩固和发展的重要历史意义；通过中国古代历史上各民族的交往、交流、交融，认识中华民族共同体的形成是中国历史发展的必然结果，树立正确的中华民族历史观；通过了解中国古代文明的辉煌成就，认识中华优秀传统文化的独特价值和突出优势，提高民族自尊心、自信心和自豪感，增强民族凝聚力 能够理解中国近代史，重点叙述列强侵略中国，中国逐渐成为半殖民地半封建社会的历史；在此阶段，中华民族对外反抗列强侵略，对内反对封建专制统治，最终由中国共产党团结带领全国各族人民实现了民族独立、人民解放，夺取了新民主主义革命的伟大胜利 3. 通过中国现代史的学习，能够叙述全国各族人民在中国共产党领导下进行社会主义革命，建立社会主义制度，推进社会主义建设的过程。知道中华民族实现了从站起来、富起来到强起来的伟大飞跃。通过中华人民共和国宪法的制定以及人民代表大会制度、中国共产党领导的多党合作和政治协商制度、民族区域自治制度的确立，认识当代中国政治制度的内涵及意义	1. 统编教材《中国历史》7 年级上册第 6 课、第 7 课、第 9 课、第 12 课、第 14 课、第 16 课、第 17 课、第 18 课、第 19 课；统编教材《中国历史》7 年级下册第 1 课、第 3 课、第 5 课、第 7 课、第 8 课、第 10 课、第 11 课、第 13 课、第 16 课、第 18 课、第 21 课、第 22 课的内容 2. 统编教材《中国历史》8 年级上册全部内容，重点关注第 3 课、第 4 课、第 5 课、第 9 课、第 10 课、第 17 课、第 18 课、第 19 课、第 20 课、第 21 课、第 22 课、第 27 课的内容 3. 统编教材《中国历史》8 年级下册全部内容，重点聚焦第 12 课《民族大团结》的内容	1. 整理中国古代各时期边疆变化信息，绘制不同地理方位、不同时期边疆变化示意图，了解统一的多民族国家疆域发展历程 2. 搜集资料，撰写"北魏孝文帝""文成公主""成吉思汗""康熙皇帝"等民族发展史上重要人物的历史小传记，理解中华民族共同体形成与发展是中国历史发展的必然结果 3. 考察身边的近代历史遗址遗迹，查找相关资料，了解各民族在团结御辱、争取民族独立和民主政治中所作出的贡献，感受中华民族反抗外来侵略的英勇精神，编写《近代中华英雄谱》，从中汲取精神力量 4. 搜集国内不同民族的风土人情、生活习惯，特别是新中国成立后各民族发展的资料，以"民族团结共进步"为主题展开分享交流活动 5. 参观"复兴之路"等展览，观看中华人民共和国成立 70 周年庆典活动纪录片，了解在中国共产党的带领下，全国各族人民团结一心，在中国特色社会主义建设中取得的卓越成就

（二）以点带面引领实践路向

除了深刻挖掘各门学科课程内在的文化基因与德育要素外，基教研中心还充分发挥省级教研部门的专业引领与支撑作用，通过开展多领域、多层次的实践探索，推动大思政课视域下的全学科育人实践。

2023年4月，基教研中心与北京市学校德育研究会联合主办了北京市"大思政课"背景下"三全育人"体系构建与实践探索研讨会。以一节高中语文研究课《与妻书》作为示范性样本，展示了如何以"情志相冲、家国互融"为主题，从大德育视角、大育人格局出发实践"三全育人"。基教研中心高中语文教研员结合该课例对学科思想政治教育功能进行了深入分析，指出《与妻书》这堂课的立足点准确高明，价值高远，站在了"人"的基础上；教学过程环环相扣、步步深入，并与作业形成了相互呼应的闭环；开掘了丰富的课程资源，还原了烈士内心的矛盾与为难，把英雄的内心世界丰富而完整地呈现在了学生面前，于学生、教师、烈士三方之间构成了连绵不断的回响，从而具体而充分地实现了以社会主义核心价值观铸魂育人这一目标的达成。

12月，基教研中心又在昌平区以"探寻昌平明文化魅力，上好新时代'大思政课'"为主题，通过6节不同学科的研究课例（见表3），示范展示了如何充分挖掘区域历史文化、科教创新资源，从而既发挥思政课程的政治引领与价值引领作用，又有力地推动各类课程与思政课同向同行，构建起"纵向衔接有序、横向融会贯通、优质资源共享、螺旋发展上升"的新型格局，全面加强中小学思想政治教育。

表3　　　　　　　　　　　　　"大思政课"研究课例

学科	研究课例
小学道德与法治	《探秘明十三陵 了解家乡文化》
初中道德与法治	《"源"深流远，古"运"今生——由大运河源头遗址公园看文明的传承与发展》
高中思想政治	《传承千年运河文脉 讲好中国文化故事——中华优秀传统文化的传承与创新》
小学语文	《探古道神韵，悟明陵文化——口语交际〈我是小小讲解员〉》
初中历史	《小文物，大历史——百子衣里的明文化》
初中地理	《探居庸关之奇，悟人地之协调》

作为一种综合的教育理念，课程思政意在以课程为育人载体，使课程承载思政，使思政寓于课程，将引领学生理想信念、引导学生价值认同融入中小学各学科教育教学活动的全过程。而基教研中心正是以此为目标，依据"研究—实践—改进—提炼—推广—再研究"的循环体系，以点带面，引导部分学校教师在各门课程的教学中都能有意识地与思政课同向同行，达成五育融合、五育并举的教学行为自觉，并逐渐影响到更多学校、教师对课程思政与思政课程协同教学的转化与提升，从而切实促进各学科教研员与学校教师的课程理解与专业发展，全面提高教研员与教师深入钻研教材、把握思政元素、融入社会主义核心价值观的能力与专业实践的改善，切实发挥了教研部门作为基础教育质量保障高地、创新高地、服务高地的职能作用。

"大思政课"一体化设计：内涵逻辑与行动路径

张 燕 王梦娜[*]

2019 年 3 月 18 日，习近平总书记在学校思想政治理论课教师座谈会上指出，思政课是立德树人的关键课程，要解决好培养什么人、怎样培养人、为谁培养人的根本问题。2021 年 3 月 6 日，习近平总书记首次提出"大思政课"理念，强调"'大思政课'我们要善用之，一定要跟现实结合起来。思政课不仅应该在课堂上讲，也应该在社会生活中来讲。把思政小课堂同社会大课堂结合起来。""大思政课"的理念开拓了思想政治教育的育人格局，为思政课守正创新提供了根本遵循。

北京市东城区在探索中不断凝练聚焦，在实践中不断加强改进。区域以改革创新为导向，进一步强化党的领导，创新驱动、协同联动、技术赋能，聚焦"大思政课"一体化设计开展了深入探索。

一 "大思政课"一体化设计的内涵逻辑

（一）目标逻辑：一体化设计的方向

"大思政课"一体化设计，让思政课程总目标"立德树人"更明确，学段目标更准确，课程目标更精确。第一，目标在螺旋式上升中定位。从系统思维角度来看，思政课要把不同学段看作思政课一体化建设系统的有机组成部分，根据不同学段在系统中的地位和作用，确定差异化的阶段性目标，从而形成思政课的教学目标体系。在目标体系中，总体目标是核心，统领各学段具体目标，而学段目标则是总体目标在不同时间维度上的

---

* 北京市东城区教育委员会。

铺陈展现。第二，目标在螺旋式上升中巩固。以政治认同、家国情怀、道德修养、法治意识、文化素养为重点，以爱党、爱国、爱社会主义、爱人民、爱集体为主线，通过大中小课程相辅相成、相得益彰，不断巩固以习近平新时代中国特色社会主义思想为核心内容的课程群建设。第三，目标在螺旋式上升中丰富。以波澜壮阔的实践为课堂，把思政课搬到广阔的社会课堂上。推动思政课教育教学与志愿服务、社会调研、社会参与、问题解决相结合，组织学生走进社会、深入基层，从现实生活中求真理、悟道理、明事理。第四，目标在螺旋式上升中深化。引生动鲜活的实践进课堂，让基于生活的思政素材充溢课堂。在真实事例的分析解读中阐释中国之路、中国之治、中国之理的实践大课。"大思政课"一体化设计之"一"——目标的统一性，突破"大思政课""自说自话"现象，解决"大思政课""各自为政"的问题，让目标一以贯之，让内容梯次推进，各学段思政教育目标螺旋式上升，内容循序渐进。

（二）价值逻辑：一体化设计的优势

"大思政课"一体化设计，让思政课程方式运用更多元、内容层次更丰富、目标达成更好。第一，在方式上，一体化设计在线上线下、课内课外得以呈现，拓展了场域育人"新阵地"；第二，在内容上，一体化设计环环相扣、步步深化，打造了实践育人"强磁场"；第三，在目标上，一体化设计层层递进，螺旋式上升，用好了课堂教学"主渠道"。由此可见，"大思政课"把思政小课堂与社会大课堂紧密结合起来，赋能课程思政两方面价值。第一，"让学生知道'因何而学'，自觉担当历史使命"；第二，"让学生知道'如何去做'，奋力在当下努力进取"[1]。"大思政课"一体化设计之"体"——过程的一体性，突破"大思政课""马路警察"现象，解决"大思政课""学段孤岛"问题，让壁垒间设门，让孤岛间通航，各学段思政教育形成整体，形成合力。

（三）实践逻辑：一体化设计的实施

"大思政课"一体化设计，让思政课程实践从宏观逻辑层面明确了"抓什么"，从微观逻辑层面明确了"怎么抓"。第一，从宏观上看，

---

① 邓晖：《思想伟力，让思政课更有厚度和温度》，《光明日报》2024年3月18日第13版。

习近平总书记关于思政课建设的重要论述以及党中央出台的系列政策文件，明确了新时代思政课改革创新"抓什么"的问题，为思政课改革创新做好了顶层设计。第二，从微观上看，2020 年教育部成立大中小学思政课一体化共同体建设指导委员会，2022 年部署大中小学思政课一体化共同体建设工作等一系列工作，明确了新时代思政课改革创新"怎么抓"的路径，为思政课改革创新指明了"八个相统一"的具体路径。即引领新时代思政课改革创新，坚持政治性和学理性相统一、坚持价值性和知识性相统一、坚持建设性和批判性相统一、坚持理论性和实践性相统一、坚持统一性和多样性相统一、坚持主导性和主体性相统一、坚持灌输性和启发性相统一、坚持显性教育和隐性教育相统一。"八个相统一"言简意赅，是思政课改革创新的根本遵循。"大思政课"一体化设计之"化"——知行的一致性，突破"大思政课""边缘化"现象，解决"大思政课""理论与实践脱节"问题，让思政课"三全育人"作用落地，"让理论'化'入生活实践中"①，让各学段思政教育入脑入心，知行合一。

二 "大思政课"一体化设计的行动路径

（一）强化顶层设计——拓展"大格局"

拓展"大格局"，汇聚育人大能量。东城区在大思政课的研究探索历程中，坚持系统统筹观念，持续改进"大思政课"理念，每学年召开全国"大思政课"实践研讨活动，至今已举办四届。区域充分调动社会专家力量和社会资源，形成东城区教育工委统一领导、党政齐抓共管、东城区德育科牵头负责、东城区教育科学院专业把关的"红色领航 + 多维护航 + 专业导航"的工作格局。区域通过内外联动、理论实践一体化推进，有效贯通了体系创新、模式创新、路径创新。在体系创新方面形成了"思政理论 + 事理阐释 + 沉浸体验 + 行动反思"的教学实施体系；在模式创新方面形成了"学理支撑 + 政理解析 + 文献赋能 + 实践浸润"的思维驱动模式；

①　李静、马雪莲：《梯次推进：论学校铸牢中华民族共同体意识教育的一体化建设》，《青海民族大学学报》（社会科学版）2024 年第 1 期。

在路径创新方面打通了"第一课堂"和"第二课堂"的壁垒,突破了"第一教师"和"第二教师"的界限,探究式教学、体验式教学、专题式教学等被灵活运用于思政课的教育教学中。

(二)统筹资源共享——搭建"大平台"

搭建"大平台",激活思政育人大课堂。东城区依托北京市 16 个"区—校"共同体建设方案,将"思政小课堂"和"社会大课堂"结合起来,引领区域各校搭建沉浸式育人大平台,建设了 13 个大中小思政共同体实践教学基地。其中有习近平总书记考察或写过回信的基地两个:前门议事厅、福祥社区居委会;有体现习近平总书记新时代中国特色社会主义思想在京华大地生动实践的基地三个:青少年法治教育与大中小学思政一体化教学基地、东四胡同博物馆、史家胡同博物馆;有体现东城区区位特点和功能定位的基地三个:北京汇文中学爱国主义教育基地及校史馆、东城区特殊教育学校、东城区检察院正阳未检教育基地;有承载"四个中心""四个服务"功能的基地五个:孔庙和国子监博物馆、中国海关博物馆、东城区法院、北大红楼、北京中轴线遗产保护中心。如何用好"大思政课"实践教学基地,要从"明确基地定位—确定实践主题—共同体磨课—学生主体参与"四步出发予以实施。"教师带着学生通过教材的'地图',寻找知识的'景点'"①,以开门上课的理念,吸纳各种社会资源、社会力量、社会活动参与思政课建设。

(三)注重目标达成——建设"大课堂"

建设"大课堂",打造高水平思政"金课"。东城区结对中国政法大学和对外经贸大学马克思主义学院,构建了 11 个大中小思政共同体。组织教师"结对子""共磨课""同授课",发挥合力育人作用。这两所大学的马克思主义学院自上而下以思政理论做引领,有方向、有逻辑地统领中小学思政课的设计方向;中小学基础教育自下而上以思政实践为基础,有体验、有创造地增强大学思政课的理论底蕴。课程目标分层设计,低学段目

---

① 吴月:《"不读上千本书,教不好思政课"》,《人民日报》2024 年 3 月 26 日第 11 版。

标是高学段目标的基础和组成要素；高学段目标是低学段目标的方向和理性升华；同时各学段目标都与时代潮流同向同频，与国家需要同向同行，体现未来国家需要对接班人的素质要求。"大中小学纵向主线贯穿、循序渐进，各类课程横向结构合理、功能互补。"① 因此，在课程内容设计上，要根据不同学段学生成长规律和认知特点进行系统建构和分层设计，小学阶段侧重感性认识，重在开展启蒙性学习；初中阶段侧重理性认知，重在开展体验性学习；高中阶段侧重政治认同，重在开展常识性学习；大学阶段侧重自觉践行，重在开展理论性学习。按照"循序渐进、螺旋上升"原则，实现"有意义的重复"②。区域统筹协调，对共同体的实践教学设计进行系统性重塑和整体性重构，充分发挥东城区各实践教学基地的优势，用心探索尝试，不断增强思政课的感召力和吸引力。

例如，东城区前门小学杨爱静老师、第五中学分校谢晨雨老师、第一六六中学赵文峰老师、中国政法大学刘际昕老师共同在前门小院议事厅基地设计《以中国式商量建设首都美好生活——全过程人民民主视域下的小院议事厅》课程（见图1）。民主是全人类的共同价值，是现代文明社会的显著标志。作为现代社会的重要政治价值，民主具有典型的后天"习得"特性。民主理论知识的"习得"路径彰显了人的社会属性，因而也需要根据学生的人格成长过程来设计一体化课程，引导学生循序渐进地加深对人民民主的理解与认识。

在小学阶段，学生初步接触社会生活，通过参观小院议事厅和聆听居民协商议事故事的方式来初步认识"民主协商"，从感性上了解"众人的事情由众人商量"。

在初中阶段，学生对"人民民主"有了感性认识，在此基础上以贴近生活的"治理议题"为案例，通过体验的方式让初中生认识社区治理中的"协商治理"，对"居民的事情居民定，居民的事情居民议"具有初步的理性认识。

在高中阶段，学生对"协商治理"有了一定的理解，在此基础上，以具体的协商民主案例，带领高中生观察"社会主义协商民主"的运作过

---

① 《习近平重要讲话单行本（2020年合订本）》，人民出版社2021年版，第295页。
② 吴宏政：《论大中小学思政课一体化建设中的几对辩证关系》，《思想理论教育导刊》2021年第11期。

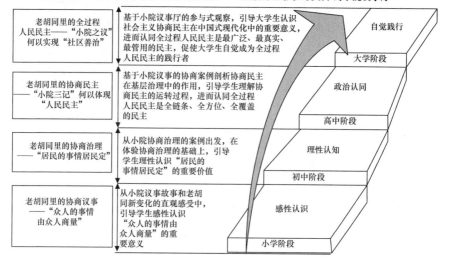

图1 前门小院议事厅基地课程

程，体会人民民主的全过程属性，进而使高中生理解全过程人民民主是全链条、全方位、全覆盖的民主。

在大学阶段，基于大学生对社会主义协商民主现实案例的参与式观察，引导学生开展理论分析和调查研究，引导他们认识社会主义协商民主在中国式现代化中的重要意义，进而使其认同全过程人民民主是最广泛、最真实、最管用的民主，使大学生成为全过程人民民主的践行者，并具备运用协商民主来解决生活中治理议题的能力。

（四）重视队伍建设——培养"大师资"

建好"大师资"，培育立德树人"大先生"。东城区深知教好思政课的关键在教师。2022年4月25日，习近平总书记在中国人民大学考察调研并观摩思政课现场教学时指出，思政课的本质是讲道理，要注重方式方法，把道理讲深、讲透、讲活，老师要用心教，学生要用心悟，达到沟通心灵、启智润心、激扬斗志的目的。"破局"的改革探索是个系统工程，越具体越复杂，越具体越深刻，探索过程面临着诸多挑战。区域遴选了一批中小学骨干教师进行先行探索，改革不仅关注探索的结果，也关注探索的过程，尤其是用心引导这批思政课教师成长为有情怀、有水平、有温度的好老师、大先生。第一批参与实践探索的教师，没有参考，没有范例，都是"第一个吃螃蟹的人"，他们敢为人先，勇于突破，设计出了第一批 11 个基地，即 11 个在同一主题下的 44 节大中小学一体化设计的思政"金课"（见表 1）。

表 1　　　　　　　　东城区大中小学一体化设计思政"金课"

基地特点	基地名称	课程名称
总书记考察或写过回信的基地	福祥社区居委会	课程主题"老胡同何以实现新生活——如何以人民为中心的理念让老胡同的居民过上现代生活" 小学学段：老胡同·新生活 北京文化的脊梁——胡同和四合院（北京市东城区府学胡同小学 张全奎） 初中学段：创新改变生活 ——老胡同何以实现新生活（北京景山学校 刘紫健） 高中学段：社区治理中的公众参与元素——走进福祥社区居委会（北京市第五十四中学 郭婉婉） 大学学段：老胡同·新生活——社会治理现代化何以让老胡同焕新生（中国政法大学 刘际昕）
	前门议事厅	课程主题"以中国式商量建设首都美好生活——全过程人民民主视域下的小院议事厅" 小学学段：老胡同里的协商议事——"众人的事情由众人商量"（北京市东城区前门小学 杨爱静） 初中学段：老胡同里的协商治理——"居民的事情居民定"（北京市第五中学分校 谢晨雨） 高中学段：老胡同里的协商民主——"小院三记"何以体现"人民民主"（北京市第一六六中学 赵文峰） 大学学段：老胡同里的全过程人民民主——"小院之议"何以实现"社区善治"（中国政法大学 刘际昕）
承载"四个中心""四个服务"功能的基地	中国海关博物馆	课程主题以"红其拉甫海关精神"奋力推进中国式现代化" 小学学段：担使命，守国门——争做海关小卫士（北京市第一师范学校附属小学 张晓晨） 初中学段：胸怀"国之大者"，筑牢安全屏障——国门卫士的坚守（北京景山学校 邵怡惠） 高中学段：新时代的国门卫士——走进中国海关博物馆（北京市第一零九中学 吴蕾） 大学学段："我们守卫在红其拉甫"——红色血脉薪火相传，奋发有为推进中国式现代化（对外经贸大学 濮灵）

基地特点	基地名称	课程名称
承载"四个中心""四个服务"功能的基地	东城区法院	课程主题"看得见的公平正义" 　　小学学段：马路上的公平正义（北京市东城区分司厅小学 肖飞） 　　初中学段：体悟公平正义，弘扬道德风尚（北京汇文中学 陈泓汀） 　　高中学段：深识司法防线，崇尚公平正义（东城区教育科学研究院 宫英杰） 　　大学学段：习近平法治思想中的公平正义观（中国政法大学 袁芳）
	孔庙和国子监博物馆	课程主题"孔庙传千年·文化弥久远——由孔庙国子监博物馆看中华传统文化的新时代传承创新" 　　小学学段：尊师重教，崇尚礼仪，感受中华优秀传统文化魅力（北京市第五中学分校附属方家胡同小学 于严） 　　初中学段：身临其境，温故知新，理解中华优秀传统文化内涵（北京市六十五中学 莫红岭） 　　高中学段：品味底蕴、思辨争鸣，探索弘扬中华优秀传统文化之道（北京市第一七一中学 曾若阳） 　　大学学段：继往开来，传承使命，展望中华优秀传统文化的新时代（中国政法大学 张一弛）
体现总书记新时代中国特色社会主义思想在京华大地生动实践的基地	史家胡同博物馆	课程主题"坚持守正创新 讲好文化传承发展的中国故事" 　　小学学段：家乡的故事——走进史家胡同博物馆（北京市东城区史家胡同小学 郭文雅） 　　初中学段：延续文化血脉——走进史家胡同博物馆（北京市第二中学分校 冯雅丽） 　　高中学段：继承发展中华优秀传统文化——走进史家胡同博物馆（北京市第五十五中学 许月玥） 　　大学学段：在守正创新中推进文化传承发展——从史家胡同到史家胡同博物馆（中国政法大学 吴韵曦）
	东四胡同博物馆	课程主题"传统文化与美好生活的双向奔赴" 　　小学学段：学龙文化 扬龙精神 坚定文化自信（北京市东城区灯市口小学 李天雪） 　　初中学段：在东四胡同中鉴古知今 面向未来（北京市第142中学 孙巳雯） 　　高中学段：让博物馆为美好生活赋能添彩（北京市第五中学 潘东利 薛炎） 　　大学学段：坚定文化自信，激发文化创新，丰富精神文化生活（中国政法大学 黄东）

基地特点	基地名称	课程名称
体现总书记新时代中国特色社会主义思想在京华大地生动实践的基地	青少年法治教育与大中小学思政一体化教学基地	课程主题"做社会主义法治的崇尚者、遵守者、捍卫者" 小学阶段：树立宪法权威（北京市东城区史家胡同小学 王丹） 初中学段：宪法是党的主张和人民意志的统一（北京市第二中学分校 冯雅丽） 高中学段：法治社会让生活更美好（北京市第十一中学 郑红梅） 大学学段：从立法源头为善治提供法治保障（中国政法大学 程运麒）
体现东城区区位特点和功能定位的基地	北京汇文中学爱国主义教育基地、校史馆	课程主题"以爱国主义精神塑造新时代青年品格" 小学学段：众志成城 悟爱国情感（北京市东城区板厂小学 王宇萱） 初中学段：品味爱国情 争做新青年（北京汇文中学 付新玉） 高中学段：仰民族之光 践爱国之情——行走于百年汇文之间（北京汇文中学 张瑞涵） 大学学段：五四运动 青春百年（中国政法大学 孔祥宇）
	东城区特殊教育学校	课程主题"劳动开创未来" 小学学段：我们爱劳动（东城区特殊教育学校 耿迪） 初中学段：寻匠心 载梦想 勇行动（东城区特殊教育学校 李昂） 高中学段：劳动创造价值 奋斗实现梦想（北京宏志中学 罗天宁） 大学学段：劳动创造幸福（中国政法大学 袁芳）
	东城区检察院正阳未检教育基地	课程主题"坚持人民至上 强化司法保护" 小学学段：特殊关爱，助我成长（北京市第一七一中学附属青年湖小学 王聪） 初中学段：探秘未检基地，感受法治青春（北京汇文中学 高甜丽） 高中学段：以检察之力，守护"少年的你"（北京市广渠门中学 王幸运） 大学学段：培养法治素养，担当社会责任（中国政法大学 罗冠男 黄东）

　　"统筹推进大中小学思政课一体化建设"①，习近平总书记为我们设计大思政课指明了方向。"大思政课"一体化设计的核心在"一"，重点在"体"，难点在"化"。只有这样，才能建构成"链条式"思政育人体系，"才能实现思想政治教育的价值目标从实然向应然的范式转换"②。

---

　　① 《习近平主持召开学校思想政治理论课教师座谈会强调 用新时代中国特色社会主义思想铸魂育人 贯彻党的教育方针 落实立德树人根本任务 王沪宁出席》，《时事报告》2019 年第 4 期。
　　② 项久雨：《论思想政治教育的人本价值目标》，《思想理论教育》2014 年第 9 期。

中职学校"大思政课"建设的现状、问题与实现路径
——基于 6 省(市) 中职学校的调研

刘海霞[*]

  思政课是中职学校落实立德树人的关键课程。在新时代,为培育德智体美劳全面发展的社会主义建设者和接班人,思政课改革创新的意义更加凸显。2022 年,《全面推进"大思政课"建设的工作方案》对"大思政课"建设作出了全面部署,为学校建设"大思政课"指明了方向。自此,越来越多的学者展开了对"大思政课"建设的研究,包括"大思政课"的内涵和价值[①]、教学模式的改革创新[②]及实践探索[③]等,但主要聚焦于高校,针对中职学校如何推进"大思政课"建设的研究还很不够,无法全面、准确地回答"中职学校思政课课程体系建设现状""中职学校思政教师队伍是否满足'大思政课'建设要求""中职学校'大思政课'建设面临哪些困难,如何有效解决"等问题。为此,中华职业教育社与北京教育科学研究院联合面向北京、吉林等 6 个省(市)中职学校的教学干部、思政教师和在校学生开展了问卷调研及访谈,旨在探寻中职学校"大思政

  * 北京教育科学研究院职业教育研究所。
  ① 郑美娟:《大思政课的理论内涵与建设对策》,硕士学位论文,华中师范大学,2023 年。叶方兴:《课程论视域下"大思政课"建设的理论意蕴与实践路向》,《思想理论教育导刊》2023 年第 10 期。
  ② 胡新峰、李丹:《"大思政课"视域下实践育人一体化建设探析》,《思想政治课教学》2023 年第 8 期。张雷:《"大思政课"视域下协同育人机制创新》,《思想政治课教学》2023 年第 10 期。张雷、黄运堪:《"大思政课"视域下高校思政课体验式实践教学的功能定位与实现路向》,《高教论坛》2023 年第 9 期。
  ③ 冯莹:《系统思维视域下高校"大思政课"建设的实践探索》,《江苏信息职业技术学院学报》2023 年第 22 期。

课"建设情况，为进一步推动中职学校"大思政课"建设提供具有科学性和实效性的参考建议，助力中职学校思政课程教学质量与育人效果的提升。

一 调研对象和工具

（一）调研对象

中华职业教育社与北京教育科学研究院联合面向北京、吉林、山东、福建、湖南、重庆6个省（市）的194所中职学校（含职业高中与中等专业学校）开展调研，调查对象包括三类：一是学校教学干部，每所学校有1人参加调研，共计194人；二是思政教师，每所学校有3人参加调研，1—3年级每个年级各选1人，共计582人。三是在校学生，每所学校有3个班级参加调研，1—3年级每个年级各选1个班，共计12793名学生（见表1）。此次调研共计回收问卷13569份，有效问卷为13080份，有效率为96.4%。

（二）调研工具

本文依据《关于深化新时代学校思想政治理论课改革创新的若干意见》《全面推进"大思政课"建设的工作方案》等文件对"大思政课"建设的要求设计了三份调研问卷，包括中职学校教学干部问卷、教师问卷及学生问卷。问卷内容包括基本信息、思政课程群建设、教学内容建设、教学方法、实践教学、师资队伍建设、思政课程协同育人情况等。问卷采取在线填答方式，并按照调研维度对调研结果进行总结分析，再结合调研目的及问卷调研结果中的典型问题设计访谈提纲。访谈也采取线上访谈的形式，访谈对象为中职学校教学干部、思政教师各12人，访谈时间为人均1个小时左右。在访谈过程中，客观记录访谈内容；在访谈结束后，按照访谈要点对访谈结果进行归类分析。

表1

调研对象基本信息

调研对象特色维度		频率	百分比（%）	累计百分比（%）
教龄	1—5年	128	21.99	21.99
	6—10年	163	28.03	50.12
	11—15年	189	34.35	84.47
	15年以上	102	15.53	100
	合计	582	100	——
身份	教学干部	194	1.43	1.43
	教师	582	4.29	5.72
	学生	12793	94.28	100
	合计	13569	100	——

调研对象特征维度		教学干部人数（人）	教师人数（人）	学生人数（人）	百分比（%）	累计百分比（%）
区域分布	北京	33	99	1241	10.12	10.12
	吉林	65	195	3126	24.95	35.07
	山东	30	90	2504	19.34	54.41
	福建	23	69	2305	17.67	72.08
	湖南	26	78	2322	17.88	89.96
	重庆	17	51	1295	10.04	100
	合计	194	582	12793	100	——

二 中职学校"大思政课"建设的现状与问题

（一）"大思政课"课程体系初步形成，但选修课与必修课的关联不够密切

调研结果显示，194 所中职学校全部开设了思政必修课，其中 138 所学校还开设了思政选修课，即有 71.13% 的学校必修课加选修课的思政课程体系已初步形成。同时，对选修课进行分析发现，除开设频次较高的"中华优秀传统文化""就业创业创新教育""国家安全教育""时事政策""党史"五门课程外，还有部分学校开设了"公共卫生安全教育""革命文化""社会主义先进文化"课程。但这些选修课与必修课的关联却不够密切，对达成课程目标的支撑度不高。例如，中职学校思政必修课开设了"中国特色社会主义"，可在开设频次高的选修课中，与本模块相关的课程仅有"党史"，不能很好地补充与拓展本模块的学习内容。而且，选修课中还缺少习近平经济思想、习近平法治思想、习近平生态文明思想、习近平强军思想、习近平外交思想等相关内容。这不利于学生全面、深刻地了解习近平新时代中国特色社会主义思想，学生政治认同学科的核心素养难养成。

（二）课堂教学改革创新显著，但实践教学的推进还有较大提升空间

调研结果显示，思政教师在教学中除了能用好教材外，还能积极拓展教学内容，激发学生的学习兴趣。有 94.51% 的思政教师在教学中融入了时政热点，有 93.24% 的思政教师结合教学内容为学生呈现了典型案例，有 89.22% 的思政教师在教学中会使用身边事件引发学生的思考，有 82.84% 的思政教师能将思政教学内容与中华优秀传统文化有机结合起来开展教学。此外，调研结果还显示，思政教师注重创新教学方法，加强学生在学习中的主体作用。有 95.88% 的思政教师在教学中使用了案例式教学，有 77.45% 的思政教师组织学生开展了探究式学习活动，有 59.02% 的思政教师组织开展了体验式学习，有 53.63% 的思政教师尝试了议题式教学。

由此可见，思政课教学整体上呈现出教学内容贴近实际、贴近生活、贴近学生的特点，学生主体作用的发挥比较充分。

但是，调研结果也显示，已经开展实践教学的学校仅占本次调研学校总数的 2.17%，专门设置实践教学学分的学校仅占开展实践学校的 7.77%；主题活动是目前学校开展实践教学的主要形式，如志愿服务、工匠讲堂、场馆参观、社会调研等。同时，通过将教师的工作年限与开展实践活动的情况进行交叉分析发现，教龄长短与教师对实践教学的重视程度及实施实践教学的能力成正向相关关系（见图1）。教龄越长的教师越重视开展实践教学活动，并对他们自己开展实践教学的能力更加自信；大部分年轻教师认为他们自己在把握实践教学主题、设计与实施实践教学的能力方面存在欠缺。此外，大部分教师表示，实践教学资源不够丰富、支撑和保障开展实践教学的制度不完善等是影响实践教学开展的主要原因。由此可见，中职学校无论是在教师队伍培养方面，还是在工作机制建设方面，都不足以支撑实践教学的落实，实践教学的推进还有较大提升空间。

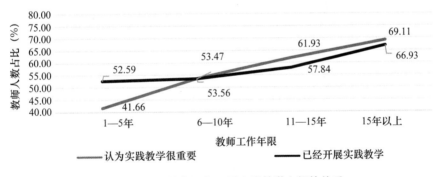

图1　教师工作年限与开展实践教学之间的关系

（三）专兼结合的思政师资队伍初步建成，但行业企业专家占比有待提升

调研结果显示，有 92.88% 的中职学校专职思政课教师配备充足，其中，有 55.13% 的中职学校由教学干部、德育干部承担部分思政课教学任务，有 35.38% 的中职学校聘请了行业企业劳动模范或技术能手等对学生进行职业精神、职业道德教育。由领导干部承担部分思政课教学，不仅有利于充实学校思政教师队伍的力量，也有利于充分发挥领导干部在思政教

育工作中的示范引领作用，推动思政课改革创新。聘请行业企业专家承担部分学校思政课教学工作，不但能有效提升中职学校思政课教学的针对性，还能增强中职学校思政课的职业教育特色。但是，行业企业专家在思政教师队伍中的占比还有待提升，而且，已聘请行业企业专家的学校也面临着外聘教师专业领域不能覆盖学校全部专业，学生受益面较小等实际问题。

（四）"大思政课"活动内容丰富，但多方协同的思政工作格局建设还有可完善的空间

调研结果显示，中职学校开展的"大思政课"活动内容丰富，形式多样。有97.41%的学校建立了"开学第一课""国旗下讲话""职教学生读党报"等思政教育制度，并能根据实际情况灵活设置教育内容，选择教育形式。此类活动也受到了学生的欢迎，教育效果明显。此外，所有学校均组织开展了课程思政建设活动，并且有82.94%的思政教师表示曾与专业课或公共基础课教师共同研讨课程思政内容建设。在此类活动中，思政教师主要发挥的是把关思政教育内容及提供思政教育方法指导等作用，尚未开展思政课与课程思政协同育人的研讨和实践。调研结果还显示，有60.39%的中职学校与高职院校开展了协同教研活动。但是，此类活动通常以主题活动的形式开展，尚未形成长期稳定的集体备课与教研交流机制。由此可见，中职学校与高职院校思政课的一体化建设还处于起步阶段，还有较大的可完善空间。

三 中职学校"大思政课"建设的实现路径

（一）立足新时代思政课育人目标，完善思政课程体系建设

1. 立足新时代，准确把握中职学校思政课教育目标

中职学校"大思政课"建设应立足世界百年未有之大变局、实现中华民族伟大复兴、大中小学思想政治教育一体化建设的背景，明确中职学校思政课提升学生政治素养的教育目标，把学生培养成德智体美劳全面发展的社会主义建设者和接班人。

2. 建设以习近平新时代中国特色社会主义思想为核心的选修课课程群

中职学校应在思政课程教育目标指导下，以习近平新时代中国特色社

会主义思想为核心，根据学生认知水平，建设能够拓展、加强与巩固必修课学习效果的选修课课程群。例如，建设包含"四史"、《中华人民共和国宪法》和中华优秀传统文化等内容的选修课，拓展必修课"中国特色社会主义"课程的内容，帮助学生更加全面地了解、践行习近平新时代中国特色社会主义思想。

3. 加强必修课与选修课之间的关联和互动

思政教师在教学中应整体设计必修课与选修课的教学进度和教学活动，确保既能充分发挥必修课的基础性、主体性作用，又能恰当安排选修课教学，使选修课成为必修课教学的必要补充与拓展，让学生通过必修课与选修课的共同学习，增加学习的深度和广度，丰富学习实践，提升学习效果。

（二）健全实践教学工作机制，保障实践教学的开展

1. 明确实践教学的地位

《全面推进"大思政课"建设的工作方案》提出了善用社会大课堂开展丰富多样的实践教学的要求。但是，《中等职业学校思想政治课程标准》出台时并未对思政课的实践教学实施提出明确要求。因此，要切实推进思政课的实践教学就需要中职学校根据《全面推进"大思政课"建设的工作方案》的要求对思政课程标准的内容做出补充，例如，明确思政课教学中应包含多少学时的实践教学，实践教学应包含哪些内容、以什么形式实施、如何开展评价等。同时，中职学校还应制定出具体的实践教学方案，避免因要求不明确而导致实践教学无法落实或流于形式。

2. 健全多部门协同的工作体系

思政课实践教学的实施需要多部门协同，因此，中职学校应建成由校领导直接负责，教务处、德育处、招生就业处等部门协调推进，思政教师、团委、班主任、就业指导教师等共同配合的工作体系，从而形成课堂、社会、数字平台等多场域贯通，学校教师、行业企业、社区及社会工作人员多方协同的育人工作体系，保障思政课实践教学的开展。

3. 多渠道丰富实践教学资源

2022 年，教育部办公厅等八部门公布了首批"大思政课"实践教育基地，为思政课实践教学提供机构、人员、经费等有力保障。中职学校应根据实践教学主题与基地建立联系，用好国家提供的教育资源。此外，思政教师还应根据中职学校特点、学生专业需要等设计个性化实践教学活动。为满足此类教学活动需求，中职学校可以采取学校之间合作、学校与企业合作、学校与地方合作等多种方式，多方共同建设具有学校和地域特色的实践教学资源，满足教学需要，保障实践教学的开展。

（三）建设与专业适配度高的专兼结合的思政教师队伍，提升思政教师实施实践教学的能力

1. 建设与专业适配度高的专兼结合的思政教师队伍

"大思政课"建设，既需要改革创新课堂教学，又需要加强实践教学。因此，除专职思政教师外，思政教师队伍还应结合职业教育人才培养目标，落实《全面推进"大思政课"建设的工作方案》要求，聘任党政领导、科学家、大国工匠、劳模先进人物等担任思政课兼职教师。根据目前学校思政教师队伍的建设情况，中职学校应进一步加大来自行业企业的思政兼职教师数量的占比。同时，在聘请行业企业人员兼职思政课教学工作时，应尽可能地按照专业类聘请来自不同领域的大国工匠、劳模先进人物，提高其教学能力与学生专业的适配度。

2. 提升思政教师实施实践教学的能力

中职学校要通过思政教研活动或专业培训，使思政教师深刻地意识到实践教学与课堂教学是思政课教学的共同组成部分，是落实思政课理论与实践相统一的重要路径。同时，学校还应通过组织跨学科教研，持续推进思政课实践教学的研究与实践，让参与实践教学的思政教师和工作人员能够定期研讨教学中所遇到的实际问题，形成解决方案，保障实践教学的持续推进。此外，各地职业教育研究所或职业教育教学研究中心等教研机构应针对思政课实践教学组织开展教学研究，面向区域内的思政教师以及参与实践教学的工作人员开展实践教学专题培训，提高他们的实践教学设计、组织实施及评价能力。

（四）加强中高职思政一体化设计，建立协同育人思政教育大格局

1. 加强中高职思政一体化设计，实现思政教育纵向贯通

2019年，《关于深化新时代思想政治理论课改革创新的若干意见》指出，要在大中小学循序渐进、螺旋式上升地开设思政课，整体规划思政课课程目标，统筹推进思政课课程内容建设。因此，实现中高职学段思政课

程的一体化建设，各地教研机构应安排专人负责中高职思政课教研，建立常态化的跨学段一体化思政教研机制，组织区域内中高职思政教师进行集体备课、听课评课、教研交流等，促进中高职思政教师对两个学段教学目标、教学内容、教学方式的深入了解，增强协同教研成效，逐步在中高职之间建成目标递进、内容衔接的中高职一体化思政教学体系，持续促进学生政治素养的养成。

2. 建设思政课程与其他课程等教育活动协同育人机制，实现思政教育横向协同

思想工作课程标准指出，思政课是中职学校德育工作的主渠道，要与学校其他教育活动相互配合，共同承担思政教育立德树人的根本任务。因此，构建思政教育大格局，必须加强思政教师与其他各门课程教师之间的沟通交流，统一思政课程与其他课程的思政教育目标，实现思政课程与课程思政同向同行。思政课要充分发挥德育工作的主渠道作用，其他各门课程则要结合本课程的内容与教学活动，在教学中渗透相应的思政元素，对思政课程的教育内容进行印证、加强和巩固，构建起思政课程与其他课程等教育活动协同育人的思政教育大格局。

中高职思政课一体化建设的若干实践探索

——以北京劳动保障职业学院为例

海艳　张雯[*]

党的十八大后，党中央对思政课建设作出新的战略部署，以推进大中小学思政课一体化建设为抓手，促进思政课内涵式发展。2019年3月8日，习近平总书记在学校思想政治理论课座谈会上讲话强调："要把统筹推进大中小学思政课一体化建设作为一项重要工程，坚持问题导向和目标导向相结合，坚持守正和创新相统一，推动思政课建设内涵式发展。"2022年10月16日，党的二十大报告进一步明确提出"用社会主义核心价值观铸魂育人，完善思想政治工作体系，推进大中小学思想政治教育一体化建设"。可以看出，新时代以来，党和国家从强国建设、民族复兴的战略高度，将思政课定位为落实立德树人根本任务的关键课程，同时立足于循序渐进、螺旋式上升的人才培养规律，作出思政课一体化建设的部署安排，不断提升思政课的针对性、有效性，更好地用党的创新理论铸魂育人。北京劳动保障职业学院马克思主义学院贯彻落实大中小学思政课一体化建设的相关要求，深刻思考思政课一体化建设的重大现实意义，深入分析中高职思政课一体化建设所面临的现实挑战，立足职业学院的实际，积极探索中高职思政课一体化建设，积累了一定的实践经验、形成了若干工作方法，并对下一步工作的开展进行了系统设计。

---

* 北京劳动保障职业学院惠普科。

一 中高职思政课一体化建设的重要现实意义

（一）思政课一体化建设凸显了"三全育人"综合改革的必然要求

2017 年 2 月，中共中央、国务院印发的《关于加强和改进新形势下高校思想政治工作的意见》指出："坚持全员全过程全方位育人，把思想价值引领贯穿教育教学全过程和各环节。"目前，大中小学从学生成长阶段和认知规律出发，将思政教育、品德培养分阶梯贯穿于学生整个学习成长阶段。虽然各学段在思想道德教育的阶段性目标上各有侧重，但将学生培养成为"德智体美劳全面发展的社会主义建设者和接班人"的最终目标是一以贯之的。这就要求大中小各学校既尊重学生成长和学习的阶梯性、次序性和渐进性特点，又要充分考虑以学生的政治素养、道德品质培养为统领，通过各学段思政课教师"全员"协同配合，通过保障制度达到"全程"衔接，通过"全方位"思政教育的组织实施，实现思政课一体化建设纵向有机衔接、横向焕发活力的局面。

（二）思政课一体化建设符合学生整体性成长和差异化发展的辩证要求

中高职阶段的学生正处在从稚嫩到成熟的成长过程中，个体在认知水平、理解能力、情感状况、心理承受能力上差异较大。从学校育人角度来看，育人目标的系统性反映的是学生整体性成长，课程建设要适配学生接受能力、思维能力、心理特征和道德观念，考量的是学生差异化发展的实际特点。针对此情况，思政课建设既要满足学生整体性成长需求，又要呈现出相对独立性和差异性，确保思政教育的科学性、针对性和有效性。将这一具体要求落实在思政课教学中，必然要通过纵向衔接各学段教学目标、教学内容、教学评价和教学监督来实现。各学校要立足实际，充分考虑其自身的办学特色、办学资源、办学条件、办学优势，灵活选用教学手段、教学方法，增强思政课的活力，以契合学生身心发展的阶段性和连续性特点，实现职业教育为国家培养高素质的技术技能型人才的任务和目标。

（三）思政课一体化建设反映思政课高水平建设的实践要求

思政课是落实立德树人根本任务的关键课程。党的十八大以来，思政课在改革中加强，在创新中发展，立德树人成效明显。但在共同的育人目标指导下，思政课建设中的一些共性问题也日益引起关注，如不同学段的思政课如何进行无缝衔接，如何克服教学内容的重复、交叉、断层、错置、倒挂，如何统筹整合不同学段的课程资源等，从而实现思政教育环环相扣、渐进式展开。解决这些问题，要靠大中小学共同推进思政课一体化建设，进行教育教学改革创新，围绕思政课教学出台政策、制度、方案，调动各学段思政课教师的主动性和创造性，扎实做好每个学段的思政课教学工作，这样才能激发思政课建设的内生动力，实现其内涵式高质量发展。

二 北京劳动保障职业学院在中高职思政课一体化建设方面的探索和实践

职业学院党委高度重视思政课建设，依据该院同时涵盖中职学段和高职学段的教学现状，在机构设置、教师配备、政策保障等方面给予了充分支持，有力指导、推动了中高职思政课一体化建设。职业学院融合设置中高职思政课一体化教研室，确保不同学段教育过程和教育活动的有效衔接与环环相扣；建立了一体化集体备课制度，确保中高职一体化建设有顺序、分层次、有梯度地规划各学段的阶段性目标；有效贯通中高职思政课一体化建设的资源供给，积极推进实践教学一体化；依托学校、家庭、社会等多个场域，多方力量协同合作、共同参与，推进中高职思政课实践教学的一体化。经过三年的探索，职业学院初步实现了中高职思政课教师共通、课程共建、资源共享、实践共进。

（一）融合设置中高职思政课一体化教研室

中高职一体化课程建设首先要强调的是确保不同学段教育过程和教育活动的有效衔接与环环相扣。因此，职业学院打破按学段设置思政课教研室的传统做法，根据中职思政课四个基础模块的课程性质、课程内容、课程目标，将中职思政课程和高职思政课程有效衔接起来，融合形成了中高职思政课一体化教研室。

中职"中国特色社会主义"这一基础模块的教学内容包括中国特色社会主义的开创、坚持、捍卫、发展，中国特色社会主义的经济建设、政治建设、文化建设、社会建设和生态文明建设等，与高职"习近平新时代中国特色社会主义思想概论"的教学内容在很多方面共通共融，所以把"中国特色社会主义"教学划归"习近平新时代中国特色社会主义思想概论"里教研室。"心理健康与职业生涯"旨在帮助学生了解社会发展与个人梦想之间的关系，领会新时代为个人发展提供了广阔舞台，认识职业生涯规划对个人成长的重要意义，确立符合新时代要求的职业理想；"职业道德与法治"能够有效帮助学生明确道德与法律的关系、坚持依法治国和以德治国相结合以及新时代我们应如何提升职业道德素质和法治素养。这两个基础模块和高职的"思想道德与法治"课程联系紧密，所以职业学院将"心理健康与职业生涯""职业道德与法治"模块的教育教学划入"思想道德与法治"教研室。"哲学与人生"基础模块则和"马克思主义基本原理"课程一起被划归"毛泽东思想和中国特色社会主义理论体系概论"里教研室。中高职思政课一体化教研室的设置，为构建功能完善、贯通衔接、高效协同的一体化育人环境提供了有力支撑和充足条件。通过课程、教材、教学、教师一体化建设，打通了中高职思政课一体化的关键环节，从而避免了不同学段之间思政课教师交流不畅、各自为政的问题，使各学段思政课引领目标一致、内容衔接、层次递进。

（二）建立中高职思政课一体化集体备课制度，开展统一的教研活动

学生的成长成才过程是连续性与阶段性的有机统一，这就要求中高职一体化建设要有顺序、分层次、有梯度地规划各学段的阶段性目标。为推进教学改革、促进团队交流、提高教学质量，职业学院思政课教学建立了一体化集体备课制度。中高职思政课一体化教研室的设置和集体备课制度的建立有力地促进了中高职思政课教师的沟通协作、同向同行，实现了中高职思政课教师既能"守好一段渠，种好责任田"，也能"坚持一盘棋，打好组合拳"。教师基于不同学段学生的身心发展特点对教学内容进行结构性优化，共同研制了中高职一体化课程标准，既体现出中高职之间的差异性，也体现出中高职之间的衔接性和连贯性，促进中高职的思政课程形

成有机衔接的连续性整体。在教学内容上，基于中高职学生的认知发展规律，遵循由表及里、由浅入深、由易到难的教学原则，中高职教师围绕相关内容同备一堂课。加强中高职思政课程间的教案、课件、教学视频、试题库等资源的共建共享，能有效避免相关教学内容的同质化，打造出一批示范性思政金课。

在这样的机制保障下，中高职思政课教师产出了一系列显著的教学成果。围绕"人生观和人生道路"教学内容，思想道德与法治教研室的中高职教师同备一堂课，针对技校学生设计的《走好人生道路》系列微课获得第二届北京市技工院校微课大赛三等奖、《走好人生道路》教学案例在北京市技工教育思政课程教学设计案例评选中获得三等奖、针对高职学生的《走好人生之路 高扬理想之帆》课例获得北京市职业院校教学能力大赛一等奖。为设计好《走好人生道路 守卫人民之城》，中高职思政课教师系统整合各学段育人要素，紧扣教材重难点、聚焦社会热点焦点、倾听学生关注点困惑点，充分运用信息化手段挖掘优质数字化资源，将"视听音画"融于一体，将抽象知识具体化，枯燥知识生动化，艰涩知识趣味化，给学生以启迪，引导学生认识到职业学校的学生同样能够担当社会责任，成就出彩人生。在《走好人生之路 高扬理想之帆》的教学设计中，根据高职学生认知特点，采用议题式教学方法，创设情境和问题，激发学生探究兴趣，引导学生在开放的辨析式学习过程中进行自主合作和探究学习，促使学生能够自主地在价值冲突中深化理解、在探究活动中拓展升华，进而在听"理"、学"理"的基础上做到"真懂、真信、真用"。

（三）多措并举推进中高职思政课实践教学一体化

按照"大思政课"建设要求，职业学院有效贯通中高职思政课一体化建设的资源供给，积极推进实践教学一体化。作为实践教学的重要组织形式之一，职业学院成立了由中高职学生共同组成的青年马克思主义读书会、红色先锋社、党史学社、知行学社、中华经典诵读社等思政类学生社团。以重大节日、纪念日、历史事件为契机，职业学院组织社团成员广泛参加各种思政类学生活动和竞赛。以中华经典诵读大赛为例，近两年来，职业学院思政类社团共有近 30 组作品获得北京市级奖项，实现了中高职学生的实践共进。以中华语言文字特有形式和独特优势，吸引了广大学生关注经典、传承发展优秀传统文化，为学生的成长打下了鲜明的中国底色，增强其做中国人的志气、骨气、底气。

中高职思政课一体化的实践推进依托学校、家庭、社会等多个场域，需要多方力量协同合作、共同参与。在中职政治"职业道德与法治"基础模块和高职"思想道德与法治"课程中，法治都是重要组成部分。为增强学生的法治意识，树立学生的法治信仰，推动"思政小课堂"融入"社会大课堂"，思想道德与法治教研室联合各学段师生开展了检察官进校园、走进昌平检察院、模拟法庭实践等一系列法治主题实践活动，营造了浓厚的法治文化氛围。在"模拟法庭"实践活动中，通过模拟审结一起发生在校园内的寻衅滋事案，旨在用情境式教学法培养学生用法治思维分析解决问题的能力，学会运用法律保护他们自己的合法权益。这些实践教学活动由中高职学生共同参与完成，打破了传统的教学模式，形式新颖，效果良好，有利于学生准确掌握法律知识，维护自身权益，增强崇法、学法、守法意识，同时也推动了中高职思政课的一体化建设。

三 推进思政课一体化建设中应思考的一些问题

职业学院基于学生学段的实际，开展了中高职思政课一体化探索，积累了一定的经验。但从大中小学思政课一体化建设的全局要求出发，我们也面临着一些问题。

（一）师资协同：如何提升中高职思政课教师一体化协同实效

在实际工作中，通过调研、交流我们发现大中小学思政课教师面临着一些现实问题。如授课对象学情不同、教学要求不同、考核方式不同，导致各个学段上下对接不畅，造成思政课教师"责任田"和"一盘棋"意识不清，衔接意愿不强。例如，职业学院思政课教师通过集体备课制度，实现了中高职思政课的内容衔接，但老师去校外参加大中小学集体备课的机会相对较少，思政课教师只能以"校"为单位，在"自有田"里进行教学尝试。

（二）资源共建：如何丰富思政课教学资源体系

目前中高职各学段均使用教育部统编教材，辅助使用教育部统一制作的多媒体课件。其中，中职阶段的教材包括《中国特色社会主义》《心理健康与职业生涯》《哲学与人生》《职业道德与法治》，高职阶段的教材包括《思想道德与法治》《毛泽东思想和中国特色社会主义理论体系概论》《习近平新时代中国特色社会主义思想概论》等，这些均为2023年最新版本。为达到教学内容的完整性要求，部分教材的主题和内容在一定程度上存在重叠是能够理解的，但是，内容及表述上的重复而且递进衔接不足，则会导致学生对相似内容的学习缺乏兴趣和积极性，是很多一线教师在实际教学工作中面临的现实问题。如《职业道德与法治》第一、二单元涉及个人道德、职业道德等相关知识，其中"弘扬社会主义道德"板块占用大量篇幅讲解社会主义道德建设是以集体主义为原则，核心是为人民服务。相同的内容在《思想道德与法治》第五章"遵守道德规范，锤炼道德品格"中重复出现，且教材编排上并未呈现出明显的难易变化。类似的重复性知识结构还集中体现在法治学习模块中。支撑推进中高职思政课一体化建设的教学资源少之又少，中职思政和高职思政尚且停留在"单打独斗""各自为政"的断层状态，学校、社会、家庭同步参与一体化建设的格局并未形成。

（三）教学质量：是否需要建立思政课一体化建设评价体系

高质量推进思政课一体化建设，必须坚持目标导向，增强系统观念，在课程评价体系建设上有新突破。从目前的实际情况来看，各学段思政课教师往往只关注本学段学生的思政课教学目标完成情况，造成这种情况的原因可能来自教学评价主体的协同性不高，教学评价方法的不匹配甚至教学评价标准的不规范等。如中职思政课课程标准由国家统一印发，集中体现在课程性质与任务、学科核心素养与课程目标、课程结构、课程内容、学业质量、课程实施六个方面；高职思政课程标准则是四个课程四个标准。因此，中高职课程的一体化评价体系还不完善、不健全。

（四）思路创新：如何使思政课一体化建设纵向的内容衔接和"大思政课"建设横向的资源对接形成合力

思政课的本质是讲道理，要实现把"道理讲深、讲透、讲活"，需要在方式方法上下功夫。目前，各学段推进思政课一体化建设主要聚焦在内容的纵向衔接上，力求形成一体化的思政课程体系。同时，为了凸显思政课的亲和力、针对性，各学校也在横向上积极贯通一体化建设的资源供给，将思政小课堂和社会大课堂有机结合起来，推进"大思政课"建设。综观当前一体化建设成果可以发现，将思政课一体化与"大思政课"建设情况统一集中交流研讨的范例还未出现，这对推动思政课高质量建设不失为一种遗憾。

四　推动思政课中高职一体化的实践路径

思想政治理论课是一个在内容上包含多门课程、在跨度上涵盖多重学段、在对象上覆盖多种专业的庞大课程体系。习近平总书记指出："讲好思政课不容易，因为这个课要求高。"协同创新推动思政课一体化是对实现高要求、高质量、高标准教学的积极回应。探索构建整体性、系统化、有层次的一体化思政课教学体系，需要从锻造打磨具有教育家精神的一体化队伍、创新推动思政课教学模式的一体化转型、协同搭建凸显职业教育类型特色的一体化课程方面共同发力。

（一）锻造打磨具有教育家精神的一体化队伍

1. 紧紧抓住思政课教师这一关键主体

习近平总书记强调"办好思想政治理论课关键在教师，关键在发挥教师的积极性、主动性、创造性"。思想政治理论课教师是教学工作的直接承担者，是高校开展思想政治教育的主导力量。从主体性视域来审视，一体化教学队伍的结构、素质直接影响着教学的质量和成效，因此锻造打磨出一支结构合理、素质过硬、善于创新的优秀专职教师队伍是思政课教学实施的基本条件，也是教学质量的有力保障。对于思政课教师，习近平总书记提出不仅要"有理想信念、有道德情操、有扎实学识、有仁爱之心"，而且要做到"政治强、情怀深、思维新、视野广、自律严、人格正"，这些高标准、严要求成为中高职思政课教师不断提升政治觉悟、个人修养和业务水平的重要指针。

2. 思政课教师要大力弘扬教育家精神

"树人""育人"是中国教育事业发展的核心和根本问题，在对人才的培养工作中，"立德"是关键环节。教育家精神作为一种大德，是提升立德树人工作实效的重要资源。2023年9月9日，在第三十九个教师节到来之际，习近平总书记向全国优秀教师代表致信，从"理想信念、道德情操、育人智慧、躬耕态度、仁爱之心、弘道追求"六个方面深刻阐述了中国特有的教育家精神。教育家精神是对中华民族师道传统的创新性转化和创造性发展，彰显了新时代教师立德树人的精神风貌，是推动打造中高职一体化育人队伍的根本遵循与方向引领。广大思政课教师要自觉投身师德师风建设，做到以才立学、以德立身。

3. 发挥中高职教师协同育人效应，形成学校思想政治教育共同体

大中小学思政课一体化建设并不是单个课程内容要素的重叠相加，而是一个需要在教学目标、教学内容、教学方法、师资力量、教学评价等方面持续建设的动态发展过程。随着思想政治理论课程建设和改革的不断深入，以及教育对象、教学内容、教学环境的变化发展，各学段思政课教师如果对思想政治教育课程体系没有完整的认识、对一体化建设和发展要求没有深刻的理解，就容易在具体教学实践中表现出内容重复、形式单一、成效不明显等问题。这就需要思政课教师立足自身优势以及教育对象思想实际，充分发挥专业教师队伍对一体化教学科学规范发展的基础性和战略性作用，在教学设计、内容整合、方法创新、实践开展、评价体系等环节形成合力育人的局面，实现协同教学的效能最优化。

（二）创新推动思政课教学模式的一体化转型

1. 推进教学思维方式的一体化转型

思想政治理论课是体现社会主义学校根本要求和本质特征的课程，承担着全员、全方位、全过程育人的重要使命。把课堂教学作为思想政治教育的主渠道，就是从课堂教学与其他教育形式的关系出发，把课堂教学看作整个教育环节的一部分，对思政课进行功能定位。无论是在全国高校思想政治工作会议上还是在学校思想政治理论课教师座谈会上，习近平总书记关于思政课的系列重要论述都突破了传统的课程教学观念，倡导思政课程不仅要站稳主阵地，还要与其他课程同向同行，与其他课程思政建设协同发展，与日常思想政治工作协同推进，思政课实践教学应与学生社会实践活动统筹发展。准确把握好新时代的特征，把握好思想政治教育外部环境与思想政治教育内部要素的双重驱动，充分调动和团结有利于思想政治教育发展的资源和人才队伍，形成思政课一体化建设战略格局。

2. 围绕立德树人形成一体化的"大思政"育人格局

2022 年 7 月，教育部、中共中央宣传部、国家网信办等十部门联合印发《全面推进"大思政课"建设的工作方案》，倡导思政课要走出教室，走向国情、社情一线，提出全方位调动社会力量和整合多方资源，建"大课堂""大平台""大师资"，为思政教育改革创新提供了根本遵循和实践引领。推进思政课教学模式改革创新，职业院校必须立足于职业教育人才培养特点，坚持"开门办思政课"，把思政课的场域从学校小课堂延伸至社会大舞台，充分发挥大国工匠、行业楷模的引领示范和价值导向作用，以理论教学夯实专业基础、以实践教学磨炼职业技能、以职业体验涵养职业素养、以志愿服务砥砺家国情怀，注重学生的德技并修、德才兼备。

3. 坚持围绕学生、关照学生、服务学生的教育理念

只有当教育教学实践真正考虑学生的认同状况、情感维度、需要维度之后，才能摆脱以往单向灌输、生硬刻板的学科形象。习近平总书记指出："改革创新是时代精神，青少年是最活跃的群体，思政课建设要向改革创新要活力。如果做一天和尚撞一天钟，照本宣科、应付差事，那'到课率''抬头率'势必大打折扣。"在新媒体环境下，信息传播方式发生了革命性的变化，把新兴传播媒介融入教育教学全过程，是创新思政课的必然趋势。既要发挥好传统的教学优势，也要基于教育技术的运用与革新，用好学生喜闻乐见的融媒体资源和新技术，使互联网这个变量成为提升育人实效的最大增量。

（三）协同搭建凸显职业教育类型特色的一体化课程

1. 针对中高职学段特点推进课程内容一体化

中高职思政课一体化建设要求搭建不同学段和课程之间的动态延伸和协同联结，既要做到各学段纵向贯通，又要做到教育内容分层递进。针对各阶段不同年级、不同学段、不同专业学生的差异性特点，遵循学生的认识发展规律，在注重教学内容体系整体优化的同时，必须明晰中职和高职阶段思想政治教育内容的一般特征，从而为整个教育内容体系的统筹设计、调整优化、融会贯通提供一定的原则遵循和基本参考。这是"一体化"课程建设需要考虑的首要问题，也是必须坚持的原则问题。推动中高职思政课一体化的教育内容合理更新、结构体系优化，必须统筹设计、贯通融合思想政治理论课体系中各门课程讲授的侧重点，确定使各阶段思想政治理论课在教学目标和内容设置方面体现出层次、广度、深度、强度上的差异，从而增强新时代思想政治理论课的思想性、理论性、亲和力。

2. 打造凸显职业教育特色的一体化思政课程

2021 年，习近平总书记在全国职业教育大会上强调，要"增强职业教育适应性，加快构建现代职业教育体系，培养更多高素质技术技能人才、能工巧匠、大国工匠"。不同于普通本科院校，职业院校的办校特色重点体现在对学生职业技能和职业素养的培育上。将职业教育地位、理念、内涵有机融入思想政治理论课堂，既是职业院校思想政治教育与办学特色相互关联的逻辑使然，也是增强职业教育适应性的有效途径。紧密结合中职和高职不同专业的人才培养目标，以满足不同专业不同学段学生的个性化特点和需求为抓手，从产教融合、校企合作、工学结合等多个方面协同发力赋能思政课教学实效，促使学生走出校门、走向社会，深入基层、深入生活，在具体可感的职业体验和实践中深刻感悟"奋斗的青春最美丽"。

3. 依托校本资源抓好中高职思政实践课程开发

坚持实践求真，强化思政课中的实践教学构成，发挥思政课实践教学的育人作用，已然成为职业院校思政课改革创新的重要内容。职业院校应根据其自身发展需要，积极寻求与社会组织、企业之间的合作，充分合理地利用各种社会资源，建立思想政治教育社会实践基地，将思政＋专业的育人目标有机融入实践教学中。

第四编

生态文明教育研究

绿色低碳创新人才一体化培养的
政策、困境与策略
——以交叉学科为科学视角

王巧玲　马莉　王永庆[*]

一　夯实绿色低碳创新人才一体化培养的
政策基础，构建新型教育模式

（一）以创新为引领，科技为动能，一体化为教育进阶，构建大中小学绿色低碳创新人才高质量培养新模式

实现碳达峰、碳中和的"双碳"目标，是以习近平同志为核心的党中央统筹国内国际两个大局所作出的重大战略决策，为高质量发展注入新动能、塑造新优势。人才培养是推动经济社会发展的内生动力，教育是解决诸多挑战的关键因素，在中国经济社会向绿色低碳转型升级的关键时期，青少年绿色低碳创新人才的一体化培养成为教育高质量发展的核心要素。

2024年7月召开的党的二十届三中全会明确提出，高质量发展是全面建设社会主义现代化国家的首要任务。教育、科技、人才是中国式现代化的基础性、战略性支撑。必须深入实施科教兴国战略、人才强国战略、创新驱动发展战略，提升国家创新体系的整体效能。全会进一步强调，中国式现代化是人与自然和谐共生的现代化，必须建立健全绿色低碳发展机制。将科教兴国战略、人才强国战略、创新驱动发展战略全面落实到学校绿色低碳人才培养全过程，对于学校而言不是传统意义上的"做加法"，比如增加绿色低碳教育、开展绿化美化校园行动等，而是以创新为引领，

---

* 北京教育科学研究院终身学习与可持续发展教育研究所。

科技为动能，大中小学一体化为教育进阶，构建青少年绿色低碳人才高质量培养新模式。习近平总书记在 2024 年 9 月召开的全国教育大会上着重强调，要统筹实施科教兴国战略、人才强国战略、创新驱动发展战略，一体化推进教育发展、科技创新、人才培养。为了深入贯彻落实"双碳"目标，教育系统亟须开展绿色低碳创新人才一体化培养模式的研究与实验。

（二）找准教育研究突破口，探究绿色低碳教育与科技创新和科学普及的结合点、生长点、创新点

2016 年，习近平总书记在全国科技创新大会、两院院士大会、中国科协第九次全国代表大会上的讲话中指出："生态文明发展面临日益严峻的环境污染，需要依靠更多更好的科技创新建设天蓝地绿、水清的美丽中国。"他进一步提出"科研院所要根据世界科技发展态势，优化自身科技布局，厚实学科基础，培育新兴交叉学科生长点，重点加强共性、公益、可持续发展相关研究，增加公共科技供给。"同时，他着重强调"科技创新、科学普及是实现创新发展的两翼，要把科学普及放在与科技创新同等重要的位置。习近平总书记深入阐述科技创新对建设生态文明社会的关键作用，在教育实践中探究绿色低碳教育与科技创新和科学普及的结合点、生长点、创新点，成为具有理论与实践价值的开拓性教育科研新命题。

2024 年 3 月，教育部部长怀进鹏在第十四届全国人大二次会议举行的民生主题记者会上，对如何加快发展新质生产力背景下的拔尖创新人才培养做出回应。中国发展新质生产力既要有牵引源头创新的基础学科、交叉学科和新兴学科的拔尖科技领军人才，也要有推进新型工业化体系建设的大批工程技术人才、大国工匠、能工巧匠等技能型人才。发展新质生产力的人才需求呈多级化与多样化特征。因此，教育系统应建立多层次、多类型的人才培养体系，既要有科学家、科技人才队伍和研发创新团队，又要有一大批高素质的技能型人才以及全面发展的社会主义建设者和接班人。以绿色低碳教育与科技发展相结合的交叉学科建设为教育研究的突破口，赋能绿色低碳创新人才一体化培养，是建设教育强国、实现"双碳"目标、促进中国式现代化的时代使命，是艰巨而紧迫的时代命题。

二 新兴学科与绿色专业赋能绿色低碳创新人才一体化培养的政策与实践优势

（一）中国生态文明建设促使绿色低碳创新人才需求量激增

《中华人民共和国职业分类大典（2022 年版）》新增 134 个绿色职业，如绿色监测类技术专业（包括林业资源调查与监测工程技术专业、气候监测预测工程技术专业、海洋监测预测工程技术专业等），清洁能源类技术专业（包括太阳能利用专业、光伏发电运维专业、水力发电运行专业、沼气专业、碳排放管理专业等），绿色服务类专业（包括绿色农业管理专业、森林管理专业、绿色产品检验专业、再生物资加工专业、能源服务专业等），基础设施绿色转型升级类专业（包括地理信息系统工程技术专业、风景园林工程专业、核与辐射安全工程技术专业等）。可见，随着中国生态文明建设对绿色低碳创新人才需求量的激增，教育系统需尽早研制大中小学绿色低碳创新人才一体化培养的整体规划，探索实施路径，从而夯实绿色低碳创新人才教育底座，推动社会进步，增进人类福祉，实现人与自然和谐共生的美好愿景，促进联合国可持续发展目标的实现。

当前，高等教育方兴未艾的交叉学科建设与基础教育所积极倡导的跨学科学习方式，均为绿色低碳创新人才的一体化培养营造了有利环境。交叉学科和跨学科学习方式有助于训练学生的系统性思维、批判性思维与创造性思维，为他们成长为未来绿色低碳创新人才奠定了坚实基础。

（二）交叉学科赋能绿色低碳创新人才一体化培养的政策基础与大中小学教育实践

1. 高校先行先试，为中小学绿色低碳创新人才培养创设学科类别丰富多样的上行与发展空间

《国家中长期教育改革和发展规划纲要（2010—2020 年）》提出"促进多学科交叉融合"的指导意见，标志着交叉学科建设上升为国家发展战略。2020 年，国务院学位委员会和教育部将"交叉学科"列为学科门类。至此，交叉学科正式成为中国继哲学、经济学、法学、教育学、文学、历史学、理学、工学、农学、医学、军事学、管理学和艺术学之后的第 14 个

独立的学科门类。2023 年，在教育部公布的学位授予单位交叉学科名单中，有二级学科 5242 个，其中有交叉学科 860 个。在这 860 个交叉学科中，绿色低碳专业的交叉学科有 265 个，占比达到 30% 左右。在政策引导下，中国绿色低碳新兴交叉学科的发展迎来了黄金期。

具体分析学位授予单位自主设置的交叉学科可知，新兴绿色低碳交叉学科的类别主要包括以下六大类：其一是生态文明与可持续发展主题类学科。如北京林业大学的生态文明建设，中南财经政法大学的生态文明学，中国人民大学的可持续发展管理，中国海洋大学的海洋可持续发展，安徽大学的文化、生态与社会协调发展等学科。其二是"双碳"主题类学科。如华北电力大学的碳管理科学与工程，中国矿业大学的碳中和科学与工程，中国地质大学的碳中和与高质量发展管理，华东师范大学的碳中和科学，北京科技大学的碳中和科学与工程，北京林业大学的减碳固碳科学与工程等学科。其三是能源主题类学科。如北京大学的能源与资源工程，清华大学的环境科学与新能源技术，北京航空航天大学的新能源汽车工程，北京化工大学的氢能科学与工程等学科。其四是生态环境主题类学科。如中国人民大学的环境政策与管理，中央民族大学的生态安全，北京林业大学的生态修复等学科。其五是生态文化主题类学科。如北京建筑大学的建筑遗产保护，南开大学环境史等学科。其六是其他类，如山东大学的环境法医学等特色交叉学科等。

以上众多高校自主设立的绿色低碳新兴交叉学科如雨后春笋般破土而出、涌现出来，不断发展壮大，形成广袤而壮阔的绿水青山。一方面表明高校培育绿色低碳人才教育意识的觉醒与先行，另一方面为中小学绿色低碳科技创新人才一体化培养创设了学科类别丰富多样的上行与发展空间。大中小学相互衔接，共同构成宽域度的人才培养体系。

2. 基础教育和高等教育的绿色低碳科技创新人才一体化培养模式期待理论创新与实践突破

在基础教育阶段，中国《普通高中课程方案与课程标准(2017 年版)》以及《义务教育课程方案与课程标准(2022 年版)》均在育人目标中强调"热爱自然，保护环境、爱护动物、珍爱生命，树立生态文明观念"的意识和能力，培育具有生态文明素养、"有担当"的时代新人已然成为基础教育阶段育人目标的核心要义。同时，生态文明主题的跨学科学习成为新时期课程教学改革的关注热点与学校实践重点。

2022 年 10 月，教育部印发《绿色低碳发展国民教育体系建设实施方案》，要求把绿色低碳发展理念全面融入国民教育体系的各个层次和领域；提出两步走的发展路径：到 2025 年，实现绿色低碳生活理念与行为规范在大中小学普及化实施，将绿色低碳理念融入大中小学教育体系。高校初步构建起碳达峰碳中和相关学科专业体系，科技创新能力和创新人才的培养水平明显提升。到 2030 年，实现学生绿色低碳生活方式与行为习惯的系统养成与发展，形成较为完善的多层次绿色低碳理念育人体系并贯通青少年成长全过程，建立一批具有国际影响力和权威性的碳达峰碳中和一流学科专业和研究机构。

从基础教育绿色低碳课程融入与高等教育新兴绿色交叉学科建设的衔接来看，基础教育和高等教育之间贯通一体，相辅相成，互相依托，彼此成就。基础教育和高等教育的绿色低碳科技创新人才一体化培养是一个大手笔、一篇大文章，其中蕴含着众多具有开拓意义的教育研究点位，期待理论创新与实践突破。

三 交叉学科赋能绿色低碳创新人才一体化培养的现实困境

从交叉学科视角来看，绿色低碳创新人才培养存在着交叉学科建设的基础支持不足，以及绿色创新人才培育的系统性解决方案缺失的双重困境，具体表现在以下四方面。

(一) 交叉学科的专业壁垒之困

目前，高等院校的绿色交叉学科建设以科学研究为主、人才培养为辅，加之绿色低碳交叉学科建设尚处于不同专业的融合期，具备交叉学科基础的导师匮乏，不同专业的深度融合尚未达到理想状态，高等院校的绿色交叉学科优势有待充分发挥，尚未转化为基础教育绿色低碳创新人才培养的强劲支持动力。此外，多年来中小学各学科单打独斗的传统惯性，使跨学科学习缺乏深度融合与系统化设计。交叉学科充分发挥绿色低碳创新人才培养的动力支持作用，还需要系统化理论建设与教学实践的有力支撑。

（二）人才一体化培养的衔接之困

鉴于基础教育阶段的应试压力，绿色低碳创新人才培育的常态化实施大多集中于小学阶段与初一、初二、高一，其呈现形态多是参加一些科技创新项目与教育活动，大中小学绿色低碳科技创新人才一体化培养的有机衔接是主要难点。此外，大中小学的衔接机制不够健全，对于大中小学绿色低碳创新人才培养的后期数据跟踪匮乏，关于绿色低碳创新人才培育的大中小学一体化、家校社协同、一贯制培养、集团化培养等全链条培养的系统研究、数据支撑与实践样板等方面均显薄弱。

（三）跨学科课程研发匮乏之困

绿色低碳教育涉及的内容十分广泛，覆盖气候变化、生物多样性、能源转型、产业升级、城乡建设、低碳经济、碳达峰与碳中和、学生碳足迹、生态文化等跨领域。受传统课程体系设置惯性的影响，当前绿色低碳科技创新人才培养急需针对不同年龄阶段的青少年心理特点和接受能力，系统规划、科学设计跨学科系列化专业课程。大中小学校中能胜任并支撑交叉学科建设和跨学科学习的师资匮乏，极大地限制了绿色低碳科技创新人才的培养质量与一体化发展。在教学实践中，将一个主题转化为适于绿色低碳创新人才培养的跨学科精品课程，是一个无论在工作量还是创新难度上都较大的系统化工程。需要相关主题的专业人员与教育专家以及一线教师共同研磨，合力攻关，才能研发出高质量的跨学科课程体系，不仅如此，还需要时间的沉淀与实践的检验。

（四）绿色低碳教育创新的文化之困

长期以来，高等院校的院系科制度与专业知识领域存在分割现象，使得交叉学科发展缺乏开拓创新的组织文化氛围，制约了跨院系、跨学科、跨专业交叉培养绿色低碳科技创新人才工作的顺利开展。基础教育阶段的绿色低碳科技创新人才培养大多以生态文明与可持续发展主题的项目式学习或教育活动的形式开展，其实践形态呈碎片化、功利化与割裂化特征。绿色低碳科技创新人才培养多聚焦于小众的环保社团，因其与升学无关而不受重视。白名单赛事或科技创新比赛作为升入优质学校的一种资格，受到学校、家长与社会各界的较多关注和加分。长期以来，基础教育各学科的分离状态与独立教研的惯性，导致教学与科研各自为政。区域与学校均缺乏统一的育人理念，难以整合区域与学校优质教育资源。只有使上下统一联动配合，实现跨界、跨领域、跨学校、跨年级、跨学科开展绿色低碳教育的同频共振，才能形成绿色低碳创新人才一体化培养的生态文化。

四　交叉学科赋能绿色低碳创新人才一体化培养的教育模式与行动策略

2024 年 1 月 19 日，在中国联合国教科文组织全国委员会的指导下，北京教育科学研究院牵头成立了联合国教科文组织中国可持续发展教育研究共同体，策划实施绿色低碳创新人才一体化培养的教育模式与实现路径，以北京市大兴区和湖北省武汉市为两个试点地区，开启绿色低碳创新人才一体化培养的全新研究与实践。

（一）核心素养进阶：构建绿色低碳创新人才培养的进阶式育人目标体系

鉴于创新人才培养的复杂性与发展性，结合新时期生态文明与美丽中国建设、"双碳"目标实现以及"人与自然和谐共生"的中国式现代化建设的国家战略发展需求，绿色低碳创新人才指在生态文明与可持续发展领域，尤其是在绿色低碳发展方面有创新潜质，并有可能做出突出贡献的青少年储备人选。厘清大中小学绿色低碳创新人才培育的核心素养定位与开展连续性教育的链条与机制，构建学段进阶式育人目标体系，是绿色低碳科技创新人才一体化培养的逻辑起点。

在幼儿园阶段应侧重于培养幼儿对绿色绘本的阅读能力、理解力、想象力、艺术表现力与拼装创构力，鼓励幼儿按照其意愿和想象，描绘、拼装、表达他们自己喜欢的作品。在基础教育阶段应侧重于培养学生关联性阅读搜索能力、批判性思维能力、超越性想象能力、综合性建构能力，鼓励中小学生发现、关注、反思并参与解决他们身边的绿色低碳发展真问题。在职业教育阶段应侧重于培养学生适应绿色职业所需具备的绿色监测能力、绿色能源服务能力、生态修复技能、绿色产品设计、数字化绿色技能等，提升从事绿色职业的实用型技能。在高等教育阶段应侧重于培养大学生绿色低碳科研能力、绿色低碳创业能力、绿色低碳数字化能力。

注重开展大中小学绿色低碳创新人才一体化培养的知识结构、思维方式、关键能力和价值取向的调研与监测评价，获取原始数据，建设大数据平台。更为重要的是，要对中国可持续发展教育实验学校毕业学生的后续发展潜力和绿色低碳创新能力进行跟踪调查，定期获取基准数据，从全局视角观察、分析、反思、改进、提高绿色低碳科技创新人才一体化培养质量。

（二）提升专业认知：研制绿色低碳主题的综合性知识结构图谱与跨学科课程教学图谱

绿色低碳发展涵盖社会、环境、经济、文化、教育等领域的诸多主题。汇聚高等院校、科研院所与社会专业机构等绿色低碳交叉专业产业的跨界资源，研发综合性知识结构图谱，把握该领域的专业基础、核心知识与有价值的问题，开通绿色低碳科技创新人才一体化培养的通识课堂，整体提升青少年生态文明与可持续发展的专业浸润与系统认知。

对标大中小学各个学段的课程标准和育人要求，研发绿色低碳科技创新人才一体化培育的进阶式课程图谱。在学前教育阶段研发绿色低碳发展的绘本与动画等启蒙幼儿生态保护意识和绿色低碳生活习惯的读物。在基础教育阶段研发绿色低碳跨学科主题学习课程，普及碳达峰与碳中和的基本理念和科学知识。在职业教育阶段逐步设立碳排放统计核算、碳排放与碳汇计量监测等新兴专业或学科课程。在高等教育阶段加强理学、工学、农学、经济学、管理学、法学等学科的融会贯通，编写一批碳达峰碳中和领域精品教材，设置绿色低碳发展的通识课程，形成绿色低碳科技创新人才培养的进阶式课程资源库，提供理论支持与专业指导。

（三）聚焦共生文化：建立绿色低碳科技创新人才的一体化培养机制

教育行政部门、科研机构、社会机构与非社会团体等需要和大中小学共同营造整体协同推进绿色低碳创新人才一体化培养的文化生态，构建有利于人才培养的超越型、包容型与进取型文化。首先，设立创新型微课题的发现、培育与立项机制。创新型微课题可分为技术创新、设计创新、知识创新、理论创新与范式创新五个层级，它们对学习者的基本素质要求各有不同。技术创新侧重于知识的想象和不断尝试；设计创新侧重于系统思维能力和整合集成能力；知识创新侧重于深度学科浸润和问题探索能力；理论创新侧重于高屋建瓴的能力和哲学眼界；范式创新侧重于独辟蹊径的胆略、眼光和勇气。

在实践中，在中国教科文全委会的领导下，由北京教育科学研究院牵头，开启青少年绿色低碳科技创新人才培养的微课题招募行动。第一，学生设计不同创新类型的微课题，通过学校推荐，区域审核的方式，能够发现在绿色低碳领域有浓厚兴趣与创新潜质的培养对象。第二，构建联合培养机制。与中国科学院及各大具有绿色低碳交叉学科优势的高等院校合作，为青少年提供绿色低碳主题研究的高端实验室，建立专家指导机制，进行全学段与全链条的统筹配置，推动先进教育要素向促进新质生产力发展顺畅流动。第三，与生态环境部宣教中心合作，遴选、评审有关气候变化、新能源与可再生能源、生物多样性、生态修复、生态农业、数字化"双碳"等重点主题的实践基地，为青少年提供真实的场景体验与实践空间。第四，与多个教育实践基地合作，联合研发跨学科主题的学习与实践课程，为一体化培养提供持续性的沉浸式体验场所。第五，与高等院校合作，探讨交叉学科建设与中小学绿色低碳教育的衔接机制，研究拔尖创新人才一体化贯通式培养的实践路径。第六，创建展示与评价机制。搭建联合国教科文中国可持续发展教育研究共同体的年会平台，集中展示青少年绿色低碳微课题研究成果。同时，与生态环境部合作，充分利用气候变化大会教育边会、国际生物多样性大会教育边会、青少年环境论坛、教育部水科技大赛等高端平台，在国内和国际舞台上充分展示青少年低碳科技创新成果，为绿色低碳科技创新高端人才脱颖而出提供良机。

（四）成立学校联盟：探索大中小学校绿色低碳创新人才一体化培养范式

2022 年 4 月，北京教科院成立院生态文明与可持续发展教育创新工作室（简称"院 ESD 创新工作室"），成为北京教科院高端智库创新的第一个科研平台。该工作室以北京教科院为基地，汇聚本领域国内外优质专家资源和社会资源，致力于高质量服务北京市政府和市教委的战略决策部署，高质量服务区县和学校。在系统化探索生态文明核心素养测评模型，建立绿色低碳科技创新人才贯通式一体化培养机制，研制低碳学校创建与评价标准，构建跨学科主题学习课程模型，设计教师可持续发展能力模型，开启数字化绿色低碳教育创新六个方面进行全面系统的深入探索。

2023年4月，大兴区成立"双碳"主题教育分站。首先，成立碳中和学校联盟。在区生态局、区发改委的支持、指导下，成立了以大兴区科协为指导单位，以天普公司为教育实践基地，以大兴八小为龙头校，建筑大学、印刷学院、石化学院、交通学院四所大学积极参与，以20所碳中和课程实验校和20所碳中和科普校为主体的大兴区碳中和大中小幼一体化科教联盟。其次，开展大兴区中小学幼儿园能源与资源消耗现状调研与统计。探索全范围内碳排放核算清单与核算因子，核准北京市中小学碳排放常模及核算基数，为研制低碳学校创建标准提供基准数据和标准参照。最后，在大数据基础上科学测算全面推进低碳学校建设的发展指标，从学校管理减碳、教育减碳、科技减排、行为减碳和环境减碳五个方面，全系统推进绿色低碳学校建设，在全市树立绿色低碳科技创新人才一体化培养的典型样板。

习近平总书记指出，绿色发展是高质量发展的底色。绿色低碳教育赋能青少年高质量发展，推动学校建设提质升级。抓住契机，以"双碳"为发展新动能，加快绿色转型、教育创新、高质量发展。

第五编

中华优秀传统文化教育研究

传统文化融入幼儿园教育的
实践路径与推进策略

龙正渝　苏　婧　李一凡*

"蒙以养正，圣功也。"学前教育是终身学习的开端，是国民教育体系的重要组成部分，是重要的社会公益事业。① 文化与教育不可分割，从文化属性上说，传统文化融入幼儿园教育具有文化的传承发展价值，实现的是文化传承的功能；从教育属性上说，传统文化融入幼儿园教育具有教育的滋养塑造价值，实现的是文化育人的功能。中华优秀传统文化教育还是德育内容的重要组成部分②，是落实"立德树人"根本任务的重要手段，传统文化教育"从娃娃抓起"是一种必然选择。与此同时，我们也要清醒地认识到，传统文化融入幼儿园教育在实践中还面临着诸多问题与挑战。首先，在传统文化活动实施方面，缺乏中华优秀传统文化系统地融入幼儿教育的顶层设计和目标引领；适宜的课程资源稀缺难以满足启蒙教育的实践需求；教育过程缺乏对儿童学习方式的尊重，存在"小学化"和"成人化"倾向。③ 其次，在教师专业发展方面，幼儿园教师传统文化素养较为薄弱，对优秀传统文化内涵及其教育教学策略的了解和重视程度不足④，导致幼儿所接受的传统文化多局限在一些较为表面的传统文化符号上，很

---

* 北京教育科学研究院早期教育研究所。

① 中共中央、国务院：《关于学前教育深化改革规范发展的若干意见》，http://www.gov.cn/xinwen/2018-11/15/content_ 5340776. htm。

② 教育部：《中小学德育工作指南》，http://www. moe. gov. cn/srcsite/A06/s3325/201709/t20170904_ 313128. html。

③ 霍力岩、龙正渝、高宏钰、杜宝杰：《幼儿教育传承中华优秀传统文化的基本成效、现实挑战与对策建议》，《中国教育学刊》2022 年第 5 期。

④ 霍力岩、龙正渝、杜宝杰、孙蔷蔷：《优秀传统文化融入当代幼儿教育的价值与路径》，《福建教育》2022 年第 42 期。

少主动挖掘深层次的传统文化内核。①

传统文化融入幼儿园教育要实现高质量发展，一方面离不开融入传统文化的高质量幼儿园课程建设，另一方面离不开幼儿园教师的高质量专业发展。课程建设过程就是教师开展专业实践、提升教育智慧、发展专业意识与专业立场的过程，这一过程既依托于教师的专业能力，又为教师的专业发展提供了基本的场域和机会。②因此，传统文化融入幼儿园教育的实践过程，离不开课程建设和教师专业发展。基于传统文化融入幼儿园教育的焦点性问题，以课程实施促教师专业发展为实践路径，本文拟从目标导向、条件保障、情境支持、策略引导和教师发展角度对传统文化融入幼儿园教育的具体推进策略进行探讨，以期促进传统文化教育理论思考向实践行动的策略转化。

一 目标导向：以政策引领和理论探索为依据建构目标体系

党的二十大报告指出要"加强和改进未成年人思想道德建设，推动明大德、守公德、严私德"③。多份政策文件为中华优秀传统文化教育目标体系建构提供了依据，2014年，教育部颁布的《完善中华优秀传统文化教育指导纲要》从家国情怀、社会关爱、人格修养三个层面将小学低年级阶段的目标具体化为"孝敬父母、尊敬师长、友爱同学、礼貌待人，养成勤俭节约、吃苦耐劳、言行一致的生活习惯和行为规范，培育热爱家乡、热爱生活、亲近自然的情感"④。2017年，中共中央办公厅、国务院办公厅印发的《关于实施中华优秀传统文化传承发展工程的意见》将传统文化的主

① 蒋秀兰、曾彬：《近十年来中国幼儿园传统文化教育研究综述》，《基础教育研究》2021年第15期。

② 陆娴敏：《在园本课程建设中促进教师的专业发展》，《学前教育研究》2021年第7期。

③ 习近平：《高举中国特色社会主义伟大旗帜 为全面建设社会主义现代化国家而团结奋斗——在中国共产党第二十次全国代表大会上的报告》，http://www.news.cn/politics/cpc20/2022-10/22/c_1129075483.htm。

④ 中华人民共和国教育部：《完善中华优秀传统文化教育指导纲要》，http://www.gov.cn/xinwen/2014-04/01/content_2651154.htm。

要内容分为"核心思想理念、中华传统美德、中华人文精神"①。2019 年，教育部颁发的《加强和改进中小学中华优秀传统文化教育工作方案》提出"厚植中华文化底蕴、涵养家国情怀、增强社会关爱、提升人格修养、铸牢中华民族共同体意识"②。可以看出，这些文件对传统文化教育目标提出了明确的要求，传统文化教育目标指向了精神层面的思想理念、道德理念与规范、生活理念与风俗习惯等等。

已有理论研究界定了文化的结构层次，例如梁漱溟认为，文化分为精神生活方面、社会生活方面与物质生活方面。③ 庞朴、张岱年和李宗桂均将文化分为最深层的思想观念层面，最表层的物质层面，以及介乎二者之间的制度层面④；李先明等也从"体""用""文"三种形式解读这三个层次。⑤ 董成雄在三层次的基础上将文化结构简单地分为表层结构和深层结构。⑥ 文化三层次理论为许多学者所认同和使用，文化层次是可以多分的，不局限于两层或三层。⑦ 研究者进一步基于中小学生认知规律设计传统文化教育目标，例如根据文化层次从文化知识、民族精神与理念践行上构建目标⑧，基于品德结构从道德、人格、政治素养等方面提出目标。⑨ 此外，研究者基于认知层次从文化记忆、文化理解与文化自信方面构建目标⑩，根据教育目标分类学从认知层面、价值观层面与行为层面建构文化理解与

① 中共中央办公厅、国务院办公厅：《关于实施中华优秀传统文化传承发展工程的意见》，http://www.gov.cn/zhengce/2017-01/25/content_5163472.htm。

② 中华人民共和国教育部：《加强和改进中小学中华优秀传统文化教育工作方案》，http://www.moe.gov.cn/srcsite/A26/s8001/202102/t20210203_512359.html。

③ 梁漱溟：《东西文化及其哲学》，商务印书馆 2010 年版，第 13 页。

④ 庞朴：《论传统》，中国和平出版社 1988 年版，第 54 页；张岱年、程宜山：《中国文化精神》，北京大学出版社 2015 年版，第 4 页；李宗桂：《试论中国优秀传统文化的内涵》，《学术研究》2013 年第 11 期。

⑤ 李先明、成积春：《中华优秀传统文化传承体系的构建：理论、实践与路径》，《南京社会科学》2016 年第 11 期。

⑥ 董成雄：《中国优秀传统文化的系统解读和传承建构》，博士学位论文，华侨大学，2016 年，第 23 页。

⑦ 杨少娟、叶金宝：《文化结构的若干概念探析——兼谈中西文化比较研究的若干问题》，《学术研究》2015 年第 8 期。

⑧ 任翔：《中国传统文化教育的目标与内容初探》，《中国教育学刊》2019 年第 1 期。

⑨ 郝佳彤、崔月英、朱红：《中小学实施中华优秀传统文化教育的探索》，《教育探索》2015 年第 1 期。

⑩ 明成满、赵辉：《中小学中华优秀传统文化教育目标一体化研究》，《基础教育》2021 年第 4 期。

传承素养。①

借鉴文化的三层次理论，结合针对幼儿园教育实践的操作性和适宜性，可将中华优秀传统文化的结构分为"精神文化"和"现象文化"两个层面。精神文化是指属于精神、思想、观念范畴的文化②，反映了中华民族的思维方式、思想观念、价值取向等精神层面的成果。现象文化指向有形的文化要素，是传统文化的外在表现形式。这两个层面的文化不是割裂存在的，现象文化是精神文化的承载，精神文化是现象文化的升华。进而以中华优秀传统文化的两个结构层次为依据建构幼儿教育传承中华优秀传统文化的目标体系，明确传统文化教育目标指向的实质内容，并重视以幼儿学习规律和发展领域为依据，保证传统文化教育目标适宜与可行。

（一）建构个人、社会与家国三方面的精神文化目标体系

在精神文化目标层面，应坚持政策引领从个人、社会、家国三个方面设计精神文化的目标体系。首先，在个人层面关注幼儿期人格的养成，人格是指个体独特而稳定的具有调控能力、倾向性和动力性的各种心理特征的综合系统③，幼儿阶段是人格养成的关键期，良好的人格修养的养成对幼儿的身心健康、社会交往、社会适应、终身幸福具有重要意义。人格修养应注重培养幼儿良好的道德品质与行为习惯，诚实守信、遵规守纪、热爱劳动是传统人格修养的重要内容。其次，社会关爱是指幼儿在社会互动过程中与他人的合作互助、与自然的和谐相处，童年期的亲社会行为能够一直持续到成年期，幼儿关爱他人品质的培养对于其形成积极的自我认知、增强自信心、融入团体、沟通协作具有正向影响。在社会层面应重视培养幼儿"爱他人"，理解他人并体验与表达家庭亲情、师生情、同伴友爱。最后，家国情怀是个体对家庭、家乡与国家的归属感与认同感，对儿童集体主义精神、利他精神与社会责任感养成的意义重大。在家国层面应重视培养幼儿爱集体、爱家乡、爱党爱国的感情，形成国家认同与民族自信。

---

① 刘妍、马晓英、刘坚、魏锐、马利红、徐冠兴、康翠萍、甘秋玲：《文化理解与传承素养：21世纪核心素养5C模型之一》，《华东师范大学学报》（教育科学版）2020年第2期。
② 曾丽雅：《关于建构中华民族当代精神文化的思考》，《江西社会科学》2002年第10期。
③ 杨丽珠：《幼儿个性发展与教育》，世界图书出版公司1993年版，第2页。

（二）建构适宜幼儿五大领域发展的现象文化目标体系

在现象文化目标层面，应坚持政策引领与注重发展适宜，结合幼儿五大领域发展设计现象文化目标体系。民间游戏等传统体育要素指向幼儿健康领域发展，能够培养幼儿的平衡能力、力量与耐力与灵活性；传统文化与语言领域的结合体现在民间故事、语言文字等传统文学要素上，幼儿可以阅读、朗诵民间歌谣与诗歌儿歌，提高听说读写能力；社会领域发展与传统文化中的节日节令、风俗习惯等传统习俗紧密相关，幼儿通过参与传统节日了解社会规范与习俗，逐步适应群体生活；传统建筑与科学技术等传统技术要素为幼儿科学与数学领域的学习提供素材，例如，幼儿在体验故宫这一传统建筑的过程中能了解其基本结构，提升空间知觉；传统艺术有助于幼儿艺术领域的发展，例如，传统艺术形式——扎染可以发展幼儿的艺术表现与创造力。总之，应充分挖掘现象文化中的教育基因，将传统文化中的中国智慧与幼儿健康、语言、社会、科学、艺术等方面的发展目标紧密联系起来，将现象文化融入幼儿园的教育活动中，生成传统文化融入的教育目标体系。

二 条件保障：以蕴含文化基因的原创图画书、玩教具为适宜载体

政策文件对蕴含文化基因的图画书、玩教具设计提出了要求。《关于实施中华优秀传统文化传承发展工程的意见》指出："围绕立德树人根本任务，遵循学生认知规律和教育教学规律。编写中华文化幼儿读物，创作系列绘本、童谣、儿歌、动画等。"[①]《中共中央 国务院关于学前教育深化改革规范发展的若干意见》指出，要"广泛征集遴选符合幼儿身心特点的优质游戏活动资源和体现中国优秀传统文化、现代生活特色的绘本""为幼儿提供有利于激发学习探索、安全、丰富、适宜的游戏材料和玩教具"。为实现中华优秀传统文化融入幼儿园的教育目标，需要将传统文化教育目标蕴含在符合幼儿学习方式与学习特点的适宜的物质载体中，基于教育目标寻找、挖掘和创设具有文化适宜性的课程资源。

---

① 中共中央办公厅、国务院办公厅：《关于实施中华优秀传统文化传承发展工程的意见》，http://www.gov.cn/zhengce/2017-01/25/content_5163472.htm。

（一）选编蕴含传统文化教育基因的原创图画书

具有传统文化教育基因的原创图画书是指将精神文化与现象文化蕴含在作品中，直接指向儿童发展目标，使用图画与文字共同叙述一个完整的故事的读物形式。[①] 原创图画书应具有趣味性、文化性和教育性。第一，趣味性是指图画书在题材、语言、画面、情节、细节等方面具有趣味性，也就是选取与儿童真实生活紧密联系的主题，以朴实、幽默的语言，符合幼儿具体形象思维与审美需要的画面，具有冲突与转折的有趣情节，可供幼儿反复观察的细节来整体设计原创图画书。趣味性是原创图画书设计的原点，助力文化性与教育性的实现。第二，文化性是指以润物无声的方式融入传统文化的精神文化与现象文化，可以将精神文化蕴含在图画书的情节、主题与角色等元素中，例如设计友好相处、团结合作的故事情节，以体验与表达家庭亲情为图画书主题，树立遵守规则的人物角色；也可以将现象文化蕴含在图画书元素里，例如，以二十四节气为主题呈现劳作与耕种工具的变化，以画面设计呈现节日习俗与文化环境，将传统文学元素蕴含在图画书的文字中，等等。第三，教育性是指原创图画书蕴含了幼儿终身学习与发展所必需的积极态度与良好的行为倾向，以及幼儿所必需的核心经验，通过图画书的画面与情节等要素激发幼儿的好奇心与想象等学习品质，将五大领域的关键经验隐藏在图画书的细节和线索中，例如呈现动植物生长过程、事物排列规律，使用丰富的词汇与句式，传递良好的生活习惯理念等，促进幼儿身心健康，提升其语言能力、认知能力、社会化与审美能力。

（二）选择创作蕴含传统文化教育基因的玩教具

具有传统文化教育基因的玩教具是指将精神文化与现象文化蕴含在玩教具中，促使幼儿操作与思考，达成学习品质涵养与关键经验建构的"有准备的材料"。具有文化基因的玩教具应具有操作性与引导性。第一，操作性是指材料"能玩""好玩"，应在传统文化中选择和创作供幼儿动手操作、反复摆弄的活动材料，例如将传统建筑的基本模型设计为"有准备的材料"，模拟传统技艺的制作原料设计活动材料，以供幼儿体验其制作过

---

① 彭懿：《图画书：阅读与经典》，21世纪出版社2006年版，第13页。

程，通过多种感官感受传统文化的形式，通过多种方式操作材料获得关键经验与文化体验。第二，引导性是指玩教具能供幼儿"有意义地玩"，蕴含幼儿学习与发展所必需的学习品质与关键经验，应汲取传统文化中丰富的教育基因，将其转化为隐藏在"有准备的材料"中的支架点位，引导幼儿在操作材料时"跳一跳"且"够得着"，支持幼儿通过与"有意义的材料"的相互作用获得现象文化的直接经验，通过幼儿共同经历过程与分享交流获得间接经验。

三　情境支持：以生活化、游戏化的探究活动为主要学习情境

（一）在生活化教育情境中感受有温度的传统文化传承

从传统文化的本质上而言，"文化就是生活中数不清的各个方面"，它包含了人类后天获得的，作为一个特定社会或民族所特有的一切行为、观念和态度。① 从传统文化的时代特点上而言，传统文化并非"古代文化"，而是经过时间的检验从过去一直发展到现在的内容，是当下文化的反映。因此，传统文化不在别处，而存在于当下日常生活之中。幼儿园教育遵循一日生活皆课程的理念，传统文化的教育契机便蕴藏在幼儿的一日生活中。所谓传统文化教育的生活化，意味着将儿童的学习与发展置放到一日生活的真实场域中，让幼儿在真实的、活生生的生活环境、材料等游戏互动中学习发展。② 在生活化理念的引领下，幼儿园应重视营造具有文化熏陶氛围的环境设计，创设富含传统文化内涵的教育环境，构建家园社协同育人的机制和氛围，使幼儿在不知不觉中感受到贴近生活的、有温度的传统文化滋养。

（二）在游戏化教育情境中体验有趣味的传统文化浸润

一方面，一些传统文化本身就是游戏或蕴含在游戏中，如历史上流传下来的由广大劳动人民创编的民间游戏，其内容、形式都是广大人民喜闻

---

① ［美］恩伯：《文化的变异》，杜杉杉译，辽宁人民出版社 1988 年版，第 29 页。
② 苏婧、张霞、孙璐：《北京市幼儿园自然化、生活化、游戏化课程的实践与创新》，《教育科学研究》2022 年第 5 期。

乐见的，多在民谣、儿歌、顺口溜、传统歌曲的伴唱下做出各种动作来游戏。比较常见的有"丢手绢""跳皮筋""翻绳""拍手歌"等，有利于培养幼儿的合作习惯和友好、协商的游戏态度。[①] 另一方面，以游戏化的方式将与传统文化相关的物质材料、行为习惯转化为游戏材料和游戏活动，供幼儿积极参与和深入体验。如依据种类繁多、形式多样的非物质文化遗产，设计区域游戏材料和主题游戏材料，供幼儿进行拼贴、组合、操作、表演等，通过直接感知、实际操作激发幼儿亲近和了解传统文化的兴趣并从中体会乐趣。

（三）在探究式教育情境中经历有深度的传统文化学习

传统文化育人不是在幼儿园教育中另起炉灶，而是遵循中国传统哲学中"物以载道""以文化人"的思想，以自然渗透的方式将传统文化融入幼儿园的各项活动中，在"有准备的环境"和"有准备的教师"支持下展开有意义的探究式学习活动。如在主题游戏活动中，教师可以按照幼儿学习的基本规律，引导幼儿通过产生兴趣、主动体验、深度探究、分享合作和联想创意的探究式路径展开对传统文化的集体性探究学习；[②]在区域游戏活动中，教师可以将传统文化与美工制作、角色扮演、科学探究材料自然融合，引导幼儿通过主动做、动脑子、过关卡的探究式路径展开对传统文化的个别化探究学习。在各类活动中，幼儿通过探究过程观察传统文化元素、操作蕴含传统文化的材料、形成支持经验建构的成果物，并基于成果物进行思维表征和交流表达，以此达成深度学习和有效学习。

四 策略引导：以支持幼儿有意义的多元互动为基本策略

以支持幼儿有意义的多元互动为基本策略匹配传统文化，将其融入幼儿园教育实践路径，在活动情境中通过师幼互动、幼幼互动、幼物互动、

---

① 梁志燊：《中国学前教育百科全书·教育理论卷》，沈阳出版社 1995 年版，第 53 页。
② 龙正渝、霍力岩：《中华优秀传统文化融入幼儿园课程与教师培训课程的一体化实践探索》，《中国教师》2021 年第 1 期。

北京大中小幼一体化德育发展研究蓝皮书（2023）

· 170 ·

幼事互动支持幼儿进行有意义的学习。

（一）通过师幼互动涵养传统文化底蕴

高质量的师幼互动能够涵养幼儿的学习品质，促进幼儿社会情感发展与学业成就，CLASS课堂互动评估系统的情感支持、课堂组织、教学支持三维度①为促进传统文化融入幼儿与教师有意义的互动过程提供了启示。首先，在师幼互动的情感支持维度，教师应以亲和与支持的态度面对幼儿，将精神文化中的良好品德与行为习惯以言传身教的方式传递给幼儿；在教育活动过程中尊重、倾听与回应幼儿对传统文化的体验、理解、解读与创造，促进幼儿的文化传承与文化创新。其次，在师幼互动的课堂组织维度，教师应提供清晰的行为期望，邀请幼儿参与制定生活与游戏规则，培养幼儿养成讲规则等正向行为；有效组织一日生活活动，有目的有计划地在常规活动、过渡活动中融入传统文化教育内容；选择贴近幼儿真实生活的传统文化元素，设计包含现象文化的园所环境，设计多样化、可操作的具有文化基因的活动材料，促进幼儿主动参与活动。最后，在师幼互动的教学支持维度，教师应尊重幼儿直接感知、实际操作、亲身体验的学习方式，将抽象的传统文化设计转化为适合幼儿学习方式的活动过程，并引导幼儿在体验后进行总结反思，将直接经验抽象逻辑化，促进其思维能力与学习进阶；提供游戏活动支持，教师应适时介入通过语言支架、身体手势、动作表情等反馈幼儿的学习过程；给予语言示范，帮助幼儿习得与传统文化相关的术语，提升幼儿词汇的运用与掌握能力。

（二）通过幼幼互动交流传统文化体验

幼幼互动是指儿与同伴的沟通交流与团队协作，能促使幼儿将直接经验与间接经验产生联系，实现认知结构的同化与顺应进而达到平衡化。为促进传统文化融入幼儿与同伴的幼幼互动过程，教师应为幼儿创设开放、和谐的展示环境，例如，当幼儿制作好传统文化相关成品时，要提供

---

① K. M. La Paro, R. C. Pianta, M. Stuhlman, "The Classroom Assessment Scoring System: Findings from the Pre-kindergarten Year", *The Elementary School Journal*, May 2004.

充分的空间与机会供幼儿展示，创设安全、和谐的心理氛围也有助于幼儿在轻松的环境中欣赏与交流同伴作品。其次，教师应引导幼儿分享活动经历与想法，观察同伴作品并倾听同伴介绍作品、制作过程与问题解决策略，例如引导幼儿观察同伴设计的京剧戏服的外观、纹样等传统艺术元素，分享交流他们自己制作传统纹样的过程与创意，通过观察学习实现思维进阶。最后，可以通过适当分组促进幼儿的合作与互相支持，一方面，通过团结协作使幼儿深刻感受集体与团队的意义，增强其文化认同与情感归属；另一方面，使幼儿之间优势互补、互相启发，增强其文化创新能力。

（三）通过幼物互动掌握传统文化经验

幼物互动是指幼儿与有准备的材料互动，以动手动脑、手脑并用的方式使幼儿与材料、玩具、动植物等周围环境互动。教师应设计基于传统文化的玩教具与原创图画书，关注幼儿与材料的互动，支持幼儿探究、试错与重复等行为。在语言区，教师可以将传统文化中的民间故事、传统民谣等内容转化为活动材料，重视对传统文学元素所蕴含的精神文化的解读；选择与设计节日节令、传统习俗等文化元素，将其融入社会性教育中，以角色扮演等方式使幼儿回顾其亲身经历的社会文化生活；在科学区，将传统建筑、技术发明、科学技术等元素设计为有准备的材料，供幼儿在操作摆弄中获得蕴含在传统文化游戏中的关键经验；在艺术区，教师可以将传统艺术与传统技艺元素设计为艺术区活动材料，例如，提供扎染布料、传统泥塑的原材料，提供青花瓷盘、民族服饰的图片，供幼儿感受与欣赏丰富的艺术形式，并通过与材料的互动表现和创造艺术作品；为促进幼儿身体健康，可以将民族民间体育活动转化为幼儿园户外体育活动，促进幼儿身心愉悦与体能发展。

（四）通过幼事互动经历传统文化生活

幼事互动是指幼儿在一日生活活动中接触与经历的所有事件与观点。教师应挖掘幼儿生活中的中华优秀传统文化元素，根据节气节日、四季四时、生活场景与生活事件进行一日生活的文化浸润，例如，根据二十四节气中国生活历开展活动，引导幼儿随节气体验与感受地域天气、农耕文化、动植物生长、衣食住行等自然文化与社会文化，丰富幼儿对一日生活中所有事件与观点的认识，链接中华民族长期以来形成的生活习惯，建立完整而立体的生活经验。

五 教师发展：以提升教师的传统文化教育素养为关键抓手

教育部《幼儿园新入职教师规范化培训实施指南》在其培训内容与要求部分拟定了"源于文化的自信"培训专题，要求幼儿园教师熟悉中华优秀传统文化的几种表现形式，熟悉地方优秀传统文化的几种主要载体，并将中华优秀传统文化融入教育活动设计中，这是从国家政策层面对幼儿园教师的传统文化素养提出了具体的要求。具体而言，幼儿园教师传统文化素养主要包含传统文化认知、传统文化认同以及传统文化教育能力三部分。[①]

（一）丰富教师的传统文化认知

在传统文化认知方面，知晓中华优秀传统文化的本质内涵、结构要素和具体内容，是教师将其融入幼儿园教育活动的关键前提。传统文化教育是落实"立德树人"根本任务的重要手段，因此教师应首先从国家和地方政策层面，熟悉关于传统文化教育内容和方式等方面的要求，深入学习中共中央办公厅、国务院办公厅《关于实施中华优秀传统文化传承发展工程的意见》中关于核心思想理念、中华传统美德、中华人文精神三个维度及其具体指向的精神层面传统文化内涵；研究教育部《完善中华优秀传统文化教育指导纲要》中关于家国情怀教育、社会关爱教育、人格修养教育三个层次的传统文化教育意蕴及其教育目标；借鉴教育部《中华优秀传统文化进中小学课程教材指南》中提出的载体形式及各学科支持策略，以提升幼儿园教师对传统文化主要内涵的认知。

---

① 高宏钰、霍力岩、龙正渝：《幼儿园教师传统文化素养的结构与培养》，《学前教育》2022年第 7 期。

（二）强化教师的传统文化认同

在传统文化认同方面，提升教师的师德修养和职业信念是关键要素。教师在影响幼儿的过程中，身教的作用大于言传，教师自身需要认识到他们自己对幼儿的长远影响，并始终秉持坚定的职业信念和责任感、使命感。因此，教师应本着"育人先育己"的理念，其自身要从感情上喜欢和欣赏中华优秀传统文化，只有对中华优秀传统文化具有礼敬之心、认同之情，才能强化其自身对传统文化的认同感，对幼儿起到自然而然的引领作用。为了提升教师对传统文化的认同，一方面需要教师深刻认识到传统文化的魅力和价值，经常置身其中感受传统文化的滋养；另一方面需要教师怀着开放的心态，不断拓展文化视野，尝试和接纳不同的传统文化元素，以提升其自身的文化自觉性和接纳多元文化的态度。

（三）提升教师的传统文化教育能力

在传统文化教育能力方面，应以教师研究和支持幼儿的核心岗位胜任力为导向，着力提高幼儿园教师开展中华优秀传统文化教育的能力。《幼儿园新入职教师规范化培训实施指南》要求幼儿园教师自身具有中华优秀传统文化的素养、功底和信念，还要求幼儿园教师具有设计和实施幼儿教育活动的能力，将中华优秀传统文化以适宜的内容和方式渗透到幼儿园教育活动之中。[1] 教师的传统文化教育能力，一方面体现在教师能尊重幼儿的学习特点和规律，把中华优秀传统文化与幼儿五大领域的发展目标联系起来，确定适宜的教育目标以及具体的学习内容和载体形式。另一方面，教师要能在主题活动、教育活动、区域活动以及户外活动等多样化的活动形式中融入中华优秀传统文化，把中华优秀传统文化教育落实到幼儿的一日生活中。[2] 为提升教师的传统文化教育能力，应将传统文化系统融入幼儿园教师培养培训课程作为提升幼儿园教师传统文化教育素养的整体解决方案。具体以幼儿园主题游戏活动、区域游戏活动、一日生活活动等教育

---

① 刘占兰：《有效提高幼儿园教师的传统文化素养和教育能力》，《学前教育》2022年第Z3期。

② 高宏钰、霍力岩、龙正渝：《幼儿园教师传统文化素养的结构与培养》，《学前教育》2022年第7期。

活动的设计与实施为抓手，思考将中华优秀传统文化的内容体系与幼儿园五大领域教育内容进行整合的具体方式与策略，把蕴含中华优秀传统文化的幼儿园课程内容和资源作为教师培训的内容和资源，制定培养目标、培养内容和培养路径系统，采用体验式、情境化、反思性的学习方式，以有效提升幼儿园教师传统文化素养和传统文化教育能力。

第六编

心理健康教育研究

小学教师性健康教育素养的现状
——基于京津冀地区 16 所学校的问卷调查

张文静*

一 研究背景

儿童性教育是健康教育的重要内容之一，性健康教育是高质量基础教育的重要组成部分。校园是开展儿童青少年性健康教育的重要场所，《中华人民共和国未成年人保护法（2020 年修订）》第四十条规定："学校、幼儿园应当对未成年人开展适合其年龄的性教育。"2021 年 11 月，教育部印发《生命安全与健康教育进中小学课程教材指南》，明确规定将生长发育与青春期教育领域的课程教材内容纳入中小学教育中，对小学学段也给出了一级和二级的健康教育目标，其间包含大量儿童性健康的生理和心理内容。

教师是学校开展性健康教育的实施主体，没有高水平的性健康教育师资队伍，就很难开展小学的性健康教育工作。目前中国学校还鲜有专职的性健康教育教师，性健康教育多由其他教师兼任，如班主任、心理教师、生物教师等。① 但是，性健康教育对教师素质要求较高，教师不仅要具备人文社科方面的知识，还需要有一定的卫生医学、发展心理学方面的知识背景。性健康教育涉及性生理和心理知识，也涉及性伦理道德等态度价值观内容，还涉及性保护技能、性法律等常识。目前，整体来看，中国现有的性教育教师素养水平参差不齐，基于小样本的零星调查显示：基础教育

---

* 北京教育科学研究基础教育科学研究所。

① 李雨朦、刘文利：《中国基础教育阶段性教育教师队伍现状及建设建议》，《中国学校卫生》2022 年第 12 期。

阶段的教师性教育知识和教育实践有限，仅有20%的教师认为，性教育是教师的责任。[①] 2020年，基于小学教师的研究显示，教师性教育知识的正确率仅为80%，且仅有约60%的教师能够用合适的言语回答小学生对于性的疑问。[②]

性健康教育促进学生的全面发展，通过合适的教育活动，激发儿童形成关于"自我"的价值观和态度；同时帮助儿童学习性保护知识、有效沟通等技能。教师是开展学生性健康教育的重要一环，小学教师开展性教育的知识和技能会影响学生性健康教育效果。虽然目前已有研究探索基础教育阶段教师性健康教育素养情况，但是大部分研究只是小样本，仅涉及一所或某一地级市的学校，基于区域的整体调查研究较少。因此，本文在京津冀高质量教育协同发展背景下，从三个地区抽样，调查小学教师性健康教育的知识、态度、实践和培训现况，以期为做好区域儿童性健康教育工作提供数据支持和对策建议。

二　研究方法

（一）抽样法

调查采用分层整群抽样方法。样本来自北京朝阳区、丰台区、延庆区、海淀区、怀柔区和平谷区6所小学，天津河西和河东区4所小学，河北省沧州市、承德市、石家庄和衡水市6所小学，共16所小学全部在职在编的1347名教师。最终回收1224份小学教师问卷，回收率为90.9%；其中8份教师问卷填写不合格，合格率为99.3%。最终获得合格问卷1216份，其中，北京511份（42%），天津205份（16.9%），河北500份（41.1%）。男教师132人（10.9%），女教师1084人（89.1%）；教师的最小年龄为21岁，最大年龄为58岁，平均年龄为38.6岁（SD=8.55）。

教师教龄5年及以上的有266人（21.9%），教龄6—10年的有151人（124.%），教龄11—20年的有247人（20.3%），教龄21年及以上的有552人（45.4%）。教师的学历背景为：大专及以下有183人（15.1%），

---

① 周陆雅、邵晓芙、吴建芬：《乡村民办幼儿园教师性教育认知现状的调查及对策研究：以浙江省乐清市大荆镇为例》，《课程教育研究》2017年第9期。

② 肖丹丹：《小学教师性教育素养研究》，硕士学位论文，四川师范大学，2020年，第32页。

大学本科有 974 人（80.1%），硕士研究生及以上有 59 人（4.9%）。普通教师有 582 人（47.9%），班主任有 492 人（40.5%），学校管理人员（教研组长、中层领导）有 126 人（10.3%），其他有 16 人（1.3%）。中教三级及以下教师为 175 人（14.4%），中教二级教师为 294 人（24.2%），中教一级教师为 604 人（49.7%），中学高级教师为 143 人（11.8%）。

（二）调研问卷

1. 教师性健康教育知识、态度和实践问卷

参考国内外已有的教师研究问卷①，从三个维度了解小学教师性健康教育的基本情况。第一，教师性健康知识维度，包含五个条目，分别从性健康教育的科学名称，性保健知识，性生理和心理发展知识，性保护知识的角度设计条目；每个条目答对记 1 分，回答"不知道"或错误的，记 0分，总分为 0—5 分。第二，教师性健康态度维度，包含五个条目，分别从是否支持小学开展性健康教育，是否支持教师应该作为性健康教育的主要承担者，是否支持家校合作开展性健康教育，是否同意基于网络开展小学性健康教育以及是否担心性健康教育会对孩子的发展产生不好的影响方面设计条目；每个条目答对记 1 分，回答"不知道"或错误的，记 0 分，总分为 0—5 分。第三，教师性健康教育实践行为维度，包含三个条目，分别从是否为学生购买专业的教育材料，是否已经开展了科学性教育，学校是否有专门教师来授课方面设计条目；每个条目回答正确记 1 分，回答错误或"不知道"的，记 0 分，总分为 0—3 分。研究结果用 Cronbach's 系数来估计问卷的整体信度，a = 0.88。

2. 教师性健康教育培训需求问卷

教师培训需求问卷由两个维度组成：培训内容和需求。培训内容需求包括九个条目，分别是小学生性生理发展特点，回答小学生有关"性"的

---

① 吴学华、林琳、奉文菊等：《四川秦巴山区小学高年级教师性健康教育工作现状》，《中国学校卫生》2018 年第 8 期。张容、刘娅、邹艳莉等：《四川省乡镇幼儿园教师对幼儿性教育的态度及其影响因素分析》，《中国健康教育》2020 年第 11 期。Pam Alldred, Miriam David and Pat Smith, "Teachers' Views of Teaching Sex Education: Pedagogy and Models of Delivery", *Journal of Educational Enquiry*, Vol. 4, No. 1, January 2003. Márquez-Flores María Mercedes, Márquez-Hernández Verónica and Granados-Gámez Genoveva, "Teachers' Knowledge and Beliefs about Child Sexual Abuse", *Journal of Child Sexual Abuse*, Vol. 25, No. 5, May 2016.

提问，小学生日常性保健知识，相关生殖器官疾病和性传染病知识，互联网对儿童性发展的影响，青春期儿童心理发展变化，什么是儿童性侵犯，如何教授儿童性侵犯知识和技能，教师如何应对儿童性侵犯事件。每个条目回答"是"的记 1 分，回答"否"或"不确定"的，记 0 分，总分为 0—9 分。培训方式需求有三个条目，分别关于基于互联网开展培训，系列的专家讲座，课例交流实践培训；每个条目回答"是"的记 1 分，回答"不确定"或"否"的记 0 分，总分为 0—3 分。研究用 Cronbach'a 系数来估计问卷的整体信度，a = 0.95。

（三）数据收集

首先，生成电子问卷。研究人员使用问卷星企业版，将问卷上传生成电子问卷。邀请三名小学教师试答后，完善电子问卷的界面和应答流程。其次，培训调研人员，联系调研学校。在北京朝阳区教科所、丰台区教科院、平谷区教科所、延庆区教科所、怀柔区教科所和海淀区教科所，河北沧州市、承德市、衡水市和石家庄市教委和天津教科院的协助下，向所在地区的学校发出邀请，学校自愿匿名参加。最后，由专职调研人员指导，下发电子问卷二维码，填写线上问卷。电子问卷以学校为单位下发。每个学校都有一个独自的教师问卷二维码。调研人员在测试前与学校校长或科研主任，通过电话和网络进行充分沟通。沟通主要内容包括调研的目的、方式和注意事项等。接受培训的调研人员在学校教师集体培训或参加工作会的时间里，开展团体调研。问卷首页是教师知情同意书，教师匿名填写问卷，答题时间为 10—15 分钟。

（四）数据分析

依据问卷星企业版数据，采用 SPSS 22.0 进行数据分析。第一，整理数据，将不合格问卷剔除，最终形成合格问卷数据库。第二，定义变量，采用频数、均数和标准差等描述分析数据。初步描述教师性健康教育的知识、态度和教育实践，以及教师培训的内容和形式需求。第三，采用单因素和多因素方差分析进行推断统计，探索教师性健康教育知识、态度和实践的相关因素，以及教师培训需求的影响因素。第四，运用多元线性回归，进一步探索小学教师性健康教育实践的促进因素。

三 研究结果

(一) 小学教师性健康教育的知识、态度和行为现况

1. 小学教师的儿童性健康教育态度

对京津冀三地区教师的调查发现：小学教师对于性健康教育的态度积极，接近95%教师认为应该在小学和幼儿园开展儿童性健康教育工作。几乎全部教师 (98%) 都认为，儿童性教育工作很重要，接近90%的教师赞成家校合作开展儿童性健康教育，四分之三 (74.9%) 的教师赞成利用校园网络/互联网技术开展儿童性健康教育工作 (参见表1)。但是小学教师对于学校开展儿童性健康教育的信心不足，仅有40%的人表示有信心。小学教师对于开展儿童性健康教育工作存在一定的担忧，超过一半 (57.2%) 的教师担心，学校性健康教育会对孩子产生不良的影响。调研结果还发现：仅有四分之一 (25.2%) 的教师认为，学校开展儿童性教育工作会有相应的师资力量。

2. 小学教师的儿童性健康教育知识水平

调查问卷从儿童性健康教育科学用语、日常卫生保健、性生理和心理发展，以及性保护技能维度描述教师的性健康教育知识水平。总体来看，小学教师性健康知识水平有限，总分为5分，平均分仅为2.95分，为不合格。甚至有15%的教师性健康教育知识得分为0分，54%的教师得分在3分及其以下，小学教师性健康教育的知识水平整体较低。如有接近40%的小学教师不知道或不确定儿童生殖器官的日常保健知识和方法，接近一半的教师不确定或不清楚儿童不同年龄阶段"性"发展的特点，更有超过

表1　　　　　**小学教师儿童性健康教育的态度** (N = 1216)　　　　　(%)

条目	同意	不同意	不确定
1. 赞成在学校由教师开展儿童性健康教育工作	70.1	11.6	18.3
2. 赞成家庭和学校一起开展儿童性健康教育	89.3	2.6	8.1
3. 赞成学校网络/互联网技术支持开展性健康教育	74.9	9.7	15.2
4. 担心性健康教育对儿童产生不好的影响	57.2	35.3	7.5
5. 对学校性健康教育工作有信心	39.1	14.4	46.5

50%的教师不知道或不确定儿童不同年龄阶段可能遭遇的"性"发展问题。另外，45%的教师不知道（或不确定）预防儿童性侵犯的知识和技能（参见表2）。

表2　　　　小学教师儿童性健康教育的知识（N=1216）　　　（%）

条目	知道	不确定	不知道
1. 人体生殖器官科学准确的术语	75.7	22.7	1.6
2. 儿童生殖器官日常保健知识和方法	60.2	36.8	3.0
3. 儿童不同年龄阶段性发展的特点	54.4	41.4	4.3
4. 儿童不同年龄阶段可能遇到的"性"相关问题	49.4	45.6	4.9
5. 预防儿童性侵犯知识和技能	55.3	41.4	3.4

3. 小学教师的儿童性健康教育实践行为

小学教师性健康教育的实践非常少，学校也很少进行相关的教育。调研结果显示：仅有18.8%的教师认为，学校开展了儿童性健康教育工作，如青春期教育、儿童心理课程等。总体来说，超过80%的教师否认学校有开展性健康教育工作，仅有17.7%的教师明确报告学校为学生购买了儿童性健康教育的教育材料，有51.5%的教师不清楚学校进行了哪些儿童性健康教育工作。结果显示：超过30%的教师明确回答他们不能开展科学的儿童性健康教育，40%的教师不确定他们是否能够科学地开展儿童性健康教育工作。

但是小学教师对儿童性健康教育工作有较好的期待，超过70%的教师愿意接受儿童性健康教育方面的培训，有90%的教师认为，学校心理课程能够用来专门开展学生性健康教育。另外，还可以开设性健康教育的课程包括德育课（27.1%），道德与法治课（27.5%），班会课（21.8%）。教师对儿童性健康教育的接受度和期待度良好，但是也提到了学校开展儿童性健康教育可能遇到的困难：有83.1%的教师认为，遇到的最大困难是不知道如何把握儿童性健康教育的尺度，第二个困难是72.8%的教师认为他们缺少儿童性健康教育的知识和方法，排在第三位的困难是69.2%的教师害怕家长不理解学校开展的性健康教育。

（二）小学教师性健康教育的知识、态度和行为的相关因素

1. 小学教师性健康教育知识的相关因素

经多元方差分析发现，小学教师的儿童性健康教育知识的相关因素包括教师教龄、年龄和职称三个因素。总体来看，教师教龄越长，年龄越大，职称越高，其儿童性健康教育的知识水平也相对越高。教龄在21年及以上教师的儿童性健康教育知识水平显著高于教龄在20年及以下的教师（教龄21年及以上：3.16±1.88，20年及以下：2.78±1.90；F＝11.95，P＜0.01）。经方差分析同样发现，教师的职称与其性健康教育知识水平之间呈显著相关，职称越高，小学教师性健康教育知识水平也越高，差异显著（高级：3.06±1.87，一级：3.06±1.89，二级：2.89±1.90，三级：2.59±1.94；F＝2.96，P＜0.05）。小学教师性健康教育知识水平在教师年龄上存在显著差异，高年龄组教师显著高于低年龄组教师（38周岁及以上：3.11±1.89，37周岁及以下：2.73±1.90；F＝11.78，P＜0.01）。

2. 小学教师性健康教育态度的相关因素

小学教师性健康教育态度的相关因素包括京津冀地区、教师学历、年龄、教龄、职称五个因素。总体来看，教师学历越高，教龄时间越短，职称越低，年龄低于38周岁，其儿童性健康教育态度更加积极。地区差异显著。京津冀三地教师性健康教育的态度差异显著，河北省小学教师的态度总分显著高于北京和天津地区（河北：4.50±1.17，北京：4.27±1.25，天津：4.24±1.27；F＝5.70，P＜0.01）。教师学历差异显著（大专及以下：4.15±1.26，大学本科及以上：4.40±1.22；F＝6.55，P＜0.05）。大学本科及以上学历的教师更赞成由教师承担儿童性健康教育工作，而且对学校性健康教育工作更有信心。教龄在20年及以上的教师性健康教育态度的得分显著低于教龄在20年及以上的教师（教龄21年及以上：4.24±1.25，20年及以下：4.47±1.20；F＝10.67，P＜0.01）。高年龄组（38周岁及以上）教师性健康教育态度的得分显著低于低年龄组（37周岁及以下）教师（38周岁及以上：4.26±1.24，37周岁及以下：4.50±1.19；F＝10.84，P＜0.01）。年龄37周岁及以下的教师更加赞成家校合作开展儿童性健康教育，而且对学校性健康教育工作更加有信心。

3. 小学教师性健康教育实践行为的相关因素

小学教师性健康教育实践行为在地区、教师学历、教师职称和教师年

龄变量上的差异显著。小学教师性健康教育实践地区差异显著。教师能够采用科学术语开展性健康教育，河北地区显著高于天津和北京地区（河北：0.34 ± 0.48，北京：0.26 ± 0.44，天津：0.28 ± 0.45；$F = 4.02$，$P < 0.05$）；与天津相比，北京和河北地区的教师报告为学生购买过教育材料的更多（河北：0.18 ± 0.39，北京：0.20 ± 0.40，天津：0.11 ± 0.31；$F = 4.27$，$P < 0.05$），因此，总体来看，河北地区的教师和学校有更多的教育实践行为，其次为北京地区的教师，最后是天津地区的教师（$F = 5.63$，$P < 0.01$）。大学本科及以上的教师能够科学地开展性健康教育的比例显著高于学历是大专及以下的教师（大专及以下：0.23 ± 0.42，大学本科及以上：0.31 ± 0.46；$F = 5.13$，$P < 0.05$）。与 38 周岁及以上的教师相比，37 周岁及以下的教师有更大比例认为学校有专门的教师可以开展儿童性健康教育工作（38 周岁及以上：0.23 ± 0.42，37 周岁及以下：0.29 ± 0.45；$F = 5.46$，$P < 0.05$）。

（三）小学教师的儿童性健康教育培训需求评价

调查结果显示：小学教师接受过儿童性健康教育培训的比例极低，仅为 4.9%；但是教师期望能够接受相关的培训，有超过 70% 的教师表示愿意或非常愿意接受培训，且约有三分之二的教师表示愿意或非常愿意接受学校基于互联网/微信的儿童性教育培训。

1. 小学教师的儿童性健康教育培训形式的需求评价

小学教师最期望的培训方式是"系列专家讲座"，为 69.2%；有 38.7% 的教师期望的培训方式是"示范课引领"；有 35.7% 的教师期望能够采用"课例交流"的方式进行培训。

2. 小学教师的儿童性健康教育培训内容的需求评价

问卷列出了八项培训内容，每项都有超过 80% 的教师表示需要相关的培训，其中小学教师最需要培训的前三项内容分别是：第一，"教师如何应对儿童性侵犯"，比例为 86.8%；第二，"儿童性健康生理发展特点"，比例为 86.7%；第三，"教授儿童预防性侵犯的知识和技能"，比例为 86.1%。

3. 小学教师的儿童性健康教育培训需求内容的相关因素

小学教师的儿童性健康教育培训需求内容的相关因素包括地区、教师教龄、学历、年龄和职称五个。小学教师的儿童性健康教育培训需求内容在所有条目上都有显著的地区差异，均为河北地区需求最为强烈，其次是北京地区，最后是天津地区。具体数据分析如表3所示。小学教师的儿童性健康教育内容培训在教龄变量上的差异显著，教龄20年及以下的教师需求得分显著高于教龄21年及以上的教师。在教师学历变量上，所有条目都显示出大学本科及以上学历教师的需求内容得分显著高于大专及其以下学历的教师。小学教师的儿童性健康教育内容需求在教师年龄的变量上差异显著，年龄在37周岁及以下的教师在每个条目上的培训内容需求得分均显著高于年龄在38周岁及以上的教师。

表3　　小学教师的儿童性健康教育培训内容需求的地区差异（N = 1216）

条目	河北	北京	天津	F	P
1. 儿童性健康生理发展特点	0.91 ± 0.29	0.86 ± 0.35	0.79 ± 0.41	10.28	0.000
2. 应对孩子提出的与"性"发展相关的问题	0.88 ± 0.33	0.84 ± 0.36	0.78 ± 0.41	5.69	0.003
3. 如何与儿童交流生殖器官的日常保健知识	0.86 ± 0.35	0.81 ± 0.39	0.73 ± 0.45	8.20	0.000
4. 教授儿童传染病和艾滋病等性传播疾病的防治	0.88 ± 0.32	0.83 ± 0.37	0.76 ± 0.43	7.30	0.000
5. 互联网对孩子"性"的发展有哪些影响	0.88 ± 0.32	0.83 ± 0.37	0.79 ± 0.42	6.01	0.003
6. 青春期儿童身心变化	0.89 ± 0.31	0.84 ± 0.36	0.77 ± 0.42	9.00	0.000
7. 教授儿童预防性侵犯的知识和技能	0.89 ± 0.31	0.86 ± 0.34	0.77 ± 0.42	9.33	0.000
8. 教师如何应对儿童性侵犯	0.90 ± 0.30	0.87 ± 0.33	0.78 ± 0.42	10.39	0.000

4. 小学教师的儿童性健康教育培训需求形式的相关因素

调查主要分析了小学教师的儿童性健康教育培训需求的三类形式：系统专家讲座、示范课引领和课例交流。小学教师的儿童性健康教育的

"系统专家讲座"形式的培训需求存在显著的地区和教师职称差异，其他如教师性别、学历、教龄和年龄方面的差异不显著；"示范课引领"形式的培训需求在地区、教龄、学历、年龄和职称五个因素上均存在显著的差异，在教师性别变量上差异不显著；"课例交流"的培训形式需求在教师教龄、学历和年龄三个因素上存在显著差异。

四　结论与建议

（一）小学教师对儿童性健康教育的态度积极，肯定了"互联网"在性健康教育上的重要作用

与十几年前的教师研究相比①，本文调查显示，教师对儿童性健康教育的态度更为积极，大部分教师（95%）认为，应该在小学甚至幼儿园阶段就开展儿童性教育工作。小学教师对于性健康教育的积极态度符合联合国教育科学文化组织的教育建议，即性教育工作应该从儿童早期开始。但是教师认为，在学校仅由教师承担儿童性健康教育的比例为70%，有接近90%的教师赞成家校合作开展性健康教育。研究结果表明，教师愿意承担性健康教育工作，但是更希望采用家校合作的方式，家庭性健康教育是儿童性教育不可或缺的重要部分，国内外的研究也表明，有家长参与的学校性健康教育效果更好。② 随着网络技术的发展，互联网技术已经渗透到教育生活的方方面面，因此我们的调查也发现，约有75%的教师认为，在儿童性健康教育工作中可以借助互联网的力量。

（二）小学教师的儿童性健康教育知识水平较低，家校合作信心不足

小学教师虽然支持开展基于学校的儿童性健康教育，但是教师的知识水平较低，大约有一半的教师对"儿童期'性'发展的特点""可能遇到

---

① 曹红梅、胡珍：《中小学教师性教育素养存在的问题及提升策略》，《中国性科学》2011年第2期。

② Walker Joy and Milton Jan，"Teachers' and Parents' Roles in the Sexuality Education of Primary School Children: A Comparison of Experiences in Leeds, UK and in Sydney, Australia", *Sex Education*, Vol. 6, No. 4, November 2006.

的问题"等知识不知晓，也严重缺少预防儿童性侵犯的知识。与国外研究
发现相似[1]，由于教师的知识水平较低，他们对学校开展儿童性健康的教
育信心不足，存在一定的担忧，如有超过80%的教师认为，教师教育遇到
的困难是不知道如何把握儿童性健康教育的尺度；超过70%的教师认为，
他们缺少开展儿童性健康教育的知识和方法；接近60%的教师担心性健康
教育会对儿童产生不良影响。但是相关性健康教育或预防儿童性侵犯教育
研究却发现，幼儿学习相关的性知识，只要方法得当，教育效果都良好，
也没有给儿童带来负面的影响。[2] 正如以往研究所指出的：教师或家长的
担忧很可能是由于他们本身缺少儿童性健康教育的知识，他们没有机会系
统地学习和了解儿童性健康教育的过程和方法，因而对基于学校的儿童性
健康教育担忧过多，教育信心不足。[3] 正如很多儿童性健康教育的研究所
建议的，在开始进行学校性健康教育之前，对高校师范生和在职教师进行
这方面的培训是很有必要的。对师范生和在职教师的教育与培训，一方
面，可以提高他们开展儿童性健康教育的意识（如儿童性生理、性发展、
性保健和性保护），另一方面可以让其了解最新的研究结果（如家长的态
度、知识和实践行为），从而消除其在家校合作从事儿童性健康教育方面
的顾虑，同时教师教育或培训也可以提升他们自身开展教育的信心。

（三）小学教师的儿童性健康教育的实践行为少，教师学历、年龄、教龄、职称以及地区之间的差异显著

我们发现，几乎超过五分之四的教师报告说，他们所在的学校没有开

---

[1] Sharyn Burns and Jacqueline Hendriks, "Sexuality and Relationship Education Training to Primary and Secondary School Teachers: An Evaluation of Provision in Western Australia", *Sex Education*, Vol. 18, No. 6, April 2018.

[2] Jin Yi-cheng, Chen Jing-qi and Yu Bu-yi, "Knowledge and Skills of Sexual Abuse Prevention: A Study on School-aged Children in Beijing, China", *Journal of Child Sexual Abuse*, Vol. 25, No. 6, January 2016.

[3] Depauli Claudis and Plaute Wolfgang, "Parents' and Teachers' Attitudes, Objections and Expectations towards Sexuality Education in Primary Schools in Austria", *Sex Education*, Vol. 25, No. 6, February 2018.

展过任何形式的儿童性健康教育；超过70%的教师认为他们不能采用准确的科学术语开展儿童性健康教育工作。与近年来的研究发现相似①，小学开展儿童性健康教育的实践很少，大部分教师不能有效地开展儿童性健康教育工作。虽然京津冀三地教师的儿童性健康教育实践行为都很少，但是与天津相比，河北和北京的教师有更高的比例报告说，学校为学生购买过儿童性健康教育的材料（天津：11%，河北：18%，北京：20%）。这些结果提示我们，基于小学校园的儿童性健康教育实践在中国还是很少见的，而且存在着较为显著的地区差异，教师本身的学历背景也会影响具体的儿童性教育实践工作的开展，因此，本文建议：未来需要基于教师所在地区的特点，教师个人的学历差异等开展有针对性的培训。

（四）小学教师接受儿童性健康教育的培训比例极低，接受过性健康教育培训的教师，其教育意识较高，教育行为频率高

统计数据发现，仅有5%的小学教师参加过针对儿童性健康教育方面的培训或相关培训。正如研究者古德曼所说，缺少教师培训会影响其开展儿童性健康教育的意识和信心。② 如前所述，本文发现，中国小学教师缺少儿童性健康教育的知识和实践，这一结果很可能与他们很少接受培训有关。本文进一步以是否接受培训为因变量进行分析，发现与没有接受过儿童性健康教育培训的教师相比，接受培训的教师有更高的比例认为，他们能够科学地开展儿童性健康教育（有培训：47%，无培训：29%；$\chi^2 = 8.98$，$P < 0.01$）和为学生购买教育材料（有培训：54%，无培训：16%；$\chi^2 = 56.93$，$P < 0.001$），即接受培训的教师具有更多更积极的儿童性健康教育行为；接受教育培训的态度（有培训：3.95 ± 1.51，无培训：2.90 ± 1.91；$F = 17.34$，$P < 0.001$）和知识总分（有培训：0.84 ± 0.37，无培训：0.84 ± 0.37；$F = 16.14$，$P < 0.001$）也显著更高。尽管本文仅有不足

---

① 李雨朦、刘文利：《中国基础教育阶段性教育教师队伍现状及建设建议》，《中国学校卫生》2022年第12期；周陆雅、邵晓芬、吴建芬：《乡村民办幼儿园教师性教育认知现状的调查及对策研究：以浙江省乐清市大荆镇为例》，《课程教育研究》2017年第9期；肖丹丹：《小学教师性教育素养研究》，硕士学位论文，四川师范大学，2020年，第32页。

② Goldman Juliette D. G. and Bradley Graham, "Assessing Primary School Student-Teacher's Pedagogic Implementations in Child Sexual Abuse Protection Education", *European Journal of Psychology of Education*, Vol. 26, No. 4, May 2011.

5%即59名教师接受过儿童性健康教育的培训，但是也发现了是否接受过培训的显著的主效应，即培训对于改善教师的儿童性健康教育的意识和行为有着积极作用。

（五）小学教师接受儿童性健康教育培训需求较强，且存在地区、学历、教龄等方面的差异

研究发现：超过70%的小学教师愿意或非常愿意接受儿童性健康教育培训，且有超过65%的教师愿意接受基于互联网的培训。教师接受培训的愿望较为强烈，虽然教师不排除网络的培训，但是在调查中我们发现，接近70%的教师希望培训采取"系列专家讲座的形式"，而且接受系统的课程培训。可见，教师已经意识到，儿童性健康教育培训不仅仅是单一课程的培训、一次性的培训，而且，更重要的是有系统的持久的专业教育。由于中国教师的儿童性健康教育培训较少，很少能够接受较为系统而全面的培训，因此教师最希望能够有这方面的专家给予系统而全面的培训。这一研究结果与国外的教师研究相似，即教师期待得到儿童性健康教育专业人士、学者和研究者的帮助，系统地掌握这一领域的知识和教学方法。研究还发现，进行教师培训需要考虑地区差异，河北教师对"系列专家讲座"培训形式的需求显著高于北京和天津地区，这可能与当地经济教育文化背景有关。这些结果提示我们：儿童性健康教育教师培训可能需要考虑当地经济教育文化背景差异，越是经济相对不发达的地区，可能越需要采取"系列专家"讲座的形式。

（六）小学教师培训的需求内容，首先是如何应对和预防儿童性侵犯知识和技能，其次是与儿童青春期等"性"发展相关的生理和心理内容培训

本文的一个重要发现是，小学教师急需预防和应对儿童性侵犯的知识和技能的培训，这一发现与已有研究结果相似，即在小学阶段，教师和家长都更倾向于从性保护教育的角度开展性健康教育。一方面，由于近年来中国曝光了严重的儿童性侵犯事件，教师和家长对此都十分关注。另一方面，预防和保护儿童免遭性侵犯也是国家教育部门明确提出的，需要开展家校合作、共同支持的教育活动。此外，由于学生在小学六年里，其身心

发育极具变化性，特别是从 9 岁开始，学生陆续进入青春期的发育阶段，由于身体的变化，他们急需来自教师的性健康教育。因此教师第二需求的培训内容是与学生青春期发展的"性"生理和心理相关的知识和教育方法。

普通高中学生生涯成熟度的现状、影响因素及提升建议

李海燕*

高中生的生涯成熟度是高中生在面对高中阶段的发展任务时，做出适宜的职业决策的知识及态度的准备程度。生涯成熟度关系到学生对其自我的客观认识、学科的选学选考、大学专业及未来的职业发展决策等，提升学生的生涯成熟水平是学校生涯教育的重要目标。新一轮的高考改革和"双减"政策为学生提供了自主发展的空间，赋予学生更多的选择权，但是学生的个性化自主发展需要对自我、职业和社会等有一定的认知，做出自主选择和决策，即拥有较高的生涯成熟度。生涯成熟度在一定程度上了反映了学生能否充分发挥"新高考"和"双减"政策赋予的自主权利①，进而实现自由和个性化发展。

一 问题提出

(一) 生涯成熟度的内涵

"生涯"一词，中国自古有之。中国古代关于生涯的哲学思想极其丰富。《周易》中关于生涯"天人合一"的描述，强调每个人找准他自己的位置，与他人的关系保持和谐，并努力追求他自己的理想，力求达到目的。《庄子》中有"吾生也有涯，而知无涯"，主要指生命、人生、生活之意。《论语》最早对人生发展阶段做了论述："三十而立，四十而不惑，五

---

* 北京教育科学研究院基础教育科学研究所。

① 黄碧玲：《新高考背景下高一年级新生生涯成熟度调查研究》，《福建教育学院学报》2021年第11期。

十而知天命，六十而耳顺，七十而从心所欲，不逾矩。"中国生涯发展哲学思想关注"人一生的发展过程""人与环境的和谐互动""人一生中所扮演的角色与职位"，早期的生涯思想对个人的成长、进步和社会的进步都起到了重要作用。美国《韦氏英语词典》解释生涯"Career"。源自罗马词"via carraria"（马车道）。"career"最早意为驾驭赛马，后引申为道路、人或者事物所经历的途径、个人一生的发展过程。Super 在 1955 年提出了职业成熟度概念（vocational maturity），描述个体职业选择的准备和发展历程[1]；Crites 等在 1978 年提出生涯成熟度（career maturity）概念，用以说明一个人在生涯发展任务上的水平，强调生涯发展的动态性和整体性特点。[2] 也有学者认为，生涯成熟度是指个体完成与其年龄相适应的生涯发展任务的心理准备程度，包括知识和态度成分。[3] 尽管这些定义的侧重点有所不同，但研究者都认同生涯成熟度是个体在职业上的准备程度，指在应对与其年龄相适应的发展任务时，是否具备相应的知识、能力、态度等。国内的研究者认为，对于高中生而言，生涯成熟度涉及个体客观地认识自我，做出尝试性的选择[4]；指他们在考虑其自身和外部环境，面对职业发展任务如选课、专业等时的自我准备，以及个体在完成与其年龄相适应的职业发展任务时的心理准备程度。本文认为，高中生的生涯成熟度是指高中生在面对高中阶段的发展任务时，做出适宜的职业决策的知识及态度的准备程度。

（二）提升生涯成熟水平的理论依据

2014 年，新一轮高考改革赋予学生更多的选择权，学生可以按照他们自己的兴趣和能力优势探索个性化发展路径；2021 年，"双减"政策的落地实施回归教育的育人初心，校内减负和校外培训治理双管齐下，避免了"内卷"式的教育竞争，把自主探索的时间和空间还给学生，学生脱离了

---

[1] D. E. Super, "Dimensions and Measurement of Vocational Maturity", *Teachers College Record*, Vol. 57, No. 3, December 1955.

[2] J. O. Crites, and M. L. Savickas, "Revision of the Career Maturity Inventory", *Journal of Career Assessment*, Vol. 4, No. 2, March 1996.

[3] G. Hackett, C. E. Watkins Jr., "Research in Career Assessment: Abilities, Interests, Decision Making, and Career Development", in W. B. Walsh, & H. S. Osipow, *Handbook of Vocational Psychology: Theory Research and Practice*, New Jersey: Lawrence Erlbaum Associates, 1995, pp. 196 – 198.

[4] 龙立荣、方俐洛、凌文辁：《职业成熟度研究进展》，《心理科学》2000 年第 5 期。

以往"家长式"管理模式，需要对自我、职业和社会等有一定的认知，做出自主选择和决策，即拥有较高的生涯成熟度。如何提升学生的生涯成熟水平，需深入探析个体生涯发展的理论依据。

目前，比较典型的生涯发展理论有霍兰德的类型论、舒伯的生涯发展理论、社会学习理论、生涯建构理论、认知信息加工理论等，为个体的生涯发展与促进提供理论依据。[①] 霍兰德的类型论强调个人与职业之间的适配性问题，个体的生涯成熟在于其不断自我觉察和完善，找到适配的职业领域，而高中生的人格特质处于发展阶段，个人特质与职业的适配度尚未定型，处在不断完善中；舒伯的生涯发展阶段论从生涯发展的生命历程方面，提出了生涯成熟的概念，既包括"认知"和"情意"两个层面，关于生涯决策和职业世界的认识，也包括生涯规划和生涯探索的态度，强调个体在生命主题探究中统筹建构生命的历程；社会学习理论强调综合学习经验、自我和环境的推论及自身能力，个体在实际行动中找到未来事业发展路径；生涯建构理论关注个体以独特的方式观看他自己及其所处的世界，生涯发展与成熟在于提升个人建构能力、兴趣和职业的高统整性，具有高统整性的人能够做出明确的生涯决定，统整性因其复杂的整合过程而测量难度较大。认知信息加工理论关注个体运用自我知识、职业信息解决生涯困境，生涯成熟因解决生涯问题的能力而定，具有能够独立而负责地做出生涯决定的能力，生涯发展的目标在于促进个体成为生涯问题的解决者。

人的发展包括三个领域：生理发展、认知发展和社会性发展。高中阶段学生的生理发育几乎接近成人，逻辑辩证思维能力增强，开始关注其自身和周围的世界，实现自我同一性的整合，为未来生涯做准备，生涯发展是社会性发展的重要组成部分，也是学校教育的重要任务。综上所述，生涯发展理论各有侧重，在学校实践中倾向于整合的视角，本文综合上述生涯发展理论，从学生生涯终身发展的角度探索提升生涯成熟度的路径与方法。从学校生涯教育中提升其生涯成熟度，既包括关于职业世界的知识和对自我认识的知识，也包括生涯决策态度如主动性、自信心、独立性、功利性和稳定性等内容，在学生生涯知识和态度的整合中提升学生的生涯成熟水平。

---

① 金树人：《生涯咨询与辅导》，高等教育出版社 2007 年版。

（三）生涯成熟度的影响因素

高中生的生涯成熟度是高中阶段发展的重要任务，学生可以立足其自身能力优势、资源做出适合的决策，生涯成熟度越高的学生，在选学、考学、社团参与、职业发展等方面，越能自主地做出适宜的决策，高中生生涯成熟水平对个体发展有着重要影响。目前，生涯成熟度的影响因素主要集中在这样几个方面：一是人口统计学变量，如年龄、性别、区域等，由于性别、年龄带来的生理成熟及社会性别角色认同，或者地域特征带来的人力、经济等资源差异①；二是心理特征变量，如自我效能感，指个体相信他自己能完成某种特定活动能力的自信心，是生涯成熟度的有效预测变量，职业决策与自我效能感呈正相关，职业决策的自我效能感越高，职业成熟度就越高。其他研究者关注个体自我统一性、情绪智力、成就动机等与生涯成熟度的关系；三是学生成长的环境包括家庭、学校和社会，如父母的受教育水平，家庭社会经济地位等差异带来的生涯知识、可支配资源及职业探索空间的差异，学校开展生涯规划课程可以提升学生的生涯成熟度。

高中学生生涯成熟度决定了个体进行选科、高考志愿填报等的能力，由于高中学生认知、个性和成长环境的差异，以及该阶段学生社会阅历不足，经验较少，他们的生涯成熟水平参差不齐，因而提升学生的生涯成熟水平是学校生涯教育的重要目标。当前高中生的生涯成熟水平如何？本文期望通过抽样调查，了解普通高中学生生涯成熟度的现状及差异，并探索差异背后的影响因素，分析普通高中学生生涯成熟度的特点，为学校生涯教育的开展提供建议。

二 研究方法

（一）研究被试

本次调查对象是普通高中学生，通过整群随机抽样的方式，选取城区

---

① 赵小云、郭成：《国外生涯适应力研究述评》，《心理科学进展》2010年第9期。周宝生：《高中生职业成熟度与学习动机关系及生涯辅导干预研究》，硕士学位论文，华中师范大学，2017年。

（东城区、海淀区、石景山区）、郊区（房山区、密云区、延庆区）共六个区的八所学校开展学生生涯成熟度调研。问卷调研通过在线问卷调研的方式，面向六区八所学校的学生发放。学生通过填写链接信息完成问卷，共收集有效问卷1048份问卷。其中，城区学生493人，占47%；郊区学生555人，占53%；男生487人，占总人数的46.5%，女生561人，占总人数的53.5%；高一年级学生472人，占45%，高二年级学生576人，占55%。

（二）研究工具

生涯成熟度问卷采用刘慧[①]编制的中学生职业成熟度问卷，包括生涯决策知识（12题）和生涯决策态度（18题）两个分量表，生涯决策知识包括职业世界知识和自我知识；生涯决策态度包括主动性、自信心、独立性、功利性和稳定性。问卷采用5点量表，得分越高，则表示成熟度水平越高，问卷内部一致性系数为0.88，具有良好的信度。

本课题组还自编了学生生涯成熟度的影响因素问卷。一是基础信息，包括学生所处的地域、性别、年级等背景信息；二是个体因素，包括学生的自我效能感和社会支持等因素。自我效能感问卷，采用张建新[②]翻译的汉化的一般自我效能感量表（General self-efficacy scale），共10题。自我效能感量表的内部一致性系数为0.86，具有良好的信度。社会支持包括三个项目，学生可以填写所知觉到的来自家长、学校和社区支持的分数（0—100分）。分数越高，表明学生所知觉到的支持和帮助越大，社会支持的内部一致性系数为0.76，信度较好。

（三）数据回收与统计分析

运用SPSS 22.0进行数据分析，通过方差分析了解普通高中学生生涯成熟的性别、年级、城乡差异，通过方差分析探索个体群体差异，通过相关、多元回归分析进一步探索自我效能感，学校支持、家庭支持和社区支持等对生涯成熟度的预测作用，并做统计显著性检验。

---

① 刘慧：《高中生职业成熟度的特点研究》，《教学与管理》2011年第3期。

② Zhang Jian Xin and R. Schwarzer, Measuring Optimistic Self- beliefs：A Chinese Adaptation of the General Self-efficacy Scale", *Psychologia*, Vol. 38, No. 3, September 1995.

三　研究结果

（一）高中生生涯成熟度的现状分析

1. 学生生涯决策知识、生涯决策态度和生涯成熟度的现状

普通高中学生生涯成熟现状包括两个维度的生涯决策知识和生涯决策态度。整体来说，学生生涯知识、生涯态度和生涯成熟度的平均分为32.19 分、44.82 分、77 分，均处于中等水平。从描述性统计结果来看，生涯决策知识、生涯决策态度、生涯成熟度均不存在显著的城乡、年级和性别差异。

表1　　　　　　　　普通高中学生生涯成熟度的描述性统计

变量	区	男生				女生				F
		高一		高二		高一		高二		
		M	SD	M	SD	M	SD	M	SD	
生涯知识	城	33.04	7.28	31.27	6.61	32.08	8.02	33.17	7.45	0.85
	乡	32.37	5.92	31.71	5.65	31.49	6.41	32.45	6.02	
生涯态度	城	45.44	7.90	44.56	7.28	45.15	8.04	45.83	7.44	3.50
	乡	44.11	6.88	43.56	7.15	44.94	7.30	44.93	7.08	
生涯成熟度	城	78.48	14.4	75.84	13.02	77.24	15.19	79.01	13.82	2.35
	乡	76.49	11.45	75.26	11.84	76.43	12.34	77.39	12.22	

学生生涯知识包括自我相关的知识、职业世界的知识探索。结果如表2 所示：对自我知识的了解比对世界职业知识的了解更多；在世界知识方面，男生比女生了解得更多，并存在显著差异（F = 5.33，P < 0.05）；其他均不存在显著差异。

表2　　　　　　　不同类别学生的生涯知识的差异分析

		世界职业知识		F	自我知识		F
		M	SD		M	SD	
城乡	城区	14.96	4.20	5.33 *	17.06	3.64	1.68
	郊区	15.57	4.38		16.76	3.73	

		世界职业知识		F				
		M	SD					
年级	高一	15.49	4.49	2.14		16.89	3.95	0.01
	高二	15.10	4.14			16.91	3.44	
性别	男生	15.19	4.50	0.42		16.98	3.80	0.40
	女生	15.36	4.15			16.83	3.60	

说明：* 表示 $p < 0.05$。

2. 学生生涯决策态度的现状分析

学生的生涯决策态度现状如表3所示，主动性和功利性得分较高，独立性略低，自信心与稳定性整体得分较低。城区学生在职业决策的独立性（$F = 6.44$，$p < 0.05$）和稳定性（$F = 5.40$，$p < 0.05$）方面都显著高于郊区学生。女生在职业决策的独立性方面显著高于男生（$F = 12.15$，$p < 0.01$）。

表3　　　　　　**不同类别学生的生涯决策态度的差异分析**

变量	城乡				F	性别				F
	城市		郊区			男生		女生		
	M	SD	M	SD		M	SD	M	SD	
功利性	12.09	3.80	11.73	3.83	2.37	11.7	3.95	12.08	3.70	2.73
自信心	6.15	0.89	6.06	0.80	2.42	6.11	0.79	6.09	0.89	0.25
稳定性	6.49	2.24	6.17	2.18	5.40*	6.19	2.27	6.43	2.16	2.84
独立性	10.31	2.39	9.95	2.34	6.44*	9.85	2.28	10.35	2.33	12.2*
主动性	10.23	2.68	10.52	2.57	3.36	10.5	2.69	10.28	2.56	1.79

说明：* 表示 $p < 0.05$。

3. 学生生涯决策知识和生涯成熟度存在年级和性别的交互作用

生涯成熟度的年级、性别、区域的主效应不显著，而进一步交互作用的校验结果显示：学生生涯决策知识、生涯成熟度在性别与年级的交互上显著（$F = 7.17$，$p < 0.01$；$F = 4.10$，$p < 0.05$）。如图2所示，随着年级的升高，男生的生涯成熟度有所下降，而女生的生涯成熟度不断提升，男生的生涯决策知识随着年级升高而有所减少，而女生的生涯决策知识则不断增加。这由高二学业任务加重，男生在学业知识相关方面投入更大的精力所致。

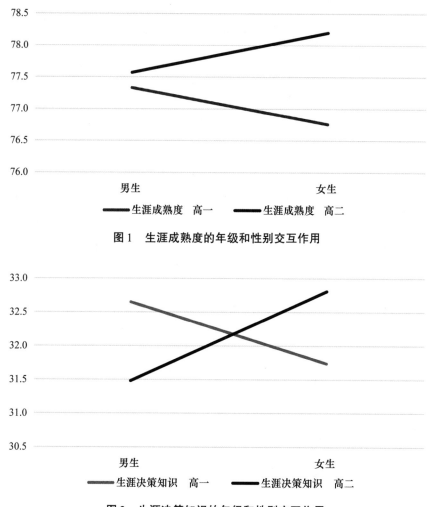

图 1 生涯成熟度的年级和性别交互作用

图 2 生涯决策知识的年级和性别交互作用

（二）学生的自我效能感和学校支持对生涯成熟度的影响

学生的自我效能对学生生涯知识和生涯成熟度都具有显著的预测作用（$\beta = 0.26$，$p<0.01$；$\beta = 0.16$，$p<0.01$）；学生感知到的学校支持对生涯知识、生涯决策和生涯成熟度均有显著的预测作用（$\beta = 0.06$，$p < 0.05$；$\beta = 0.06$，$p<0.05$；$\beta = 0.06$，$p<0.05$），自我效能和学校支持的预测变量可以解释生涯知识总变异的 7%，可以解释生涯决策态度的 3%；可以解释生涯成熟总变异的 2.8%（见表 4）。

表4 自我效能、学校支持对学生生涯成熟度的影响

预测变量	生涯知识		生涯态度		生涯成熟度	
	β	ΔR^2	β	ΔR^2	β	ΔR^2
自我效能	0.26**	0.066	——	0.16**	0.024	
学校支持	0.06*	0.016	0.06*	0.004	0.06*	0.004
解释率		0.070	0.030		0.028	

说明：* 表示 $p < 0.05$；** 表示 $p < 0.01$。

（三）普通高中学生生涯成熟度提升的有利因素存在城乡差异

整体来讲，学生的自我效能感和学校支持是学生生涯成熟度的有利因素。从上文可知，虽然普通高中学生生涯成熟水平整体上不存在城乡差异，但当我们将学生分为两组，以生涯知识、生涯态度和生涯成熟度为因变量，以自我效能感、社会支持（家长支持、社区支持和学校支持）为自变量分别进行多元线性回归时，结果显示，城郊区学生生涯成熟水平的显著性回归因素不同（见表5）。

表5 自我效能、社会支持对学生生涯成熟度的影响

预测变量	生涯知识		生涯态度		生涯成熟度	
	β	ΔR^2	β	ΔR^2	β	ΔR^2
效能感	0.27 [a]** (0.23 [b]**)	0.078 (0.060)	0.14** (-)	0.023 (-)	0.22** (0.09*)	0.052 (0.008)
家长支持	0.11* (0.12**)	0.011 (0.015)	-		- (0.17*)	- (0.016)
学校支持	-	-	0.10* (-)	0.011 (-)	0.11* (-)	0.012 (-)
社区支持	-		-		-	
总解释率		0.089 (0.074)		0.034 (-)		0.064 (0.020)

说明：a 指城区；b 指郊区数据；– 表示回归系数不显著；* 表示 $p < 0.05$；** 表示 $p < 0.01$。

在社会支持变量中，城乡存在不同的回归因素差异，城区学生的家长支持能显著预测学生生涯知识水平（$\beta = 0.11$，$p < 0.05$）；学校支持能显著预测学生生涯态度（$\beta = 0.10$，$p < 0.05$）；学校支持能显著预测学

生整体的生涯成熟水平（$\beta = 0.11$，$p < 0.05$），这说明城区学生的自我效能感、学校支持、家长支持是学生生涯成熟度的有利因素。郊区学生的家长支持能显著预测生涯知识水平（$\beta = 0.12$，$p < 0.05$）和整体生涯成熟度（$\beta = 0.17$，$p < 0.05$）。这说明郊区的学生获得的生涯知识、生涯态度的形成路径更多地依赖家长支持；而城区学生的支持路径则更加多元。

四 研究结论与分析

（一）普通高中学生的生涯成熟度存在个体差异

通过研究可知，普通高中学生生涯成熟度从生涯决策知识来看，学生对自我知识的了解比对世界职业知识的了解更多；在世界知识方面，男生比女生了解得更多，他们对内的自我探索较多，而对世界职业知识的了解较少，尤其是女生。性别只是一种生理属性，是与心理发展、社会化相关的变量，也与性别的社会角色认同有关。从生涯决策态度来看，学生的主动性和功利性得分较高，独立性略低，自信心与稳定性整体得分较低，说明学生正处于生涯探索阶段，对未来生涯决策的自信心和稳定性有待进一步提升；城区学生的认知水平和生涯成熟度较高，更能独立地做出决策，并且城区学生一直以来的成长环境和教育资源十分丰富，他们有着长期的探索和思考，更容易做出更具稳定性的生涯决策。这种研究结果也是符合学生实际情况的。

学生生涯决策知识、生涯成熟度在性别与年级上的交互性显著，高二男生的整体生涯成熟度有所下降，而女生的生涯成熟度不断提升，男生的生涯决策知识随着年级升高而有所减少，而女生的生涯决策知识则不断增加。这是由高二学业任务增加，男生在学业知识方面的相关投入更多所致。生涯成熟是一种心理发展水平的提高，受到自我效能感、智力等心理品质的影响，会随着年龄的增长而增长。

（二）自我效能感和学校支持是生涯成熟度的有利因素

本文研究显示，学生自我效能感和学校支持是学生生涯成熟度的有利因素，我们从内外途径双管齐下，提升学生生涯成熟度。从个体自身角度来讲，自我效能感是个体相信他们自己能够完成某项活动的自信心，是生涯教育的有效预测变量。一般而言，效能感是个体对能否完成某项活动的胜任力和能力信心的主观判断，对学生生涯成熟度有着较积极的作用，具体表现为学生能够积极主动地发挥其主观能动性探索自我，认识自我的优势与特点，也会坚持探索他们自己有兴趣的方向与领域，在学科选课、职业选择、社会实践等领域积极了解生涯知识和生涯决策内容。自我效能感是个体的积极心理品质，对推动人们积极应对和追求自我价值实现具有重要的意义。学生生涯成熟度会受到学校教育的影响，学校在生涯领域的专题教学、自主社团的参与、社会实践活动等的开展都会影响学生的生涯成熟度。学校是学生学习活动的主要场所，学生必然会因受到学校提供的生涯教育资源、师资和生涯实践活动的影响而表现出差异。自我效能感和学校支持均是生涯成熟度水平提升的有利因素。

（三）学生生涯成熟度的有利因素存在城乡差异，城区支持路径更加多元

本文研究发现：城区学生的支持路径更多，家长、社区和学校支持均是学生生涯成熟的有力支持，而在郊区的社会支持中只有家长支持一条路径是显著的，郊区的学生缺失更多的路径支持，生涯教育工作的开展本身专业性较强，学校的师资、家长资源、生涯实践基地等均存在着城乡差异，这种教育不均衡加剧了教育不公平。城区本身优势资源较为集中，家长、教师和学校对学生生涯教育和未来发展更为关注，并且能为学生提供相应的信息支持和更便利的实践机会。在社会支持变量中，城乡存在不同的回归因素差异，城区学生的自我效能感、学校支持、家长支持是学生生涯成熟度的有利因素。郊区学生的家长支持能显著预测生涯知识水平和整体生涯成熟度。这说明郊区学生的生涯知识、生涯态度的形成路径更多地依赖家长支持；而城区学生的支持路径则更加多元。也就是说，我们需要进一步加强对郊区学生学校支持和社区支持的力度，提升学生的生涯成熟水平。

五　提升普通高中学生生涯成熟度的几点建议

（一）引导学生积极参与生涯实践，增强生涯决策的自信心和稳定性

由本文可知，普通高中学生生涯成熟度处于中等水平，学生对自我知识的了解比对职业世界知识的了解更多，这跟他们一直在校园内学习生活，接触外部职业世界较少有关，学生生涯决策的自信心和稳定性有待进一步提升。生涯成熟度越高的学生，对自我的兴趣、能力、价值观和未来职业发展倾向越清晰，在面临高中阶段的发展任务，如选课选考、大学专业选择、生涯实践的参与等方面都会表现得更加主动、自信、独立、具有稳定性，这与以往的研究结论一致。① 高中阶段是学生生涯成熟度发展的重要阶段，需建立和完善生涯教育机制，开设相应的生涯指导课程，提升学生的生涯成熟水平。学生对生涯自我知识和世界知识了解得越多，在学校生涯教育实践中就越自信，并能做出相对稳定的决策。在生涯专题教育中，一方面，要引导学生进行深度自我探索，如个体兴趣、能力优势、价值观等，唤起学生生涯意识，提高对职业生涯的决策能力；与此同时，生涯实践是增强学生体验及其生涯意识觉醒的重要路径，学校可以组织丰富的校外实践以增加学生与外界互动的机会，通过职业访谈、走进大学、科研院所、高新科技产业等增强学生的认知体验，提升学生生涯决策的态度水平，尽可能地减少职业选择的功利性，使其更加主动、自信、独立、稳定地迎接未来挑战。

（二）提升学生自我效能感，加强学校生涯教育的系统性支持

学生在高中学习和生涯探索过程中，会自动评估他们自己有没有能力完成这项任务，并会产生一系列情绪反应，也会以积极或者消极的态度思考问题，对行动做出预测。自我效能会强化学生完成探究任务的信心，促使个体不断尝试和挑战困难。提升学生的自我效能感，可以从效能感获得路径入手，如设置适中的生涯目标，帮助学生在生涯实践和探索中积累成功经验；引导学生学会采用恰当的积极归因，从成功和失败的生涯探索中获得成长；找到身边学长的榜样力量，使他们能从优秀学长校友的经验分享中产生共鸣，对学生生涯起到引领作用，提升自我效能感。② 与此同时，生涯教育是整体性工程，除学校从整体层面进行整体规划，系统设计，从

① 肖金昕、王乃弋：《高中生职业成熟度与学业自我效能感的关系》，《中小学心理健康教育》2021年第3期。
② 陈实、顾雪英：《高中生情绪智力对学习动机的影响：生涯成熟度的中介作用》，《现代中小学教育》2018年第6期。

机制建设、专题培训、资源建设、课题研究等方面促进学校生涯发展指导工作外，还应关注家庭支持和引导学生从其父母的职业上获取生涯意识。父母在亲子沟通中用积极正向的鼓励和自我榜样示范，引发子女对未来的关注和人生的思考①；鼓励和引导他们的孩子探索自我兴趣和能力，并提供所获取的信息，激发孩子的探索热情，不断鼓励孩子自主探究，提高自我效能感，助力孩子生涯知识的获得，提升其生涯成熟水平。

（三）关注城乡差异，构建"多位一体"的学生生涯发展指导体系

在学校实践中，我们应共建共享优质互联网＋生涯教育资源，如线上专题课的共享，开设生涯教育论坛，进行优质生涯教育的经验分享等实现教育均衡。我们应该因地制宜，关注城乡差异，实现教育优质资源互补，构建"多位一体"的学生发展指导体系。② 在生涯教育主体上，首先，将学校、家长和社区连接起来，发挥各自的资源和教育优势，如学校教育中优秀的教师资源、专业知识、师生互动等，这是提升学生生涯成熟度的核心力量；其次，动员和发挥家庭教育的强大功能，这是青少年健康发展的起点和基础，学生能够获得长远而深刻的影响，可以邀请家长参与到学校生涯教育中，如定期举行家长培训、引导家长激发学生生涯意识，安排学生了解家长职业，加深对职业世界的认识；社区教育是学生通过与校外的接触、互动而进行的，一直以来都较为薄弱，但社区是一个真实的社会，与学生生活息息相关，没有年龄、时间、地点等的局限，成为家庭、学校教育的有益补充。将家、校、社区三者结合起来，以家庭为基础、学校教育为纽带，拓展社会实践教育方式，构建"三位一体"生涯教育指导体系，助力学生多元而个性化的发展。

---

① 程利娜、井军弟：《高中生父母依恋与职业成熟度的相关研究》，《中国健康心理学杂志》2011 年第 1 期。

② 王乃弋、夏可欣、王秋蕴等：《家庭功能与高中生生涯成熟：行为自主和情感自主的中介作用》，《华南师范大学学报》（社会科学版）2018 年第 2 期。周园：《高中生外部动机、自我效能感和自主性的关系及其对学业成绩的影响——基于中部地区某市 46 所中学的纵向数据》，《教育测量与评价》2016 年第 7 期。

积极心理干预对中学生创伤后成长的影响

白玉萍　王爱芬　孙睿妍*

随着积极心理学的快速发展，创伤后成长受到更多的关注。积极心理学的创始人塞利格曼等学者认为，心理学不仅应对损伤、缺陷和伤害进行研究，并加以修正和弥补，而且应该对积极力量和优秀品质进行研究，发掘人类自身所拥有的美德、潜能。[1] 心理问题的出现为人类提供了一个展现他们自己拥有的智慧和潜在能力的机会，处理和消解心理问题的过程同时也是积极心理的发展过程。[2]

传统的心理干预把重心放在个体的心理问题上，对个体心理消极的、变态的因素进行研究，以消除个体的心理疾病为主要目标，但是没有心理疾病并不等于个体就是健康快乐的。[3] 积极心理干预（Positive Psychological Interventions，PPI）指以积极心理学思想为理论指导，旨在帮助个体发掘、强化和维持其生命中的"积极资源"（包括积极认知、美德、能力、性格优势、生命意义等），减轻抑郁症状，培养积极情绪、行为或价值观的各种治疗方法或训练活动。[4] 积极心理干预是对传统心

---

* 白玉萍 北京教育科学研究院德育研究中心；王爱芬 山西省教育科学研究院；孙睿妍 北京中学。

[1] A. L. Duckworth, "Steen TA Seligman ME. Positive Psychology in Clinical Practice", *Annu Rev Clin Psychol*, 2015, No. 5, pp. 29 – 51.

[2] Wong, "PTP Positive Psychology 2. 0 Towards a Balanced Interactive Model of the Good Life", *Canadian Psychology-Psychologie Ca-nadienne*, 2011, Vol. 52, No. 2, pp. 69 – 81.

[3] 李新：《积极心理学视角下的青少年心理健康教育——评〈新时代青少年心理健康教育：原理、操作与实务〉》，《中国教育学刊》2023 年第 11 期。

[4] 刘明娟：《积极心理学对大学生心理健康教育的启示》，《教育理论与实践》2022 年第 42 (21) 期。

理干预的补充和超越①，是积极心理学理论转换为心理干预或治疗操作技术的载体②，包括正念练习、积极思维、感恩拜访、重现成功经历、目标设置、灌输希望、积极情绪表达等。国内外大量研究发现，积极心理干预可以帮助个体降低焦虑，减少自我伤害行为，减轻抑郁，提升生命意义感，形成积极正面的态度和行为。③

本文以中学生群体为研究对象，以积极心理学理论为基础，针对经历过校园危机事件的中学生的心理健康状况与心理成长需求，制定积极心理干预的团体辅导方案，并与学校常规心理课即传统心理干预作为对照，探讨积极心理干预对于中学生创伤后成长的促进效果。

一　研究对象与方法

（一）调查对象

2023 年 5—7 月，项目组在北京与山西两地分别选取一所初中学校，这两所学校在本年度都发生过学生在校内自杀的危机事件，对全校学生造成巨大的心理冲击。部分学生出现抑郁、焦虑、恐惧等负面情绪，学校希望对学生进行心理干预，缓解危机事件的影响，提高学生心理健康水平。

这两所学校中的一所学校已经开设了心理健康课，另外一所学校尚未开设心理健康教育课。在每所学校的八年级分别选取学生症状和问题十分明显的两个班级，作为实验组一、实验组二和对照组一、对照组二。对每组的性别、年龄、文化程度、人数等一般资料进行差异检验，发现它们都没有统计学意义上的差别（P > 0.05），具有可比性。

---

① Mendes de Oliveira, Cyntia, Carla Regina Santos Almeida, and Claudia Hofheinz Giacomoni, "School-based Positive Psychology Interventions that Promote Well-being in Children: A Systematic Review", *Child Indicators Research* 15. 5 (2022): 1583 – 1600.

② 段文杰、卜禾：《积极心理干预是"新瓶装旧酒"吗？》，《心理科学进展》2018 年第 10 期。

③ N. L. Sin, S. Lyubomirsky, "Enhancing Well-being and Alleviating Depressive Symptoms with Positive Psychology Interventions: A Practice-friendly Meta-analysis", *Journal of Clinical Psychology*, 2009, Vol. 65, No. 5, pp. 467 – 487；吴九君：《积极心理干预对大学生心理和谐、抗逆力、总体幸福感及抑郁的影响》，《首都师范大学学报》（社会科学版）2019 年第 4 期；张平、张兰鸽、涂翠平等：《团体积极心理干预对研究生生命意义感和社会支持的效果》，《中国健康心理学杂志》2024 年第 3 期。

1. 对照组

教师进行常规教学教育活动以及开展常规的心理健康课，即实施传统的心理干预。常规教学教育活动包括学科教学、班级管理、师生沟通、生生互动、家校协作等。其中对照组一是学校已经开设了心理健康课的组别，对照组二的学校以往没有开设过心理健康教育课。

2. 实验组

在进行常规教学教育活动包括学科教学、班级管理、师生沟通、生生互动、家校协作等的同时，实施为期两个月共八次的积极心理干预。其中实验组一是学校已经开设了心理健康课的组别，实验组二的学校没有开设过心理健康教育课。

（二）测评工具与施测

采用中文版创伤成长量表（PTGI）来测量个体创伤后的成长和积极改变。[1] 该量表包括五个维度，共 20 个条目，五个维度分别是：新的可能性、欣赏人生、人际关系、精神改变、个人力量；每个条目均采用 Likert 6 级计分法，"完全没有" 计 0 分，"非常多" 计 5 分，总分为 0—105 分，分值越高，表明 PTGI 水平越高。以往有研究表明，该量表重测信度为 0.80，Cronbach'α 系数为 0.92[2]，说明该量表具有较好的信效度。

在干预开始前，对所有研究对象发放问卷进行前测。对实验组进行为期两个月共计八次的团体心理辅导结束后，再进行后测，并在每个班级征集 2—3 名共 10 名学生进行访谈，通过量化评估与质性评估相结合的方式考察干预效果。

二 干预的实施

（一）成立干预小组

由两名心理专家即大学心理学教授、四名心理学专业的实习研究生组

---

[1] 汪际：《创伤后成长评定量表及其意外创伤者常模的研制》，硕士学位论文，第二军医大学，2011 年。

[2] 耿亚琴、许勤、刘惠贤等：《中文版创伤后成长量表在多发伤幸存者中应用的信效度分析》，《中华护理杂志》2011 年第 10 期。

成干预小组。后者负责具体的干预实施即带领活动，前者负责进行督导。四名研究生均具有心理学学科背景，系统学习了健康心理学与辅导心理学理论，接受过系统的团体辅导培训以及相关心理咨询与治疗培训，具有一定的团体辅导经验。

（二）干预流程

在对学生心理健康状况进行评估的基础上，制定针对性的干预措施，利用校本心理课时间，每周开展一次以班级为单位的团体心理辅导，每次40—50分钟，共计八次。

实验组干预团队在干预前由督导老师对四名干预实施者进行强化积极心理学知识的系统培训，要求他们能够熟练运用积极心理干预技术。四名干预实施者遵循标准化积极心理干预团体活动手册的要求进行活动带领，包括活动的基础理论、教学技术和每次活动的具体流程。在每次活动前，通过视频连线方式开会，实验组干预团队一起做准备，以确保对课程材料和干预过程的一致性实施；在活动结束后，四名干预实施者对活动进行复盘，团队成员交流讨论，督导老师进行督导。

在对照组方面，由一名具有一定的心理健康教育与心理辅导工作经验的学校心理教师负责的对照组一延续学校已经开设的传统的心理健康课，对照组二除了进行常规教学教育活动之外，既没有开设传统心理课，也没有接受积极心理干预。

（三）干预方案

在本文中，对于实验组实施积极心理干预的团体辅导方案的名称为"积极乐观向未来"，主题包括积极的自我概念、积极的情绪情感、积极的认知、积极的人际沟通、积极的社会支持、积极的学习、积极的生涯。干预方案以积极心理学为主要的理论基础和技术手段，对学生经历校园危机事件后的乐观信念与克服困难的行动力进行发掘和促进，同时遵循团体心理辅导理论，采纳团体心理辅导的相关设置，在团体的初期、过渡、工作及结束这四个不同阶段设计不同的活动主题和活动形式，循序渐进地激发团体动力、促进团体成员参与、增强团体凝聚力，在每一次辅导过程中都围绕干预目标进行讨论分享，在结束时都要布置作业，把团体辅导中的学习和收获迁移到现实生活中，以此促成个人的积极变化。具体活动方案如表1所示。

表1　　　　　　　　　　　积极心理干预团体辅导活动方案

活动阶段	活动主题	活动形式	活动目标
团体初期阶段	相见欢	热身活动，制定团体契约	增进同学间的情感联结，建立安全放松的心理环境，为团体顺利开展活动奠定基础
团体过渡阶段	我很棒	观看有关自我成长的电影片段，做"发现优点"的心理体验活动	引导学生加深对自我的认识，更多地看到他们自己的优点与进步，增强自尊与自信心，建构积极的自我概念
	快乐每一天	正念冥想放松、想象美好事物、感受和分享生活中的幸福时光	促进学生察觉他们自己的情绪体验，减少负性情绪，感受快乐与幸福，发现和提升积极的情绪情感
团体工作阶段	换个角度想一想	讲授有关认知调节的心理理论和方法，做"故事接龙"的心理体验活动	帮助学生学会调整视角，用资源取向替代问题取向，用乐观型解释风格替代悲观型解释风格，建立积极的认知
	尊重他人友善待人	体会倾听的重要性，练习非暴力的语言表达	引导学生以积极主动、友善合作的态度和方式与人交往，善于倾听、善于语言表达，建设积极的人际沟通
	懂得感恩	做"巧手剪一剪"的心理体验活动，分享讨论成长过程中所遇到的来自他人的关爱和支持	促进学生察觉和感受生命中的温暖和助力，更加懂得感恩，拓展积极的社会支持
	发现学习的意义	对学习快乐成功以及与之相反的典型案例进行分析，讨论学习的意义和价值	帮助学生理解学习的重要作用，察觉和发现学习的乐趣，并进一步提升他们对学习的志趣，建设积极的学习观和学习力
团体结束阶段	我的未来不是梦	做"职业猜谜"的心理体验活动，进行生涯畅想	进行生涯规划，展望美好未来，回顾并总结团体活动

　　与实验组的活动同期的对照组一的心理健康教育课主题包括走出哀伤、学会合作、向拖延说"不"、善于赞美、远离校园欺凌、考试焦虑的原因与对策、正确处理异性交往、追逐青春梦想。在课程期间的教学方法主要采用"问题—分析—解决"的传统心理干预活动流程。

三 研究结果与分析

在积极心理干预团体辅导活动进行之前，实验组一与对照组一（二者都是学校已经开设了心理健康课的组别）、实验组二与对照组二（二者是学校以往都没有开设过心理健康教育课的组别）的创伤后成长水平差异不显著，即实验组一与对照组一的被试属于同质被试、实验组二与对照组二的被试属于同质被试。在对实验组进行了八次积极心理干预团体辅导之后，实验组与对照组的创伤后成长水平发生了变化。

（一）实验组一与对照组一的创伤后成长水平变化

在对实验组一进行了八次积极心理干预团体辅导之后，实验组一的创伤后成长总分以及各维度得分与干预前相比较呈现出显著差异，对照组一的创伤后成长总分以及各维度得分与干预前相比较也呈现出显著差异，但是实验组一干预后的创伤后成长总分以及各维度得分与对照组一后测的创伤后成长总分以及各维度得分无显著差异（见表2）。这说明，对于实验组一实施的系列积极心理干预发挥了积极作用，促进了中学生的创伤后成长。同时，对于对照组一开展的常规心理课即传统的心理干预也取得了积极效果，促进了中学生的创伤后成长。

表2　　实验组一与对照组一干预前后创伤后成长（PTGI）得分比较

组别	新的可能性	欣赏人生	人际关系	精神改变	个人力量	总分
实验组一（n = 42）						
前测	13.31 ± 4.96	11.71 ± 3.94	13.05 ± 4.95	5.28 ± 2.28	12.09 ± 3.50	52.17 ± 15.78
后测	17.02 ± 2.08*	16.41 ± 2.14*	16.15 ± 2.25*	7.60 ± 0.42*	16.02 ± 2.30*	60.05 ± 8.56*
对照组一（n = 40）						
前测	13.04 ± 1.86	13.32 ± 2.63	12.12 ± 4.27	5.02 ± 3.24	12.82 ± 2.92	51.42 ± 10.69
后测	16.11 ± 3.12*	16.82 ± 2.33*	15.78 ± 2.17*	6.79 ± 2.82*	16.43 ± 3.26*	58.91 ± 9.32*

说明：*表示与同组干预前比较，$P < 0.05$。

（二）实验组二与对照组二的创伤后成长水平变化

在对实验组二进行了八次积极心理干预团体辅导之后，实验组二的创伤后成长总分以及各维度得分与干预前相比较呈现出显著差异，对照组二的创伤后成长总分以及各维度得分与干预前相比较没有呈现出显著差异，实验组二干预后的创伤后成长总分以及各维度得分与对照组二后测的创伤后成长总分以及各维度得分呈现出显著差异（见表3）。这说明，对于实验组二实施的积极心理干预发挥了正向作用，促进了中学生创伤后成长。同时，虽然在同一所学校同一年级学习的学生，都遭遇了重大危机事件的冲击并且产生了明显的心理与行为反应，并且由于对照组二没有开展积极心理干预，该班级学生得到的来自学校教师的关注和重视不少于实验组二，但是专业系统的积极心理干预的疗愈效果胜过非专业的朴素的心理干预。

表3　　　　实验组二与对照组二干预前后创伤后成长（PTGI）得分比较

组别	新的可能性	欣赏人生	人际关系	精神改变	个人力量	总分
实验组二（n = 45）						
前测	11.85 ± 1.64	10.63 ± 2.82	12.23 ± 2.42	4.96 ± 3.24	11.72 ± 2.64	51.23 ± 9.49
后测	16.63 ± 3.12 * #	15.82 ± 2.33 * #	16.78 ± 2.17 * #	6.27 ± 2.82 * #	15.43 ± 3.26 * #	60.12 ± 9.03 * #
对照组二（n = 46）						
前测	11.97 ± 2.36	11.19 ± 2.09	11.56 ± 2.42	4.78 ± 3.24	10.86 ± 2.73	50.68 ± 8.32
后测	12.23 ± 2.29	13.65 ± 2.26	12.61 ± 2.78	5.02 ± 2.90	12.01 ± 2.87	52.04 ± 7.96

说明：#表示与对照组干预后比较，$P < 0.05$。

（三）实验组一与实验组二的创伤后成长水平变化

实验组一与实验组二均进行了八次积极心理干预团体辅导，实验组一与实验组二的创伤后成长水平在积极心理干预团体辅导活动进行之前，在"新的可能性""欣赏人生""人际关系""个人力量"以及创伤后成长总分上均存在显著差异，但是在积极心理干预团体辅导活动进行之后，实验组一与实验组二的创伤后成长水平的差异水平降低。虽然实验组二在各维度以及创伤后成长总分上的得分都低于实验组一，但不构成显著性差异（见表4）。实验组一与实验组二的区别在于，前者在本活动开展之前就已开设常规心理课程，后者在本活动开展前没有开设过常规心理课程。这一结果也可以充分说明积极心理干预的价值和力量。

表4　　　实验组一与实验组二干预前后创伤后成长（PTGI）得分比较

组别	新的可能性	欣赏人生	人际关系	精神改变	个人力量	总分
实验组一（n = 42）						
前测	13.31 ± 4.96 *	11.71 ± 3.94 *	13.05 ± 4.95 *	5.28 ± 2.28	12.09 ± 3.50 *	52.17 ± 15.78 *
后测	17.02 ± 2.08	16.41 ± 2.14 *	16.15 ± 2.25 *	7.60 ± 0.42 *	16.02 ± 2.30 *	60.05 ± 8.56 *
实验组二（n = 45）						
前测	11.85 ± 1.64	10.63 ± 2.82	12.23 ± 2.42	4.96 ± 3.24	11.72 ± 2.64	51.23 ± 9.49
后测	16.63 ± 3.12	15.82 ± 2.33	16.78 ± 2.17	6.27 ± 2.82	15.43 ± 3.26	60.12 ± 9.03

说明：* 表示 $P < 0.05$。

四　研究结论与建议

初中学生处于青春发育期，成长中的矛盾比较突出，心理弹性与应对方式尚不健全，他们感受到的烦恼往往比较明显。对于危机事件对中学生的心理健康影响的调查研究发现，中学生的抑郁与焦虑情绪检出率较高[1]，感知到的压力水平较高。[2] 因此，在严重危机事件发生后，了解他们的心理健康状况，对其负性情绪进行及时干预，扩展其内在的积极资源和力量，促进其实现创伤后的积极成长，是十分必要的。基于研究结果，本书形成如下研究结论与建议。

（一）结论

1. 通过实施积极心理干预，可以提高中学生创伤后成长水平

边玉芳等人研究认为，在积极心理学背景下，中小学校心理教师应当从问题解决专家成为学生自我成长的激发者。[3] 本文研究显示，与对照组比较，实验组在进行积极心理干预后，PTGI量表总分及五个维度评分有显著提高，差异有统计学意义。尤其是实验组二与对照组二在干预前不存在显著差异，但是在干预后的比较呈现出显著差异，实验组一与实验组二在

---

[1]　封安保、郭缨、刘海培、王君：《新冠肺炎疫情期间中学生抑郁及自学能力与父母教养方式的关系》，《中国学校卫生》2021年第5期。

[2]　卢皓扬：《公共危机管理视角下四川地震灾区中学生心理问题研究》，硕士学位论文，西南民族大学，2021年。

[3]　边玉芳、何妍、吴洪健：《积极心理学背景下中小学心理教师的角色定位》，《中国青年社会科学》2018年第4期。

干预前存在显著差异但是在干预后的比较中没有呈现出显著差异。这均可以说明积极心理干预引导中学生从挫折的经历中发展出积极反应，能够激发中学生满足、幸福等积极情绪，使他们认识到他们自己的负面认知并尝试改变、消除心理困惑，减少对周围环境的抱怨和不满，与同学、老师和家长进行有效沟通，珍爱生命，发掘其自身内在的正向潜能，提高学习效能和生活品质，更加乐观地建设和迎接未来。本文对学生的访谈也证实了创伤后成长的客观存在与水平的提高。例如，有的学生说："不经历风雨怎么见彩虹，我们还年轻，受点挫折对我们有好处。"有的学生说："刚开学时我状态不太好，我不想来学校也不愿意参加集体活动，现在我好多了。"

2. 传统心理干预中蕴含着积极取向与积极价值，可以在一定程度上提高中学生创伤后成长水平

2012 年教育部印发的《中小学心理健康教育指导纲要》指出：心理健康教育的总目标是：提高全体学生的心理素质，培养他们积极乐观、健康向上的心理品质，充分开发他们的心理潜能，促进学生身心和谐可持续发展，为他们健康成长和幸福生活奠定基础。[①] 本文研究显示，在已经给学生开设心理健康教育课的学校，实验组与对照组在干预后没有呈现出显著差异，对照组的创伤后成长总分以及各维度得分与干预前相比有所提高，呈现出统计学上的显著差异。这说明，传统心理学以问题为导向的干预具有积极价值和意义，与积极心理干预一样都可以促进创伤后成长。积极心理学与传统心理学共同构成了一块硬币的两面，二者的切入点和角度不同，不可互相替代。"积极"与"消极"实质上是辩证统一的关系，不应将其割裂成为对立的两个方面，并以此来定义积极心理干预。[②] 有研究者认为，积极心理干预的定义不应突出更不应局限于活动本身，而是要考虑其服务的对象和运用的环境，所有那些经过实证检验的，能够帮助人们提升幸福感的干预活动都是积极心理干预。在本文中，有一名实验组学生在活动过程中出现了明显阻抗："老师让我们积极阳光，但是我现在挺难过

---

① 《教育部关于印发〈中小学心理健康教育指导纲要（2012 年修订）〉的通知》，http://www. moe. gov. cn/srcsite/A06/s3325/201212/t20121211_ 145679. html.

② 闫娟娟、苏浩：《提升大学生抗逆力水平的积极心理干预研究》，《教育观察》2023 年第 1 期。

的。""一想到我奶奶春节前去世了，我就很想哭。"活动带领者对这名学生及时进行了共情安抚，并询问班上学生是不是也有类似的情绪，对此大家怎么看待和处理，这种及时调整的做法收到了良好的效果。

（二）建议

1. 要切实重视和开展学生心理健康教育

本研究发现，在还没有给学生开设心理健康教育课的学校，实验组与对照组在干预后呈现出显著差异。正如实验组学生所说："每次上完心理课我都觉得自己很轻松，增加了力量。""在心理活动过程中我感受到同学之间的互相关心互相帮助。""我清楚地看到了自己的优点，我比以前自信了。"该学校对照组的学生对实验组的学生十分羡慕，表示他们自己也很希望上心理课。在对学校老师的访谈中了解到，他们发现实验组与对照组的学生相比较，前者整体上更加积极乐观、更加有班级凝聚力。大量实践表明，重视和开展心理健康教育工作，开展面向学生的心理干预和帮助，有助于学生自我恢复和自我更新能力的提高，促进心理和谐发展和心理潜能开发，进而塑造积极的个性心理品质。[①] 随着经济社会的快速发展，青少年成长环境不断变化，新时代我们应该切实重视、全方位开展心理健康教育，不断完善心理干预机制，帮助学生纾解心理压力、提振学习信心，促进他们在更大程度上从创伤后应急障碍（PTSD）转化为创伤后成长（PTG）。

2. 在心理健康教育和辅导实践中，积极心理干预应当与传统的心理干预相结合

中学生成长中的问题具有暂时性，会随着他们自身生理上的成熟和心理水平的提高而逐渐减轻和克服，但是，如果一般心理问题得不到重视，严重的意外事件所造成的打击和创伤没有得到及时指导和解决，很可能造成恶性循环，逐渐加重，演变成为心理障碍和精神疾病。对于危机事件后学生心理健康的关注和促进，传统心理干预的做法是直接针对个体的消极情绪或心理问题开展干预或治疗，积极心理干预通过发现并强化个体本身所具有的"积极资源"，帮助个体解决消极情绪和心理问题，促进个人的

[①] 张香敏：《积极心理学视域下的学生道德成长机制探讨》，《教育理论与实践》2018 年第 5 期。

成长和改变。① 在学校心理健康教育和辅导实践中，要辩证地看待并存的积极心理与消极心理两个方面，对内在与外在的心理资源进行综合分析，制定和实施更具有针对性的干预方案。

3. 应推广以班级为单位的积极心理干预团体辅导活动

团体心理辅导促进当事人在团体中通过成员间交流、相互作用、相互影响来认识和解决他们自己的问题。与个别心理辅导相比，团体心理辅导感染力更强，影响更广泛，更省时省力效率高，由于创造了一个类似真实的社会生活情境，团体辅导效果更容易巩固。但是标准意义上的团体心理辅导需要根据主题对成员进行招募筛选，在中小学里的实施往往受到客观情境的制约。本文开展的积极心理干预模式以班级为单位，采用积极心理团体辅导与课堂干预相结合的模式，充分发挥课堂教育的主渠道作用，充分体现心理健康教育面向全体、以学生为主体的基本原则，并充分运用团体辅导的动力作用促进学生将课堂所学延伸、应用到日常生活中，加强了心理健康教育工作的实效性。本文的方法便于操作实施、成本低、无不良作用，值得进一步验证及推广使用。

---

① 梁巧玲、谭宇康、梁嘉权等：《积极心理干预在抑郁障碍伴非自杀性自伤行为青少年中的应用效果》，《中国临床护理》2022 年第 2 期。

家长心理资本对学生身心健康发展的影响

——基于 719 位小学家长心理资本调查

冯丽娜　邵红云*

一　引言

心理资本是个体在成长和发展过程中表现出的一种积极心理状态，对员工、教师、学生、医护人员等各行各业、各种人群都产生了深刻的影响。

20 世纪 90 年代末，美国心理学家 Seligman 发起了积极心理学运动，并首次提出心理资本的概念，提倡对导致个体积极行为的心理因素进行深入研究。学术界对心理资本的研究主要包括以下三个方向：心理资本特质论、心理资本状态论、心理资本综合论。状态论的观点在心理资本研究领域占主流地位，认为心理资本是一种积极的心理状态，这些积极的心理能力是能够开发和提高的。Luthans 认为，心理资本包括自我效能、希望、乐观和坚韧性。国内学者柯江林、孙健敏、李永瑞认为，心理资本包括事务型心理资本（自信勇敢、乐观希望、奋发进取与坚忍顽强）与人际型心理资本（谦虚诚稳、包容宽恕、尊敬礼让与感恩奉献）。在积极心理学视角下，提升不同人群心理资本水平，是心理资本研究的出发点和落脚点。[1]

父母注重提升其自身的心理资本，不仅有利于养育教育孩子，而且对个人心理健康的发展极具意义。[2] 每个家长都有积极的心理潜能，都有自

---

* 冯丽娜 北京教育科学研究院德育研究中心；邵红云 北京市通州区教师研修中心。

① 徐杏玉：《心理资本研究综述》，《现代职业教育》2017 年第 33 期。

② 胡明娜：《3—6 岁幼儿父母心理资本与亲子冲突解决策略的现状及关系研究》，硕士学位论文，天津师范大学，2019 年，第 39 页。

我成长的能力，挖掘和积累积极的家长心理资本是提升家长心理健康水平的关键。如张洁等人归纳出心理资本是影响孤独症儿童家长心理弹性的一个保护性因素，包括爱的信念和积极品质。对孩子爱的信念，会带动家长不断寻求康复资源，这是家长愿意勇敢与积极应对的情感动力，而家长自身乐观、坚持等积极品质则是心理弹性发展的核心力量。[①] 具有高心理资本的家长更倾向于采取解决问题等积极策略，不断调整心态，适应良好，较少出现心理问题。

家长在孩子面前承担着养育者和教育者等多种角色，其心理资本对孩子也会产生较大影响。从文献来看，家长心理资本不仅对正常青少年儿童身心健康、亲子关系家庭氛围等起到重要影响，如胡明娜发现，家长心理资本与亲子冲突有显著预测关系；而且对残障儿童心理健康、身体反应都有促进作用，如周志强研究发现，家长心理资本对听障儿童的康复效果有直接作用。在幼儿亲子冲突解决策略研究中，良好的家长心理资本会促进协商策略增加，强制策略减少，从而有效解决亲子冲突，促进亲子关系和谐发展。在听障儿童康复训练中，家长心理资本水平越高，其子女在康复训练中的效果就越好；提高家长的积极心理资源对于提高听障儿童的康复效果有积极意义。家长心理资本能够影响家长的育儿行为，心理资本水平高的家长在教养子女过程中的行为更为积极。周志强等人的研究证明，家长的自我效能感能够间接或直接影响儿童的发展；乐观能够带来更积极的养育行为并影响儿童发展。[②]

关系发展系统论（Relational-Developmental Sstemsy，RDS）认为，个体社会文化的发展与情境是一个双向或多项的反馈循环，不同的家庭环境是影响个体心理和认知发展的重要因素，家庭因素对个体的心理资本有显著影响，生活在温暖氛围家庭里的孩子，其心理状态会更积极。[③] 洪灵芝等人的研究结果表明，父母粗暴养育会削弱初中生心理资本，进而负向影

---

① 张洁、张悦歆、谢钰涵：《孤独症儿童家长心理弹性及其影响因素研究》，《现代特殊教育》2021 年第 16 期。

② 周志强、隋文青、田宝：《家长心理资本、参与程度对听障儿康复效果的影响》，《中国康复理论与实践》2012 年第 5 期。

③ 张效、肖少北：《父母教养方式与心理资本、社交焦虑的关系：基于潜在剖面模型》，《中国健康心理学杂志》2023 年第 6 期。

响其学习投入。[1]

2021 年颁布的《中华人民共和国家庭教育促进法》旨在引导全社会注重家庭、家教、家风，增进家庭幸福与社会和谐，培养全面发展的社会主义建设者和接班人。在提升家长心理健康素养方面，该法律提出了一系列措施和要求。比如，首次以立法的形式明确未成年人父母或者其他监护人应当树立家庭是第一个课堂，家长是第一任老师的责任意识，承担对未成年人实施家庭教育的主体责任。在实施家庭教育时，要关注未成年人的生理、心理、智力发展状况，合理运用有益于未成年人全面发展、健康成长的方式方法。

为提升学生心理健康素养，培育学生热爱生活、珍视生命、自尊自信、理性平和、乐观向上的心理品质和不懈奋斗、宠辱不惊、百折不挠的意志品质，2023 年，教育部等十七部门联合印发《全面加强和改进新时代学生心理健康工作专项行动计划（2023—2025 年）》。该文件明确要求加强家庭教育指导服务，引导家长关注孩子心理健康，树立科学养育观念，尊重孩子心理发展规律，理性确定孩子成长预期，保障孩子充足睡眠，防止他们沉迷网络或游戏。

本文对家长群体的心理资本开展测评，为提升学生心理健康水平找到有效途径和策略，为中小学生身心健康发展保驾护航。

二 研究过程

（一）测评对象

本文对某小学共 719 位家长开展心理资本调查，家长样本具体分布情况如表 1 所示。

表 1　　　　　　　　参与心理资本调查的家长样本分布

性别	男		女	
	134（18.9%）		575（81.1%）	
学历	中专及以下	普通高中	大学大专	研究生
	45（6.35%）	24（3.39%）	501（70.66%）	139（19.61%）

---

① 洪灵芝、魏明珠、黄绍旭、黄为旖：《粗暴养育对初中生学习投入的影响：心理资本的中介作用》，《教育观察》2023 年第 23 期。

（二）测评内容及工具

心理资本是指个体在成长和发展过程中表现出来的一种积极心理状态，是促进个人成长和绩效提升的心理资源。柯江林将心理资本界定为在中国组织情景下个体在为人处世过程中所拥有的一种可测量、可开发和对工作绩效有促进作用的积极心态或心理能力。研究表明，个体心理资本水平与工作态度、绩效之间呈显著的正相关关系，心理资本使得个体的优势和潜能得到最大程度地发挥，从而促进个人成长和工作绩效水平的提升，对组织整体绩效也有推动作用。

本次调查采用由柯江林等人于2009年编制的《心理资本量表》，共计40个题目，包括事务型心理资本和人际型心理资本两部分内容。其中事务型心理资本包括自信勇敢、乐观希望、奋发进取、坚韧顽强四个维度；人际型心理资本包括包容宽恕、尊敬礼让、谦虚诚恳、感恩奉献四个维度。心理资本量表总分为所有题目之和，每个维度的得分为该维度下所属题目得分之和。在一般情况下，分值越高，相应的心理资本水平就越高。将分值同常模相比，可以划分为高分、中等、低分三个等级，不同等级表示不同水平的心理资本。该量表具有良好的信度和效度。

三 家长心理资本现状调查

（一）家长心理资本及各维度均值情况

全校共有719位家长参与心理资本测评，从分值来看，心理资本总分以及自信勇敢、乐观希望、坚韧顽强、包容宽恕、尊敬礼让、谦虚诚恳六个维度均值高于常模，奋发进取和感恩奉献两个维度均值低于常模。

具体来看，在心理资本总分上，家长均值为188.33分，高于常模值（180.55分），最低分为116分，最高分为240分。其中，181分及以下累计占比为37.8%，说明有37.8%的家长的分值低于常模值。具体分值频率分布如图1所示。

表 2 　　　　　　　　　　　家长心理资本分值

	均值	常模均值	标准差	常模标准差	家长分值范围
心理资本总分	188.33	180.55	22.06	22.26	116—240
自信勇敢	25.26	21.64	3.12	3.03	12—30
乐观希望	23.24	20.81	3.78	3.58	12—30
奋发进取	22.09	23.16	4.15	3.91	8—30
坚韧顽强	24.11	23.09	3.72	4.59	8—30
包容宽恕	22.26	21.34	3.69	4.77	9—30
尊敬礼让	22.61	22.15	3.56	4.55	8—30
谦虚诚恳	25.56	24.38	2.57	3.72	18—30
感恩奉献	23.22	23.98	3.47	5.17	11—30

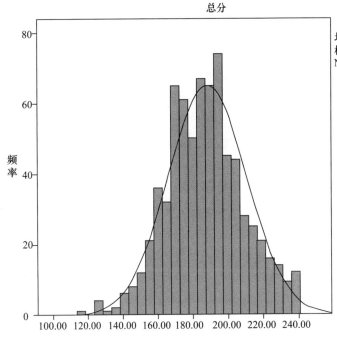

图 1　家长心理资本总分的频数分布

在自信勇敢维度，家长均值为 25.26 分，高于常模值（21.64 分），最低分为 12 分，最高分为 30 分。其中，22 分及以下累积占比为 17.9%，说明有 17.9% 的家长的分值低于常模值，具体分值频率分布如图 2 所示。

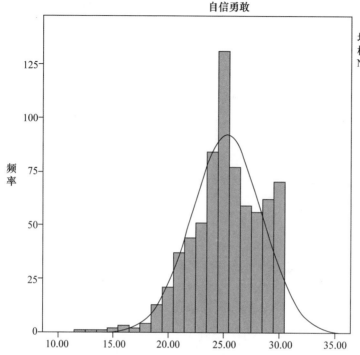

图2　家长自信勇敢维度分值的频数分布

在乐观希望维度，家长均值为 23.24 分，高于常模值（20.81 分），最低分为 12 分，最高分为 30 分。其中，22 分及以下累计占比为 39.2%，说明有 39.2% 的家长的分值低于常模值，具体分值频率分布如图 3 所示。

在奋发进取维度，家长均值为 22.09 分，低于常模值（23.16 分），最低分为 8 分，最高分为 30 分。其中，23 分及以下累计占比为 60.6%，说明有 60.6% 的家长分值低于常模值，具体分值频率分布如图 4 所示。

在坚韧顽强维度，家长均值为 24.11 分，高于常模值（23.09 分），最低分为 8 分，最高分为 30 分。其中，23 分及以下累计占比为 38.7%，说明有 38.7% 的家长分值低于常模值，具体分值频率分布如图 5 所示。

在包容宽恕维度，家长均值为 22.26 分，高于常模值（21.34 分），最低分为 9 分，最高分为 30 分。其中，21 分及以下累计占比为 41.7%，说明有 41.7% 的家长的分值低于常模值，具体分值频率分布如图 6 所示。

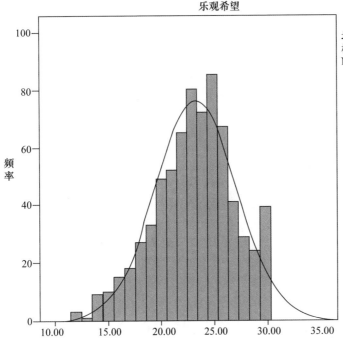

图3　家长乐观希望维度分值的频数分布

在尊敬礼让维度，家长均值为22.61分，稍高于常模值（22.15分），最低分为8分，最高分为30分。其中，22分及以下累计占比为47.6%，说明有47.6%的家长的分值低于常模值，具体分值频率分布如图7所示。

在谦虚诚恳维度，家长均值为25.56分，高于常模值（24.38分），最低分为18分，最高分为30分，其中24分及以下累计占比为29.2%，说明有29.2%的家长的分值低于常模值，具体分值频率分布如图8所示。

在感恩奉献维度，家长均值为23.22分，低于常模值（23.98分），最低分为11分，最高分为30分，其中24分及以下累计占比为60.1%，说明有60.1%的家长的分值低于常模值，具体分值频率分布如图9所示。

（二）家长心理资本及各维度等级划分

将家长心理资本总分及各维度分值与常模±标准差相比，划分了高分、中分、低分三个等级。具体情况如表3所示。

在心理资本总分维度，有176位（24.5%）家长的得分处于高分范

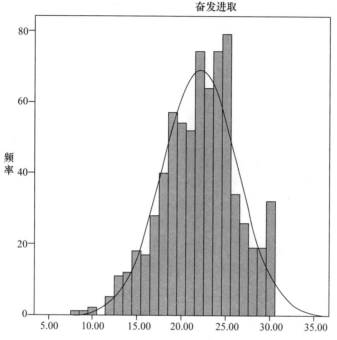

图4　家长奋发进取维度分值的频数分布

畴，说明这些家长比大多数人的心理资本水平要高，可以应对较高的压力和挑战。有488位（67.9%）家长的得分处于中分范畴，说明这些家长心理资本水平与大多数人相当，可以应对一般的压力和挑战。有55位（7.6%）家长的得分处在低分范围，说明这部分家长比大多数人的心理资本水平要低，需要加强和训练其心理资本，以应对挑战和危机。

在自信勇敢维度，有455位（63.3%）家长的得分处于高分范畴，说明这些家长的得分高于大多数人，具体表现为：认为他们自己具有很强的工作胜任力，勇于在不同场合以各种方式表现他们自己的工作才能。有250位（34.8%）家长的得分属于中分范畴，说明这些家长的得分与大多数人相当，具体表现为：认为他们自己的工作胜任能力一般，在多数情况下敢于在不同场合表现他们自己的工作才能。也有14位（1.9%）家长的得分在低分范围，说明这部分家长的得分低于大多数人，具体表现为：认为他们自己的工作胜任能力比较差，不敢在不同场合表现其工作才能。

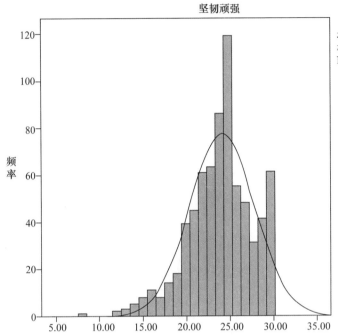

图5　家长坚韧顽强维度分值的频数分布

在乐观希望维度，有285位（39.6%）家长的得分属于高分范畴，说明这些家长的得分高于大多数人，具体表现为：对不确定的、未发生的事情，他们会抱以乐观的态度，期待好结果出现，对于已发生的不利事情，认为是短暂的和有办法解决的，不容易产生沮丧和绝望情绪。有378位（52.6%）家长的得分属于中分范畴，说明这些家长的得分与大多数人相当，具体表现为：在多数情况下，他们对不确定的、未发生的事情，会抱以乐观的态度，对于已发生的不利事情，也能较快地调整好他们自己的情绪。也有56位（7.8%）家长的得分在低分范围，说明这部分家长的得分低于大多数人，具体表现为：对不确定的、未发生的事情，他们不能抱以乐观的态度，对于已发生的不利事情，不能很快地调整好他们自己的情绪，容易产生沮丧和绝望的情绪。

在奋发进取维度，有70位（9.7%）家长的得分属于高分范畴，说明这些家长的得分高于大多数人，具体表现为：他们有很高的个人抱负，追

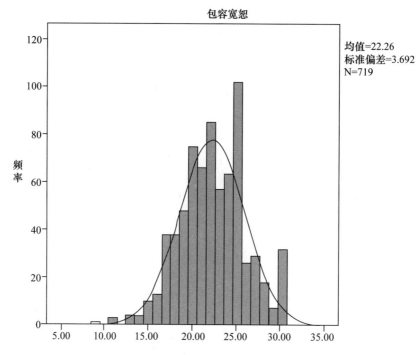

图 6　家长包容宽恕维度分值的频数分布

求高目标，喜欢挑战，渴望获得成功，并表现在改进做事方式与能力提升上。有 457 位（63.6%）家长的得分属于中分范畴，说明这些家长的得分与大多数人相当，具体表现为：他们有一定的个人抱负，在多数情况下会不断追求更高的目标，不断改进他们自己的做事方式。也有 192 位（26.7%）家长的得分在低分范围，说明这部分家长的得分低于大多数人，具体表现为：他们没有很高的个人抱负，不会设定更高的追求目标，不喜欢挑战，不会改进他们自己的做事方式。

在坚韧顽强维度，有 133 位（18.5%）家长的得分属于高分范畴，说明这些家长的得分高于大多数人，具体表现为：在遇到困难或危机时，他们沉着冷静，能够适应和忍耐不利条件，不轻易放弃、有恒心毅力，并会极力想办法改变不利局面，争取实现既定目标。有 534 位（74.3%）家长的得分属于中分范畴，说明这些家长的得分与大多数人相当，具体表现为：在遇到困难或危机时，在多数时候能够适应和忍耐不利条件，不容易

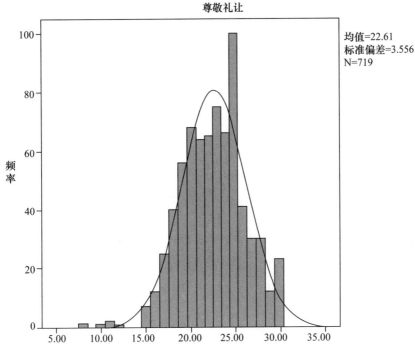

图7　家长尊敬礼让维度分值的频数分布

放弃，并会努力想办法改变不利局面。也有52位（7.2%）家长的得分在低分范围，说明这部分家长的得分低于大多数人，具体表现为：在遇到困难或危机时，他们不能适应和忍耐不利条件，容易放弃，而且不会极力想办法改变不利局面以实现预设目标。

在包容宽恕维度，有86位（12.0%）家长的得分属于高分范畴，说明这些家长的得分高于大多数人，具体表现为：他们能完全接纳不同风格、性格与价值观的领导、同事，对他人的不足和过失能给予理解包涵，对他人给他们造成的伤害能给予宽恕。有598位（83.2%）家长的得分属于中分范畴，说明这些家长的得分与大多数人相当。具体表现为：在多数情况下他们能够接纳不同风格、性格与价值观的领导、同事，理解包涵他人的不足和过失，宽恕他人给他们造成的伤害。也有35位（4.9%）家长的得分在低分范围，说明这部分家长的得分低于大多数人，具体表现为：他们不能完全接纳不同风格、性格与价值观的领导、同事，对他人的不足

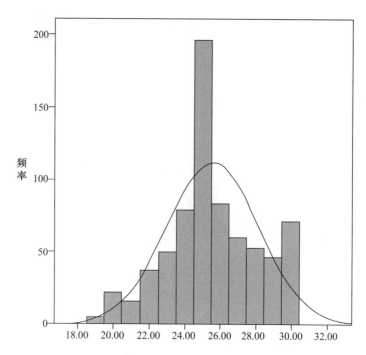

图8　家长谦虚诚恳维度分值的频数分布

和过失不能给予理解包涵，对他人给他们造成的伤害不能给予宽恕。

在尊敬礼让维度，有95位（13.2%）家长的得分属于高分范畴，说明这些家长的得分高于大多数人，具体表现为：他们尊敬领导、长者，不刻意贬低他人的才能，能照顾到别人的面子；重视礼节，能在工作中让他人获得某种优先权。有575位（80%）家长的得分属于中分范畴，说明这些家长的得分与大多数人相当。具体表现为：他们比较重视礼节，在多数情况下能够尊敬领导、长者，不刻意贬低他人的才能。也有49位（6.8%）家长的得分在低分范围，说明这部分家长的得分低于大多数人，具体表现为：他们对领导和长者不够尊敬，有时会刻意贬低他人的才能，不能照顾到别人的面子；不重视礼节，不能在工作中让他人获得某种优先权。

在谦虚诚恳维度，有117位（16.3%）家长的得分属于高分范畴，说明这些家长的得分高于大多数人，具体表现为：他们能客观认识和坦白他们相对他人的不足之处，且能对他人长处加以学习和利用；为人稳重不轻

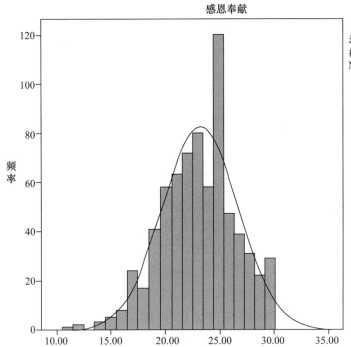

图9　家长感恩奉献维度分值的频数分布

易承诺别人，一旦承诺就会守信。有 574 位（79.8%）家长的得分属于中分范畴，说明这些家长的得分与大多数人相当，具体表现为：他们基本上能客观认识和坦白他们的不足之处，且能对他人的长处加以学习和利用；在多数情况下为人稳重、不轻易承诺别人。也有 28 位（3.9%）家长的得分在低分范围，说明这部分家长的得分低于大多数人，具体表现为：他们不能客观认识和坦白他们相对他人的不足之处，且不能对他人的长处加以学习和利用；为人不够稳重，没有把握的事也容易承诺别人。

在感恩奉献维度，有 29 位（4.0%）家长的得分属于高分范畴，说明这些家长的得分高于大多数人，具体表现为：他们能体察到他人对他们的帮助，并表示感谢；认为人生的价值在于奉献，愿意为领导、同事等提供便利，能为单位利益着想。有 630 位（87.6%）家长的得分属于中分范畴，说明这些家长的得分与大多数人相当，具体表现为：他们基本上能体察到他人对他们的帮助，并表示感谢；在多数情况下愿意为领导、同事等提供便利。也有 60 位（8.3%）家长的得分在低分范围，说明这部分家长的得分低于大多数人。具体表现为：他们不能体察到他人对他们的帮助；认为人生的价值不在于奉献，也不愿意为领导、同事等提供便利。

表3　　　　　　　　　　　学校家长心理资本等级划分

	高分	中分	低分
心理资本总分	176（24.5%）	488（67.9%）	55（7.6%）
自信勇敢	455（63.3%）	250（34.8%）	14（1.9%）
乐观希望	285（39.6%）	378（52.6%）	56（7.8%）
奋发进取	70（9.7%）	457（63.6%）	192（26.7%）
坚韧顽强	133（18.5%）	534（74.3%）	52（7.2%）
包容宽恕	86（12.0%）	598（83.2%）	35（4.9%）
尊敬礼让	95（13.2%）	575（80%）	49（6.8%）
谦虚诚恳	117（16.3%）	574（79.8%）	28（3.9%）
感恩奉献	29（4.0%）	630（87.6%）	60（8.3%）

四　结论

（一）家长心理资本整体上处于中等偏上水平，但奋发进取和感恩奉献两个维度的均值低于常模值

参与测评的 719 位家长的心理资本总分以及自信勇敢、乐观希望、坚韧顽强、包容宽恕、尊敬礼让、谦虚诚恳六个维度的均值高于常模值，但奋发进取维度的得分（22.09 分）情况较差，低于常模值（23.16 分）；其次是感恩奉献维度的得分（23.22 分），也低于常模值（23.98 分）。从具体分值来看，首先，各维度均有不同比例家长的分值低于常模值，其中奋发进取（60.6%）和感恩奉献（60.1%）维度均有六成的家长低于常模值；其次是尊敬礼让维度，有47.6%家长的得分低于常模值，占比接近五成。同时也发现，自信勇敢维度的情况较好，仅有 17.9%家长的得分低于常模值。

（二）心理资本各维度均有不同比例家长的得分处于低分范畴

从等级划分来看，心理资本总分及其各维度均有不同比例的家长的得分属于低分范畴，说明这些家长的得分低于大多数人的得分，需要进一步提升其心理资本水平。其中，奋发进取维度的情况最差，有192位家长的得分属于低分范畴，占比为26.7%，接近三成；其次是感恩奉献（8.3%）、乐观希望（7.8%）、心理资本总分（7.6%）、坚韧顽强（7.2%）维度，均有50余位家长的得分低于大多数人。同时发现，自信勇敢、谦虚诚恳维度的情况相对较好，分别仅有1.9%、3.9%的家长属于低分范畴。

五　建议

关于家长心理资本的研究，从积极心理学的视角关注家长的积极心理品质培养，使得作为家长的个体优势和潜能得到最大程度的发挥，从而促进家长的个人成长及其育儿能力的提升，对建立良好的亲子关系，营造幸福的家庭氛围以及促进社会的和谐发展都有积极的推动作用。因此，需要借助家庭教育的开展进一步提升家长的心理健康素养。

（一）进一步增强家长对于心理资本的认知度

每个家长都具有积极的内在潜力。提高家长自身的心理资本，有利于提升家长的心理健康素养，也有利于其养育教育孩子，促进孩子的心理健康与发展。在家庭教育指导工作中，要鼓励家长多了解心理资本的重要意义，了解如何挖掘提高心理资本，如何发挥其作用，从而帮助他们更好地养育教育孩子，提高其自身的生活满意度和幸福感。一个具有自信、乐观、坚韧、进取的高心理资本的家长，在面对养育孩子过程中的困难或者面对亲子冲突时，能够更有信心地养育教育孩子，对孩子的未来发展有目标，面对在养育过程中的重重障碍，能够积极地想办法解决问题，表现出更积极的育儿行为，收获更为和谐的亲子关系。

（二）积极探索提高家长心理资本水平的科学策略

心理资本是状态类的个体特征，这些积极的心理能力是能够开发和提高的。为了提升家长的心理资本，可以通过开展专题培训以及团体辅导等活动帮助家长了解和掌握提升心理资本的技巧和方法；鼓励家长利用网络资源，如在线课程、教育平台和社交媒体群组，获取家庭教育的最新信息和策略；推荐家长阅读有关家庭教育和心理资本的书籍、杂志，以深化理论知识和实践技能；通过家长学校或在线家庭教育指导平台，引导家长更新育儿观念，采用更为科学和人性化的教育方法；建立家长社区，创建一个家长可以交流经验、讨论问题和相互支持的互助网络，让家长能够在面对挑战时互相提供支持和帮助。通过这些策略的实施，可以有效提升家长的心理资本，为孩子营造一个更加健康和支持性的成长环境。

（三）有效完善社会支持体系，家、校、社协同提升家长心理健康素养

在提升家长的心理健康素养方面，家庭教育促进法提出了一系列措施和要求，包括家庭教育内容的指导、家庭教育方法的科学化、家庭教育指导服务、社会支持与资源整合、家庭教育研究与专业人才培养等。未来，还需要持续强化并完善社会支持体系，特别是加大政府在其中的支持和保障力度，从专项经费、专业队伍等方面保障家长学校或家庭教育指导服务站点定期面向家长开展一定数量的心理健康教育活动，形成更加完善的针对学校、家庭、社会和相关部门协同联动的学生心理健康工作格局，切实做到为青少年的心理健康成长保驾护航。

通过这些措施，家长不仅能够获得心理健康教育的知识和技能，还能够在实践中不断提升他们自身的心理健康素养，用更加积极的心理状态为孩子营造一个更加健康和谐的成长环境，守护孩子的身心健康，使其快乐成长。

第七编

师德与教师育人能力研究

中小学教师情绪对教师行为的影响

陈黎明　李一飞 *

一　研究目的与内容

（一）研究目

教师行为与教师情绪密切相关。教师的失范行为与教师情绪密切相关，所以师德问题并不是单纯的教师道德问题，而是教师的情绪问题。本文希望通过了解中小学教师在教育教学生活中的情绪类型以及情绪来源，进而探讨教师情绪对其行为的影响，为师德建设提供新视角。

（二）研究内容

本文研究内容包括中小学教师情绪类型、情绪来源，教师情绪对教师行为的影响。

二　研究方法与研究对象

（一）问卷调查法

本文在已有教师情绪研究量表①的基础上，增加了"内疚"② 这一情

北京教育科学研究院教师研究中心。

① 本文采用的情绪量表主要参考来源为：Junjun Chen，"Understanding Teacher Emotion：The Development of a Teacher Emotion Inventory"，*Journal of Teaching and Teacher Education*，55，68 - 77. 2016.

② 本文通过访谈中小学教师发现，内疚情绪被提及的频率较高，所以本文将内疚情绪也纳入教师情绪量表维度中。

绪维度。最终，以两种积极情绪（愉悦、热爱），四种消极情绪（伤心、生气、担忧、内疚）共六种基本情绪作为教师情绪的六个维度，制定并发放中小学教师情绪体验问卷，共搜集有效数据1796份（被试人口学特征如表1所示）。本文通过 SPSS 软件分析处理问卷数据。

表1　　　　　　　　被试样本的人口学特征　　　　　　　（人;%）

类别		人数	所占比例
性别	男	354	19.7
	女	1442	80.3
教龄	0—3 年	418	23.3
	4—9 年	559	31.1
	10—14 年	289	16.1
	15 年及以上	530	29.5
职称	未定级	608	33.9
	初级	509	28.3
	中级	555	30.9
	副高级	122	6.8
	正高级	2	0.1
学段	小学	1242	69.2
	初中	414	23.1
	高中	133	7.4

（二）叙事研究方法

本文采用叙事研究方法，通过目的性抽样选择四位中小学教师为研究对象（见表2），以半结构式访谈，采取研究教师反思日记等方法收集教师的叙事故事。运用类属分析法在教师故事中提炼出教师所感受到的情绪类型并将其作为核心类属。在核心类属下，运用情景分析法将教师故事置于三维度叙事空间，即从个体与社会角度分析教师情绪来源、从时态角度分析情绪作为动机力量对行为的影响，从地点维度分析社会文化对情绪表达的引导与制约，进而建构每一个基本类属下的完整叙事。最终，在拟剧与文化理论的视角下探究故事中教师的情绪体验及其对教育教学行为的影响。访谈按照 FT（访谈）时间—被访者姓氏—教龄依次编码。教师的反思日记按照 RJ（日记）时间—被访者姓氏—教龄依次编码。

表2 研究对象的基本信息

序号	姓氏	学科	教龄
1	L	语文	12
2	Z	数学	9
3	S	英语	2
4	C	道德与法制	8

三 研究结果

（一）中小学教师的情绪类型及水平

本文在前人研究的基础上将中小学教师经常体验到的情绪分为愉悦、热爱、生气、内疚、伤心、担忧六种。研究结果显示（见表3），中小学教师情绪总体均值为3.99分（总分为5分）。其中，积极情绪愉悦和热爱的水平较高，分别为4.58分和4.09分。四种消极情绪的得分相对较低，但都在3.5分以上，从高到低依次为：生气（3.91分）、内疚（3.86分）、伤心（3.79分）和担忧（3.77分）。中国中小学教师总体情绪水平较高。教师在教育教学生活中经常体验到的是愉悦和热爱这两种积极情绪，说明多数教师能够愉悦地从事教育教学工作。但是，不容忽视的是教师对生气、内疚、伤心、担忧等消极情绪的体验水平较高。其中，在消极情绪体验上，生气的情绪体验水平最高。

表3 教师总体情绪描述统计 （分）

情绪类型	平均数	标准差
愉悦	4.58	0.7
热爱	4.09	1.01
生气	3.91	1.12
内疚	3.86	0.99
伤心	3.79	1.11
担忧	3.77	1.11
总体	3.99	0.66

通过差异检验发现，教师在性别、教龄、学段、学历以及是否为班主任几个方面在不同情绪维度上存在差异。

1. 性别差异

在愉悦、生气、担忧三个维度上，女教师的得分显著高于男教师，在其他三个维度上无显著性别差异（见表4）。

表4   情绪的性别差异检验

	性别	平均数（分）	t	P
愉悦	男	4.56	6.304*	0.012
	女	4.59		
热爱	男	4.23	2.596	0.107
	女	4.06		
伤心	男	3.65	1.205	0.272
	女	3.82		
生气	男	3.73	8.552**	0.003
	女	3.95		
担忧	男	3.54	5.5*	0.019
	女	3.73		
内疚	男	3.93	1.68	0.195
	女	3.84		

说明：*表示 $P<0.05$；**表示 $P<0.01$。

2. 教龄差异

在愉悦与热爱两种积极情绪体验上，0—3年教龄的教师的得分显著低于10年以上教龄的教师；在伤心、生气、担忧三种消极情绪体验上，15年以上教龄教师的得分显著低于4—9年、10—14年以上教龄的教师；在内疚的情绪体验上，10—14年、15年以上教龄教师的得分显著高于4—9年教龄的教师（见表5）。

总体而言，教龄越长的教师在积极情绪的体验水平上越高，对于消极情绪的体验较少。这可以理解为教龄长的教师的教育教学经验较为丰富，能够较好地处理教学中所存在的问题，进而从教学中体验到积极情绪。

表5　　　　　　　　　　**情绪的教龄差异检验**

情绪类型	教龄	标准差	F	P
愉悦 0—3 年 < 10—14 年、15 年及以上	0—3 年	0.75	5.276 **	.001
	4—9 年	0.67		
	10—14 年	0.62		
	15 年及以上	0.73		
热爱 0—3 年 < 10—14 年、15 年及以上	0—3 年	1.07	15.272 ***	.000
	4—9 年	1.02		
	10—14 年	0.94		
	15 年及以上	0.95		
伤心 15 年及以上 < 4—9 年、10—14 年	0—3 年	1.04	7.014 ***	.000
	4—9 年	1.07		
	10—14 年	1.04		
	15 年及以上	1.22		
生气 15 年及以上 < 4—9 年、10—14 年	0—3 年	1.05	3.798 *	.010
	4—9 年	1.06		
	10—14 年	1.11		
	15 年及以上	1.22		
担忧 15 年及以上 < 0—3 年、4—9 年、10—14 年	0—3 年	1.04	5.653 **	.001
	4—9 年	1.12		
	10—14 年	1.07		
	15 年及以上	1.21		
内疚 4—9 年 < 10—14 年、15 年及以上	0—3 年	0.95	3.222 *	.022
	4—9 年	0.98		
	10—14 年	0.95		
	15 年及以上	1.04		
情绪总体 10—14 年 > 0—3 年、4—9 年、15 年及以上	0—3 年	0.61	3.141 *	.024
	4—9 年	0.64		
	10—14 年	0.61		
	15 年及以上	0.70		

说明：＊表示 $P < 0.05$；＊＊表示 $P < 0.01$；＊＊＊表示 $P < 0.001$。

3. 学段差异

在愉悦、热爱积极情感维度上，小学、初中、高中教师无显著差异；在消极情感维度上，小学、初中、高中教师在伤心这一情绪类型上无显著差异；在生气情绪维度上，小学教师显著小于初中教师；在担忧维度上，小学教师显著小于初中教师，初中教师又显著小于高中教师；在内疚维度上，小学教师显著小于初中和高中教师（见表6）。

表6　　　　　　　　　　　　情绪的学段差异检验

情绪	学段	平均数	标准差	F	P
生气 小学＜初中	小学	3.87	1.14	3.412*	.033
	初中	4.04	1.06		
	高中	3.92	1.09		
	总体	3.91	1.12		
担忧 小学＜初中＜高中	小学	3.62	1.14	11.357***	.000
	初中	3.81	1.08		
	高中	4.03	0.98		
	总体	3.69	1.12		
内疚 小学＜初中、高中	小学	3.80	0.99	6.928**	.001
	初中	3.94	0.99		
	高中	4.08	0.90		
	总体	3.85	0.99		

说明：＊表示 P＜0.05；＊＊表示 P＜0.01；＊＊＊表示 P＜0.001。

（二）中小学教师的情绪来源分析

研究发现，总体来讲，教师的积极情绪来源从高到低依次是学生喜欢、家长理解、同事分享、工作稳定、同事支持、学生关心、工资合理（见表7）。消极情绪来源从高到低依次是：没有好好备课、学生对他们自己的学业不负责任、学生冲我发火、不公平对待、向学生发火后后悔、担心不能提高学生的参与度和成绩、被家长误解、学生不接受我新的教学方式、家长的高期待、同事竞争（见表8）。

表7　　　　　　　　　　积极情绪来源总体情况

	均值	标准差
Q12_ 我的学生喜欢我的教学我会很高兴	4.67	.687
Q16_ 我感动于家长的理解和支持	4.24	1.000
Q15_ 我喜欢和同事分享	4.06	1.026
Q19_ 我喜欢我的教学工作，因为它稳定	3.84	1.122
Q14_ 我的动力来自同事和领导的支持	3.83	1.198
Q10_ 我的动力来自学生的关心	3.49	1.280
Q20_ 我喜欢我的教学工作，因为工资合理	3.16	1.232
有效的 N（列表状态）		

表8　　　　　　　　　　消极情绪来源的总体情况

	均值	标准差
Q35_ 没有好好备课的时候，我会感到很内疚	4.04	1.055
Q31_ 我很担心学生对他们自己的学业不负责任	3.89	1.108
Q21_ 当我的学生冲我发火的时候我感到很伤心	3.82	1.203
Q26_ 当我受到不公平对待时（工作量的分布，薪酬水平等），我会很生气	3.81	1.162
Q36_ 我向学生发火后，都会感到后悔	3.71	1.096
Q29_ 我很担心如何提高学生的参与度和成绩	3.64	1.153
Q24_ 当我被家长误解的时候我会很愤怒	3.62	1.202

（三）教师情绪对行为的影响

1. 愉悦情绪对行为的影响

我们班新转来了一位患有小儿麻痹的学生。有一次我们组织防震演习，我问他想不想参加这次活动，他看着我特别激动地说他想参加。我二话不说，抱起他就走，那天这个孩子很开心！到了晚上，孩子的妈妈给我发了一个特别长的微信向我道谢，她说感谢我能够抱着他的孩子参加活动，她很感动也很感激，说我是个好老师。我没想到我的做法会给孩子和家长这么大的感动，我很开心，也很受触动，我觉得教师这个职业还是很有价值很有意义的。（FT20221123－L－12）

教师在帮助学生过程中所获得的成就感以及在认可中获得的价值感是教师体验开心与愉悦的重要来源，同时，社会给予的尊重与安全感也能够让教师感受到开心和愉悦。开心与愉悦的情绪体验让教师更加热爱教师职业，能够正向强化文化赋予教师角色的意义，进而提高教师内心的角色认同。较高的角色认同会让教师个体"发乎情"的行为与角色脚本的要求高度一致，减少了容易导致情绪衰竭的浅层表演（surface acting）[①]，帮助教师实现"人戏合一"的深层表演（deep actiing），同时缩小了教师人性化自我和社会化自我之间的差距，让教师在学校舞台上的表演能够保持相对稳定的状态。

2. 伤心情绪对教师行为的影响

在学校大舞台上，教师总是试图通过表演向观众（学生、家长、同僚）展现自我，向观众呈现"我是谁"，并期望得到正确的反馈与对待。当表演者认为他们自己全情投入的表演没有得到期待中的反馈，甚至受到了观众的质疑，表演者就会感到伤心与失望，在行为上则体现出"躺平"的趋势。造成这种情况的原因主要有两个方面。

（1）教师对规范的不理解

> 有个学生上课一直打闹，怎么说都不听，我就用尺子打了他手心两下，打红了。家长知道后就报警了，我被警察带走了，又被纪检委约谈，约谈过程又拍照又录像，把我当成罪犯一样。我真的很伤心、很失望！我只是希望孩子能好好上课好好学习。以后我也不会管（学生）了，不管就少了很多事，（学生）不学我就直接找家长，让家长自己管吧。（FT20230228 - Z - 9）

中国自古便有严师出高徒的文化认知。在中国较长一段历史时期内，教师出于"为学生好"而适度体罚学生，不仅不会受到惩处反而被认为是认真负责。因为"管你"的老师，才是好老师，教不严才是师之惰。随着现代教育理念与法制观念的普及以及各类教育法律法规的制定，当代中国

[①] 霍赫希尔德指出，深层表演是指员工使他们自己的情绪体验与工作所需的情绪表现达成一致。浅层表演是指员工通过改变他们的外部表情和行为状态，伪装或隐藏情绪感受，表现出工作需要的情绪。

教师角色脚本发生了变化，教师体罚学生早已被明令禁止。教师需要在不能体罚学生的脚本框架内表演。然而，很多教师并没有接受或适应新的角色脚本。当表演者对角色认知与文化脚本赋予的角色形象不一致时，就很容易让个体在扮演角色过程中不服从文化脚本的要求，错误地使用舞台道具导致舞台表演的不和谐。更为重要的是，面对表演失败，演员受惩处的过程，让传统文化师道尊严的认知严重受创，打击了表演者的自尊心，进而使其产生伤心、失望的情绪。

（2）教师的工作没有得到认可

参与社会表演的每个角色都期望他们自己的演出得到认可并获得喝彩。然而，当演员完全按照脚本要求全情投入后，并没有得到积极反馈就会挫伤演员表演的热情和积极性。

> 我工作快 10 年了，还是二级，中级都评不上，我还积极参加教学比赛，但是没有用，没有论文也不行啊，现在要求老师们做课题，特别卷（内卷），其实，好多老师的论文都是花钱买的，有啥用呢！对这个制度挺失望的，也不想这些了（晋升）。（FT20230228－Z－9）

观众的反应是评价演出成功与否的关键指标。家长的积极反馈、专业晋升在一定程度上代表教师在学校舞台上的表演得到了社会认可。如果由于各种原因，观众无法给予表演者应有的反馈，表演者就会对他们自己的表演失去热情和信心，会让表演者产生无力感和不公平感等负面情绪。

如果表演者一直无法认同脚本要求，但又不想被惩处；或他们自己的演出得不到应有的积极反馈，就会出现"躺平"的心态。在行为表现上，演员就会变成玩世不恭的表演者，即通过伪装他们自己的情绪假装认可脚本要求，不追求演出效果得过且过地进行浅层表演。

3. 担忧情绪对教师行为的影响

> 我是演员、主持人、警察、保姆。站在讲台上，我就得好好上课。我还要组织班级的各种活动；学生丢东西了，打架了，我都得参与调查调解；我得为孩子的安全负责，现在可不能出安全事故，出了就是大事。（FT20230228－C－8）

中国社会对教师角色的期待较高，教师角色经常被隐喻为"灵魂工程师""蜡烛""园丁"等。在高期望的多重角色剧本下，如果表演者无法顺利完成多重角色的使命，就会感受到角色超载所带来的焦虑、担忧和害怕。当教师感受到角色超载所带来的压力时，就会在表演过程中小心谨慎，防止出现任何不协调。尤其是为了保证表演不出显而易见的"大事故"，表演者会将其角色任务在心理上进行排序，放弃一些观众不易察觉到的任务，通过突出某些事实，掩饰另一些事实来呈现理想化的舞台表演。

4. 生气情绪对教师行为的影响

学生秩序有点乱，那边一群做完核酸的几个男生把预约码（A4）撕了一地，扔在了垃圾车外面，我有些焦头烂额。副校长看见了，责备地说："L 老师，看你班的孩子！"我虽然很委屈但马上答应着："我回去好好教育学生"。回到教室后，我的一腔怒火终于忍无可忍了。咆哮着对学生说："谁往垃圾车外面扔垃圾了，都给我站出来。"孩子们看见我生气了，吓得都不敢动。大家把矛头都指向了刘豪，这个令我头疼的男生，害得我在校长面前丢脸。他出来了，我抓住他的衣领在他后背上拍了几下，又在他屁股上踢了两脚。我知道自己做得不对，可是当时没有控制好情绪。（RJ20221105－L－12）

戈夫曼指出造成表演崩溃的几种形式：无意动作、不合时宜地闯入、失礼以及闹剧。在 L 老师日记所描述的事件中，导火线是领导不合时宜地闯入（当众指责），破坏了 L 老师所维持的剧班形象，让他没有能够很好地控制舞台的"事实"展现在观众（学生、同事、部分学生家长）面前，让他感受到出丑和自我形象陷入险境。由于权利等级关系以及还要维系整体剧班（学校）形象，他不能当众对领导不合时宜的指责表达不满，只能暂时浅层表演（认错）来维持表演的正常进行。然而，当舞台场景发生了变化，即从学校大舞台转移到班级小剧场，L 老师具有绝对的掌控权，面对惹事的学生（没能配合老师在学校舞台上的表演），将压抑的愤怒毫无控制地发泄出来，进一步造成小剧班内的不和谐和其自身角色行为的失范。

5. 后悔情绪对教师行为的影响

有个孩子不好好学，我随口说了句"你笨死了"！在冷静下来时，我感觉挺后悔的，不应该那么说他，以后我真得控制一下自己的情绪。

当演员违反脚本的要求时，如果被观众发现或者失误较小，就不会影响舞台整体的呈现。然而，演员却对他们自己的失误心知肚明。具有职业操守的好演员通常会对他们自己的表演进行反思，并对失误感到后悔与内疚。虽然，后悔与内疚本身是一种消极情感。但是，这种消极情感又能够促使演员对表演行为进行反思，帮助演员重构表演行为。事实上，当演员体验到后悔与内疚的情绪时，即使观众没有惩罚他，他内心也会感到自责；面对观众会感到尴尬（观众看到了他的失误，只是没有指出而已）。这种消极情感的唤醒本身就是对个体的一种惩罚。在通常情况下，后悔和内疚的情绪会促使表演者在今后的演出中避免出现类似的失误，并通过一系列修复行为恰当地展现自我。

四　研究建议

（一）重塑"尊师"文化脚本，构建积极的情感文化

我们应重塑"尊师"文化脚本内涵，为教师构建积极的情感文化。"重教"的前提是要"尊师"，我们不能一味地对教师提出较高的道德要求而无视教师的情绪和情感需求。当教师感受到来自社会的尊重时，就能体会到他们自己工作的价值和意义，进而充满憧憬，心怀使命地进行教学。相反，"只重教，不尊师"，教师面对的则是来自社会的高期待、无限责任、零容忍以及随时而来的责难与苛责。在此情况下，教师不可能心怀鼓舞，开心愉悦地从事教学工作，只能小心谨慎，压制消极情绪，并通过浅层表演、选择性表演来呈现舞台表演，而长时间的压抑情绪则很容易造成表演的崩溃。

所以，新时代重塑"尊师"传统，不仅要在名义、口号上提倡尊重教师，而且要在实际生活中尊重教师作为专业人员的角色定位，厘清教师作为专业人员的主要责任，减轻教师工作负担，给予教师充分的信任和专业自主权。同时，教学是关系性的存在。学生、家长、学校管理者在与教师交往的过程中，也应积极给予教师情感反馈。只有在相互尊重、信任的情感文化下，教师、学生、家长、管理者作为教育舞台上共同参与表演的剧

班成员，才能为社会呈现出精彩的演出。

（二）关心教师情绪，引导教师进行深层表演

研究显示，教师伤心、担忧、生气等负面情绪会导致教师出现"躺平"、为了"自保"而固步自封等不利于教育教学的行为。在未来的表演中，消极情绪也会导致教师倾向于通过浅层表演与选择性表演来应对舞台表演。

我们应关注、关心教师的情绪，引导教师做出深层表演。首先，教育管理者应着力建立公平、合理的分配机制，为教师创造良好的专业发展环境；同时，在新政策、制度出台后，应及时向教师宣讲，引导教师对政策做出充分理解与认知，提高教师对角色脚本的认可度，从而更容易进行深层表演。其次，社会、学校要引导家长理解教师工作的多重性和复杂性，给予教师充分信任，避免过度苛责教师，建立良好的家校合作关系。在面对事故与冲突时，学校也应以事实为依据保护教师的合法权益，让教师在工作中体验到安全感，减少教师担心、焦虑、害怕等消极情绪体验，进而较少做出浅层表演与选择性表演。再次，教师个体也应通过提高情绪智力来应对工作中的问题。情绪智力包含一系列能够促进情感认知、情感处理和情感管理的情绪能力。教师需要正视他们自己的情绪，识别他们自己的情绪状态，并能够向他人表达他们自己的内在感受。同时，在工作环境下教师还应该认识、理解他人的情绪。学会情绪推理，思考情绪的来源，进而不断提高情绪管理能力。

当教师在学校舞台上能够不断实现角色与自我意识的统一，越来越多地进行深层表演时，他们才能够真正做到"静心教书，潜心育人"。

（三）以反思为契机，不断完善教师角色

中国传统文化十分强调个体的反躬内省。后悔、内疚等情绪也主要来源于个体对其自身行为的反思。反思、内省代表着良知的觉醒，它可以帮助个体德性再生，抗拒德性世界的不断衰亡。国外思想家也强调反思的力量。

在教师的教育教学实践中，我们应引导教师对他们自己的教育教学行为进行反思，关注其自身的情绪体验和表达。更重要的是，我们要帮助教师认识到后悔、内疚等消极情绪体验的正向作用及其对教师角色重构的重

要性。当教师感到自责、尴尬从而产生后悔的情绪体验时，说明教师已经从内心否定了他们自己先前的表演，并对接下来如何更好地扮演角色具有一种理想的道德期待。可以说，与外在道德规范相比，个体内在的情感体验与反思作为道德生长点在引领教师道德成长方面更具力量。

中小学实施班级导师制的理论与模式

王 薇[*]

古代的私学和书院办学实践，是中国现代导师制的思想源头。导师制作为一种教育制度起源于 14 世纪的牛津大学，威廉·威克姆在新学院首次实行导师制。[①] 19 世纪中期以后，随着杜威儿童中心论的提出和美国中学学分制的实施，中学导师制开始在美国推行。[②] 本文尝试在分析国内外导师制的历史演进和实践探索的基础上，提出中小学班级导师制的基本定位和实施建议。

一 中小学导师制的历史演进与政策要求

（一）研究背景

1. 古代私塾学院的导师制雏形

导师制的教学形态在中国古代已有萌芽，最早可以上溯到先秦私学中的教学。教师即"导师"，"教"与"导"、"学"与"研"融合在一起。在当时的私塾学院中，对于"导师制"的称谓是"师儒训导制"[③]。中国古代教师对学生的教一般包含两类：一是指导学生"学"；二是指导学生"研"。2500 年前，孔子因材施教是现代"导师制"的萌芽，为现代"导师制"奠定了基础。孔子是最典型的"导师"，从"学而时习之，不

---

[*] 北京教育科学研究院班主任研究中心。

[①] 李东成：《导师制：牛津和剑桥培育创新人才的有效模式》，《中国高等教育》2001 年第 8 期。

[②] 钟启泉、崔允漷、沈兰：《高中学分制：国际经验及建议》，华东师范大学出版社 2004 年版，第 930 页。

[③] 傅建民：《关于实行导师制之管见》，《武汉大学学报》（社科版）1985 年第 6 期。

亦乐乎"（《论语·学而篇》）到"人而无信，不知其可也"（《论语·为政篇》），他不但教学生以学识，还指导学生如何做人。孔子对每个学生的性格特征都有着全面深入的了解，如性格的理智特征（如"赐也达""柴也愚，参也鲁"等），性格的意志特征（如"由也果""求也退"等），性格的态度特征（如"师也辟"）等①，并有的放矢地对学生进行个别教育。南宋时期著名的教育家朱熹综合中国古代书院和学校的教学经验，在白鹿洞书院采取了与现在"导师制"类似的方式②，由主讲学者主持教学，在德、艺等方面对生员进行指导。在具体形式上，既有老师讲课、学生读书、师生切磋这些传统的方法，也有六艺、游学等走出教室、融入自然的体验方法。

2. 国外导师制的产生与发展

现代文献普遍认为，国外导师制起源于西方教学管理制度的改革。③1379 年，牛津大学新学院的建立者威廉·威克姆率先开始在其建立的新学院中实行导师制，标志着制度化的导师制在牛津大学的最初确立。导师作为学生在道德和经济方面的保护人，是学生所选科目的学者，负责学生的学业和品行，协助学生安排学习计划，指导深入开展学习。19 世纪，大学考试制度改革之后，导师制开始成为一种以学院为依托，以本科教学为主旨，以导师个别教学为主要特征的人才培养和教学制度，在英国各高校里全面施行。

国外在中小学实施导师制最早的国家是美国。19 世纪下半叶，美国哈佛大学首创学分制。1893 年，为了使中等教育和高等教育更好地衔接起来，美国教育学会设立了以哈佛大学校长查尔斯·艾略特为首的美国中等教育"十人委员会"，负责拟定一套统一的大学预科课程，作为全美中学课程的参考。该委员会确定了四种大学预科主修科目的课程，并向全国教育协会提出关于在中学开设选修课的建议，将高等教育中的学分制和选课制移植到中等教育阶段，之后，美国中学逐渐开始实施学分制。1918 年，美国中等教育改组委员会颁布《中等教育的基本原则》，其中对中学科目作了规定，明确中学要设置共修学科、选修学科和自由选修学科。针对此

---

① 陈家麟：《学校心理教育》，教育科学出版社 1995 年版，第 100 页。
② 韩星：《朱熹〈白鹿洞书院揭示〉考论及其意义》，《中原文化研究》2021 年第 1 期。
③ 陈勇、杨宛颖：《国外导师制探讨及对中国的启示》，《中国德育》2014 年第 10 期。

规定，美国高中开设了种类繁多的课程。至此，美国中学的学分制体系及运作办法基本确定下来。但是，美国在实施中学学分制的过程中发现，面对纷繁复杂的课程，知识结构和心理水平尚未成熟的高中生无法自主地进行选课，"如果没有指导教师和家长的协助，学生很难做出符合自身实际的抉择"①。为此，每所高中又给学生配备专门的选课指导教师，这就是最早的中学"导师制"。随后，美国麻省理工学院、普林斯顿大学、加州大学等也逐步实行了导师制。各校根据其自己的特点对导师制作出了一些具体的规定。比如麻省理工学院规定，"学生在课程选修上，所选科目须经导师批准"；加州大学则是在学生入学伊始就为其配备导师，并要求每个导师指导 20 名学生。至今为止，世界各国实行学分制管理的高校大多采用辅以导师制的班级教学组织形式。因此，学分制与导师制配合运作是美国实施学分制多年所积累的重要经验之一。

刘长海、张思指出，美国的学校普遍推行全员德育导师制，每位老师都要担任一个小组学生的导师。在校期间，学生将一直在同一个小组里并且接受同一个导师的常规性辅导和教育，即使该导师可能并不承担这部分学生的教学工作。②担任导师是美国教师习以为常的工作之一，导师不一定是班主任，更不一定是任课老师。此后，法国、芬兰、加拿大、日本等国也相继在中学实行学分制管理，而导师制作为与学分制相配套的教学辅助制度也一直被采用。1981 年，法国教育改革方案规定中学实行导师制，自 1983—1984 学年起实行。该方案指出："原则上每个教师都应担任导师""每个导师应负责同一年级的 12—15 名学生，指导学生的学习和工作""在教师每周 22 小时的教学工作中，导师工作为 3 小时"。芬兰高中实施的与学分制相配套的管理制度中也包括类似于导师制的"指导员制度"，该制度规定新生入学后被分为小组，大约 25 个人为一组，每组有指定的指导员。指导员由教师担任，主要负责学生的日常行政事务，小组每周召开一次例会，向学生传达学校的教学计划，安排集体活动，解决学生日常生活中所遇到的问题。指导员在行政上接受专业学生顾问的领导，具

---

① 钟启泉、崔允漷、沈兰：《高中学分制：国际经验及建议》，华东师范大学出版社 2004 年版，第 930 页。

② 刘长海、张思：《美国中学德育导师制的实践图景、理论脉络及其启示》，《世界教育信息》2015 年第 6 期。

体执行学校及学生顾问对全校工作做出的计划和安排。

综合分析国外导师制的发展情况，可以发现：第一，美国等西方社会受杜威儿童中心思想的影响深刻，学校需要站在学生的立场上，以儿童为出发点，为学生提供课程选择、学习内容设计与学习方法的建议与指导，导师作为配套制度应运而生。第二，从牛津大学的导师制运作方式可见，导师制在教与学之间具有纽带和桥梁作用，将教师、学生与教学紧密地联系起来。美国学者亚伯拉罕·弗莱克斯纳在其代表作《英美德大学研究》中指出："牛津大学、剑桥大学在本科生和导师之间建立的那种个人关系，是世界上最有效的教育关系。"① 第三，国外中小学导师制的发展与学分制的实施密切相关。国外导师制经过长时间的实践积累了大量经验，其中最重要的一点就是学分制只有在导师制的辅助下才能取得预期的教育目标。导师制作为一种与学分制有效配合的教学辅助管理制度，能够营造一个开放、主动和受教育者真正参与学习设计的教育环境，让学生在老师的指导下，进行自主性和研究性学习，使每一个学生的禀赋得到最为充分的发挥，为学分制的有效实施提供了保障。

3. 中国导师制教育政策的历史沿革

中国近代导师制的发展可追溯到 20 世纪 30 年代。1938 年，民国政府颁布的《中等以上学校导师制实施纲要》指出："为矫正现行教育之偏于知识传授而忽于德育指导，及免除师生关系日渐疏远而趋于商业化起见，特参酌中国师儒训导制及英国牛津、剑桥等大学办法，规定导师制，令中等以上学校遵行。"② 1944 年又相继颁布了《中等学校导师制实施办法》和《专科以上学校导师制实施办法》，提出在中学实行导师制，旨在巩固中等以上学校的师生关系。

近半个多世纪以来，导师制在中国台湾地区进行了比较丰富的理论和实践研究。比较有代表性的研究成果包括陈乃纯《论目前中等学校导师制之实施与改进》，张德锐《台北市中小学教学导师制度规划研究》，王财印《国民中学导师背景因素、期望水准与管教态度对学生学业成就影响之研究》，黄慧琦《国民小学导师辅导角色之调查研究》等。综合上述研究可以认为，导师制不仅有利于学生的生活指导和德行修养，也有利于解决教

---

① 傅建民：《关于实行导师制之管见》，《武汉大学学报》（社科版）1985 年第 6 期。
② 李进才、娄延常：《试论导师制》，《教育研究》1994 年第 8 期。

学中的诸多问题。由此可见，从开始的重德育督导制到现行的导师制，导师制的发展日益全面，导师的职责也从最初的德育指导逐渐拓宽到更加全面的教育指导。①

进入 21 世纪以来，伴随着新课程改革的不断推进，中国各省市都开始尝试推行导师制。2005 年，浙江省教育厅《在全省中小学实施德育导师制的指导意见》中提出，在全省中小学推行"德育导师制"。按照对学生"思想引导、心理疏导、生活指导、学力辅导"的要求，规定了德育导师的主要职责。2010 年，《国家中长期教育改革和发展规划纲要（2010—2020 年)》颁布，明确提出"建立学生发展指导制度，推进学分制和导师制等教育管理制度改革"。2012 年，辽宁省《中小学德育工作指导意见》提出全面推行中小学全员育人导师制，使不同岗位的教职工共同承担起育人职责。2014 年，《教育部关于培育和践行社会主义核心价值观 进一步加强中小学德育工作的意见》指出要"探索推行德育导师制"。2019 年，国务院办公厅发布《关于新时代推进普通高中育人方式改革的指导意见》，明确要求"加强学生发展指导"，要求注重指导实效，健全指导机制。上海市从 2021 年春季学期开始，先后在全市 12 个区 186 所中小学开展全员导师制试点，从当年 9 月 1 日起，在全市中小学重点年级推行全员导师制。2022 年 3 月，上海市嘉定区教育局宣布全面推进中小学全员导师制工作，要求成立区家庭教育名师指导团，实施"思想上引导、学业上辅导、心理上疏导、生活上指导、生涯上向导"五导策略。2023 年 9 月，上海市教育委员会《上海市中小学生全员导师制工作方案》要求，中小学生全员导师制的实施范围为全市所有中小学校，教师在原则上都要担任导师。2024 年 2 月，苏州市教育局印发《苏州市中小学推行全员导师制工作方案》，要求全市所有中小学校实施全员导师制，教师在原则上都要担任学生导师，覆盖全体中小学生。

4. 中小学导师制的实践探索

近半个多世纪以来，导师制在中国台湾地区进行了比较丰富的理论和实践研究。20 世纪 90 年代，随着课程改革的深入推进，中国大陆地区开始在中小学实施导师制。

---

① 谢志辉：《试论导师制是帮助青年学生成才的有效手段》，《华北工学院学报》（社科版）2004 年第 4 期。

1995 年，江苏省梁丰中学最早在国内探索实施德育导师制。2002年，班级德育工作导师制在浙江长兴中学推行，将学校德育的不同工作分散到班级中各学科的任课老师即"导师"身上，使任课老师既管教又管导，最终形成一种整体、合作、优化教师队伍的新型班级管理模式。随后，湖州二中、安吉高中也对"班级德育导师制"进行了推广。2004年，银川市第十八中学开始在初中试行"全员导师制"的育人模式。学校成立了以班级任课老师为成员，以班主任为核心的导师组，为学生的学习、生活、品德和心理等方面提供全面的、特色化的指导和帮助。2006 年，山东省实验中学探索推行学生成长导师制，山东省日照实验高级中学被教育部选为"全员育人导师制管理实验研究"基地。在课程改革背景下，北京市部分中小学开始尝试不同类型的导师制实践探索。北京八中"广泛导师制"经历了从依托传统的班主任制，到"教导团队制"与专项导师制并存，再到推行"广泛导师制"的一个发展过程。导师包括学生个人导师和团队导师两大类。个人导师是指每个学生都有的导师，团队导师是指学生社团（含艺术、体育特长团队）、学科竞赛班、行政班等团队的导师。北京八中的广泛导师制，强调对学生综合素养、科学精神和终身学习能力的培养，不局限于某一学科或领域，更多的是对学生全面发展的差异化、专业化、定制化的关注。2009 年，随着走班制和选课制的施行，北大附中开始推行书院制。学校打破了原来固定的行政班级和年级的界限，推行"单元制"，将高一高二学生分为六个单元，每个单元设一个单元长，由老师担任。2013 年以来，学校借鉴欧美House 制和中国古代书院制度，将"单元"更名为书院，以书院强化社区与公民概念，让学生通过书院自治和自我管理实现自我成长。北大附中设有格物书院、致知书院、诚意书院、正心书院、明德书院（原元培书院）、至善书院（原博雅书院）、新民书院（原道尔顿书院）、熙敬书院、弘毅书院共九大书院作为学生的生活社区和行政实体。北京十一学校在推行选课走班制的同时，也开始推行导师制。导师的工作重点在于对学生进行人生与职业引导、心理疏导和学业指导。学校在配备导师的同时，还配有教育顾问，负责学生品德方面的评价和教育。每个年级设立至少三个咨询师岗位，由有着丰富教育经验的老师担任，主要负责帮助学生进行学业规划和未来职业方向咨询。2019 年，北京市西城区实施"百年树人工程——班级导师制"，针对西城区的高中毕业生实行导师制，即学生高中毕业后，高中阶段的导师对他们进行继续追踪培养。针对西城区各中学在校生实行"班主任＋导师"制，即分别聘请小学六年级和初中三年级班主任作为初中和高中在校生的导师，协助中学阶段的班主任共同培养学生。2024年，青岛市即墨区华山路小学实施全员育人导师制，让每一位教师都成为学生的导师，让每一位学生都能找到指导个人发展的导师，全体教师都具有导师的资格。任课教师侧重于所教班级的学生，非任课教师侧重于全体学生的管理与服务保障。济宁市兖州区实验小学探索建立"12355"的全员育人模式，在保持现行班级管理模式的基础上，由全体任课教师担任导师，每名导师负责指导几名学生，导师根据学生的个性成长需求，对受导学生进行思想指导、学业辅导、心理疏导和生活指导，促进学生全面健康发展。近十余年来，中小学导师制的实施已由点向面扩展，导师制的形式和内容也愈加丰富，导师制的实践与探究不断深入，为中国中小学导师制的进一步深化开展奠定了坚实的基础。

（二）研究方法

1. 文献研究法

搜集、鉴别、整理国内外学分制、中小学导师制、走班制及班级管理等方面的相关政策文件和文献资料，并对已有的理论观点和实践方法进行收集、整理、归纳及提炼。

2. 调查访谈法

走访北京市、上海市、青岛市、广州市等区域教育行政部门和中小学，对学生、家长、教师以及学校管理层进行访谈，了解他们的想法与意见，以获得最新的第一手资料。通过访谈，直接深入了解与"导师制"相关人员的内心看法和真实感受。

3. 直接观察法

深入中小学校的教师课堂，实地观察教师教学方式、师生沟通交流方式以及学生成长问题的处理方式，了解和分析所在学校的办学理念、课堂教学、师生关系、家校协同等相关情况，分析中小学试行导师制的优势、条件及需要改进的问题等。

二 中小学班级导师制的内涵特点
及其与班主任制的关系

（一）中小学班级导师制的内涵界定

导师制源于"导师"（tutor）一词。其原意为给个人或小群体授课的家庭教师、私人教师（someone who teaches one pupil or small group，and is paid directly by them）或指导阅读的家庭教师（a reading tutor），主要承担私人教学的任务，后发展为英国大学或学院里的导师、助教（a teacher in a British university or college）①，对学生负有教学和辅导的责任。② 中小学班级导师制是指由班主任、科任教师及其他校内外优秀教育教学人员组成的，对班级学生进行全方位教育、指导和管理的制度。

（二）中小学班级导师制的类型分析

第一，全员型导师制。全员型导师指学校所有的教师都担任班级导师，以此作为落实全员育人的重要制度。该模式的优点是所有教师都参与学校育人工作，发挥每一名教师的专业优势与个性特长，有助于推进三全育人新格局。其缺点是适用的学校较少，限制因素较多，主要体现在需要学校全体教师的整体水平比较高，师生比相对较高，且可用于激励教师的教育经费比较充足方面。

第二，协调型导师制。协调型导师制是指学校的一部分教师担任班级导师，为学生提供学业和生活等各方面指导，是相对于全员型导师制提出的。学校可从科任教师中选拔出综合素养高且有意愿担任导师的教师，不要求所有教师都担任导师。目前中国大部分中学实施的都属于协调性导师制。该模式的优点是能够根据学校实际情况实施导师制，选择经验丰富、能力较强的教师担任导师，且能够兼顾到教师的个人意愿，有助于真正发挥导师的指导职责。其难点主要是导师资格的选聘需要有比较清晰的标准。

---

① 英国培生教育出版有限公司编：《朗文当代高级英语辞典》，外语教学与研究出版社2004年版，第2164页。
② 中国百科大辞典编委会编：《中国百科大词典》，华夏出版社1990年版，第473页。

（三）中小学班级导师制的基本特点

1. 关注学生差异，形成"一对一"关系

导师制最初产生的原因就是鉴于学生心智不够成熟而需要指定教师进行单独的辅导，指导其课程选择、学习以及生活。牛津大学最早要求导师和学生之间采取"一对一"的指导方式，这种个别指导有助于教师及时发现学生的问题。随着导师制的发展，在大学乃至中小学中实施导师制，导师指导的学生数量一般要求控制在 20 人以下，并要求至少在一定时段内对学生进行个别指导或交流，为每个学生提供"一对一"的指导。

2. 倡导师生互动，引导学生学会学习

导师制赋予了师生间长期且稳定的指导关系，有效增进了师生间的互动与交流。导师制不仅要求班级导师为每个学生建立详尽的个人档案，全面了解学生的学习风格、兴趣、爱好等个性特征，而且要求导师经常与学生交流，深入了解学生的学习生活动态，为学生提出有针对性的指导建议。

3. 促进五育并重，"教"与"导"融合

班级导师的职责不局限在智育上，也不局限在德育上，而是德智体美劳五育并举。学科教师的职责主要在智育上，重在"教"，班主任的职责主要在德育上，重在"导"，而班级导师兼顾了班主任与学科教师的职责，全面掌握学生的思想动态、各科学习情况、身心发展状况、审美情趣、劳动素养等各个方面，实现"教"与"导"的融合，最终达到德智体美劳全面发展的教育目的。

4. 增进教师协作，提升教师素养

班级导师制不只是一种教导制度，也是一种新型的教师管理制度，能够有效加强教师之间的交流与协作，从而促进教师成长共同体的形成。担任导师的教师必须通过与学生的班主任和科任教师进行经常性的交流，才能更好地了解学生的发展动态，使得教师间的交流与合作变得日益频繁，也让教师通过交流促成彼此专业素养的提升。

（四）中小学班级导师制与班主任制的关系

1. 中小学班级导师制是班主任制的有益补充

班主任是中小学日常思想道德教育和学生管理工作的主要实施者，是

中小学生健康成长的引领者。中国自 1952 年起开始在中小学设立班主任，负责班级的日常管理工作和学生的思想品德教育工作，在中小学教育中发挥了举足轻重的作用。随着时代的发展和教育改革的不断深入，班主任工作出现了一些亟待解决的问题，比如班主任工作压力大，超出本职工作的责任多，学生的个性化指导针对性不强、效率不高等，而班级导师制恰恰可作为班主任制的有益补充。班级导师制的职责和作用主要体现在以下方面：一是导师制是以提升学生品德修养、实现学生发展为目标的育人模式，强调导师制的思想道德的教育功能。二是导师制遵循全员育人理念，将学校德育的目标和任务由原来的班主任一人承担转为分摊到若干导师身上，是对班级管理制度的改进和完善。三是导师制重在针对学生个体进行个性化指导，充分体现了因材施教的教育原则。四是导师是学生的成长引领者，在思想、品德、生活、学习、心理等方面对学生进行全方位的教育和指导。①

班级导师制是在吸收借鉴导师制的理论研究与实践经验的基础上探索而成的教育制度，是学校班主任工作的有益补充和完善，有助于提高教育的针对性和实效性。但实施班级导师制并不意味着要以导师制替代班主任制，而是要将两者结合起来，取长补短，旨在真正形成全员育人的教育格局。

2. 班级导师制是形成育人共同体的有益探索

班级导师制作为育人共同体的一种制度探索，将学科教师、学生家长、校级领导、校内其他教师、学长、校外志愿者等群体纳入班级管理和教育的施教团队中，充分发挥每个群体的特点及优势，形成集体育人的协同力量。导师不仅在学习上关心帮助学生，而且要接纳和尊重学生的个性差异，认识和理解学生的身心发展特点，从思想、生活、心理、身体、劳动等各方面关注学生的成长。班级导师的人选可以是班主任、任课老师、家长和社会志愿者等。导师之间还应建立交流机制，定期讨论所指导学生的生活情况、身心状况、学习状态等，并从目标制定、方法过程、评价反馈等方面对学生给予有针对性的个性化指导。

---

① 《中小学导师制与班主任制的对比分析——基于道格拉斯·诺斯新制度主义理论》，《世界教育信息》2017 年第 11 期。

三　中小学班级导师制的模式探索与实施建议

（一）班级导师制的试点模式

1. 班级导师组模式（"1＋N"校内模式）

第一，目的意义："1＋N"班级导师制是校内协调模式，目的在于充分发挥校内教师的专业优势、个性特点和育人能力，形成校内育人集体。

第二，模式组成："1"代表班主任，"N"代表班级任课教师、校内其他教师（前任班主任、心理教师、社团教师、大队辅导员、校医等）、校级领导干部等。

第三，配套机制：该模式采取支持型机制，以班主任为主统筹育人工作，校内其他教师分工，配合班主任实施育人工作。

2. 全员导师模式（"1＋N＋X"协同模式）

第一，目的意义："1＋N＋X"班级导师制是校内校外协同模式，目的在于发挥校内外不同群体的专业优势，促进家庭教育、学校教育、社会教育紧密结合共同育人，在品德、学习、生活、身心、劳动等各方面为学生提供全方位、个性化的指导和帮助，形成家校社协同育人格局。

第二，模式组成："1"代表班主任，"N"代表班级任课教师、校内其他教师（前任班主任、心理教师、社团教师、大队辅导员、校医等）、校级领导干部，"X"代表学生原有学校前任班主任、班级学生家长、学校家委会代表、学长代表、校外志愿者等。

第三，运行机制：该模式采取协同型机制，班主任负责组织安排，学生发展由导师承担，负责对学生的品德、学业、身体、心理、生涯规划等多个方面的教育引导。

（二）班级导师的职责与任务

1. 班级导师制的教育职责

依据班级导师制的内涵与目标，中小学班级导师制主要开展对学生锤炼品格、学会生活、学业提升、健康身心、潜能发展、生涯规划等方面的指导。

第一，指导学生锤炼品格。导师要引导学生树立正确的人生观、世界观、价值观，培养学生爱党爱国爱人民，增强国家意识和社会责任意识，教育学生理解、认同和拥护国家政治制度，了解中华优秀传统文化和革命文化、社会主义先进文化，增强中国特色社会主义道路自信、理论自信、制度自信、文化自信，引导学生准确理解和把握社会主义核心价值观的深刻内涵和实践要求，养成良好政治素质、道德品质、法治意识和行为习惯，形成积极健康的人格和良好的心理品质。

第二，指导学生学会生活。导师要帮助学生适应生活，明确生活目标，端正生活态度，学会生活，学会自理，养成良好的生活习惯，提高学生生活适应能力，为学生健康成长提供全面帮助。

第三，指导学生提升学业。导师要帮助学生了解他们自己的学习潜力和特点，指导学生根据他们自身的特点、兴趣和社会需要，在学好必修课程的基础上选好选修课程，关心被指导学生的学业发展，引导学生掌握科学的学习方法，注重学生综合能力的培养，完善学生的知识结构。导师也要鼓励学生参加社会实践活动和进行科学研究，培养学生观察、分析、解决问题等综合能力。

第四，指导学生健康身心。导师要鼓励学生坚持锻炼身体，加强对学生的心理疏导，维护学生的心理健康，提升学生的心理品质，增强学生在学习、生活上的适应能力，发展学生的积极心态，及时帮助学生消除和克服心理困惑，激发他们自尊、自爱、自主蓬勃向上发展的愿望，使学生的身心素质得到提高，心智得到健康发展。

第五，指导学生发展潜能。导师要尊重学生的个性，积极发展学生的兴趣爱好，挖掘学生的潜能，发挥学生的特长。在与学生的交谈过程中，导师要关注学生的个性差异，有的放矢地针对每个学生的个性特点，包括他们的兴趣、爱好、能力、气质、性格，开展教育。

第六，指导学生生涯规划。导师要对学生进行生涯规划的引导，包括对人生目标的确立、人生责任的承担、人际关系的相处、生命价值的实现等一系列问题的理解和体验；需要根据学生的具体条件，因人而异，因材施教，进行个性化培养，为学生未来职业选择和发展奠定基础。

2. 班级导师的主要任务

从导师自身的特质来说，学生喜欢幽默诙谐、知识渊博、态度亲切的老师作为他们的导师。导师不一定是主科老师，也不必有学科限制，关键要有责任心和共情力，能获得学生的信任，与学生建立良好的关系。

班级导师与学生可进行双向选择，每个导师负责5—8名学生。各学校可根据学校的实际情况，适当增加或减少每组学生数。班级导师的主要任务包括：

一是全面了解学生的基本情况和家庭背景，了解学生在前一阶段的发展状况，关注他们成长过程中的各方面表现。

二是关注受导学生的思想动态，观察学生的行为习惯，定期与学生沟通，帮助、指导受导学生形成良好的思想道德品质，引导学生树立正确的世界观、人生观、价值观。

三是关心受导学生的身心健康，对受导学生进行心理疏导和健康指导。

四是关心受导学生的学业发展，指导学生改进学习方法，提高学业水平。

五是关心受导学生的个性特长，帮助学生明确发展目标，制定生涯规划。

六是指导受导学生合理安排课余生活，引导受导学生参加积极向上的文化娱乐活动。

七是经常与受导学生家长及其他科任教师沟通，协同配合促进学生各方面发展。

（三）班级导师制的运行实施与制度建设

1. 班级导师制的运行实施

第一，摸底建档。导师首先要通过谈话、问卷、电话等形式对他们所导学生的基本情况（如家庭、学习、兴趣、爱好等）做初步了解，随着工作的深入而逐渐加深认识。导师要与学生家长及其他任课教师联络，及时沟通情况，全面了解所指导学生在各方面的表现，了解他们在思想、学习、生活各方面的动态，填写成长记录档案。导师对学生了解得越全面、透彻，工作就越好开展，指导才能越对症下药。

第二，沟通交流。导师每周至少与学生交流一次，及时了解学生的思想、学业、身心等各方面状况，填写成长记录档案。也可以是学生主动找导师交流、沟通。对于学困生和问题生，最好要有方案设计。导师每周要与班主任、任课教师沟通一次，了解所带学生的课堂表现、作业情况、行为习惯等，以便及时发现问题并及时解决。导师每月至少与学生家长交流一次，尤其是走读生，更要做到家校沟通，互通信息，以防患未然。导师每学期至少家访一次。可视学校具体情况而对时间、次数做出适当调整。

第三，追踪辅导。每位导师都要建立学生成长档案，跟踪记录学生成长变化，分析学生的发展轨迹，以便发现问题、总结规律，形成教育成果（如案例分析、论文等）。

第四，定期会诊。导师与班主任及时沟通、汇报，以便班主任全面了解情况。班级全体科任老师定期交流学生动态，群策群力，共同研究对策，为学生德智体美劳全面发展保驾护航。

2. 班级导师制的制度建设

（1）建立成长档案制度。以班级为单位，班级导师在对学生家庭情况、学生身心特点、学习生活情况充分了解的基础上，为每位学生建立档案，包括学生的基本情况、前段时间的表现、取得的成果与进步以及存在的不足等。在一段时间的导师工作后，追踪分析"学生成长档案"中记录的学生成长变化情况，为下一步确定导师工作方向提供事实依据。

（2）建立家访联络制度。以班级为单位，导师对受导学生家庭情况进行全面深入的了解，并以"家访联系本"作为载体，做出详细的教师家访记录，包括家访目的、家访过程、学生反思、家长意见与教师评语等。家长与教师可通过网络、电话等方式随时进行联系，针对学生存在的问题及时沟通，与此同时，学校需修订完善家长委员会制度。

（3）建立导师会诊制度。以班级为单位组织，由班主任牵头，每两周举行一次（也可以视情况随时进行），针对某个（或几个）学生或针对某个（或几个）问题或现象，尤其是问题生或棘手问题，各自提出方案，汇集集体智慧，共同诊断，献计献策，制订下一阶段教育计划，共谋发展，共同提高。

（4）建立个案分析制度。以年级为单位组织，每月组织一次个案分析会。导师针对他们所导学生一个月的发展变化情况（可以是一个成功或失败的案例，也可以是一次成功或失败的谈话）进行综合描述，供大家借鉴，既是为发现情况、增强导师责任感，也是为其他导师汲取经验教训、取长补短提供参考。

（5）建立导师交流制度。以年级为单位组织，不定期（每学期可组织1—2次）举办座谈会或分析会，交换意见、讨论问题、决定事项、总结工作。形式上既包括正规的会议研讨，也包括非正式的自由交流，鼓励导师畅谈他们的做法、看法、体会或者意见、建议等，畅所欲言，迸发出智慧火花，类似于剑桥大学的"下午茶"制度。

（6）建立导师激励制度。为鼓励导师的工作，推动班级导师制的持续运行，建议学校从物质和精神两方面对导师予以奖励，从而建立起导师激励机制。措施之一是根据学校导师的工作量，每月发放一定的导师津贴。措施之二是如果导师授课任务较重，学校应酌情减少导师的每周授课时数。措施之三是学校应定期评选、表彰优秀导师，让优秀的导师得到认可，使导师获得相应的荣誉和成就感，以此达到激励导师工作的目的。

（7）建立总结反思制度。班级导师每学期要写一份调查分析报告或实践总结报告，归纳在对学生开展个性化指导方面所取得的经验，反思存在的问题，提出进一步改进对策。

（四）中小学班级导师制的实施建议

1. 正确定位中小学班级导师制的基本原则

正确定位中小学班级导师制的基本理念，是导师制有效实施的重要前提。第一，班级导师制的指导对象是全体学生。班级导师制要面向全体，为每一名学生的健康成长提供有针对性的教育和引导。第二，班级导师制的指导范畴是全面素质。班级导师制要关注学生全面素质的培养，涉及学科学习、情绪状态、理想规划、个性特点等多个方面，促进学生德智体美劳全面发展。第三，班级导师制的指导原则是因材施教。班级导师制要以接纳、尊重、理解学生的个体差异为基点，对不同类型的学生开展研究并提供适性指导。

2. 准确把握班级导师制的关系定位

班级导师制的实施要把握好两组关系：一是准确理解和把握"导与学"的关系。导师与学生不是手工业学徒与师傅的关系，导师在多数时候不要直接告诉学生如何解决问题，而是提供解决问题的线索或思路，锻炼学生的自主学习能力和问题解决能力。二是正确认识导师和学生之间的关系。导师和学生之间不是简单的主客体关系，而是作为交互沟通的主体而存在和发挥作用的。[①] 学生不是被动接受教育的工具，而是有生命尊严、独立人格、个性独特的人。导师制可以突破班级授课制的时空限制，为主体间的互动与交往提供更为理想的交流载体和空间环境，师生双主体在平

---

① 《中小学导师制实施现状及展望》，《教书育人》2022年第19期。

等、互动的基础上积极发挥其自身的自主性、能动性、创造性，使主体间一对一、一对多的情感沟通、认知沟通成为现实。

3. 重点关注中小学班级导师的指导过程

中小学导师制从本质上说是一种个性化教育，所以导师应从学生个性特征和发展需要出发，充分尊重每一位学生，对学生的价值观念、思想动态、学习方法、心理状态和发展方向等进行全面而系统的观察、分析、引导和反馈，并以"学生成长记录档案"为基本工具，做每一名学生成长过程的记录者、指导者、追踪者和引领者，为"三全育人"新格局的形成探索新的制度举措。

4. 建立健全中小学班级导师制的评价机制

建立班级导师制的评价机制是保证班级导师制持续推进的制度保证。学校应该成立专门的"导师管理"小组，负责统筹学校各个年级和教师共同完成导师制建设工作。导师制的评价机制应注重多元性、过程性和激励性原则。评价主体可包括学生、家长、同行和学校管理者等，评价方法可采用学生问卷、家长反馈表、年级小组簿等方式记录和收集导师的日常指导反馈情况，评价结果应采用物质奖励和精神鼓励等多种方式激发导师的工作热情，体会教师职业的幸福感和成就感。

5. 全面持续提高中小学班级导师的专业素养

导师的教育情怀和育人能力是影响学生发展的重要因素，学校应开展针对导师的培训和培养工作。第一，必须选择具备专业职业生涯规划知识的教师和教育专业的教师担任学生的导师。专业的职业生涯指导老师能给学生提供长远且专业的生涯发展意见，专业课教师可以为学生的学业进步提供最有效和最直接的指导。第二，挑选专业水平高、善于对学生进行思想疏导的教师作为导师。学校应成立"导师培训工作室"负责导师的培养及评估工作，也可定期组织校本讲堂、研讨会等方式提高导师的育人水平。

新时代高校"大先生"群体画像

王铭 赵新亮 吴菡 韩亚菲 纪效珲[*]

一 选题背景

2023 年 5 月，在中共中央政治局第五次集体学习时习近平总书记指出："建设教育强国，龙头是高等教育""强教必先强师"。要把加强教师队伍建设作为建设教育强国最重要的基础工作来抓，健全中国特色教师教育体系，大力培养造就一支师德高尚、业务精湛、结构合理、充满活力的高素质专业化教师队伍。加强师德师风建设，引导广大教师坚定理想信念、陶冶道德情操、涵养扎实学识、勤修仁爱之心，树立"躬耕教坛、强国有我"的志向和抱负，坚守三尺讲台，潜心教书育人。因此，高校教师是建设高质量高等教育体系的重中之重。

2022 年初，北京教育科学研究院高教所与教育部教育质量评估中心合作编研《中国普通高校本科教育教学质量发展报告 2021—2022》"第五章教师队伍建设致力培养'大先生'"。以此为契机，围绕"大先生"开展研究，参与、召开研讨会，研制问卷进行全国调查。2022 年底，《高校"大先生"培养现状调研报告》被纳入北京教育科学研究院《北京大中小幼一体化德育发展研究蓝皮书（2022）》集结出版。2023 年初，为了继续深化研究，确定"新时代高校'大先生'群体画像"研究选题。探讨高校"大先生"群体特征、画像、成长轨迹、发展规律等问题。围绕选题确定研究框架、方法和步骤，总结梳理习近平总书记关于"大先生"的重要论述和目前国内研究现状，确定课题研究对象和范围，搜集研究资料和数

---

* 北京教育科学研究院高等教育科学研究所。

据，统计分析相关文本和数据，进行报告的撰写。

二 理论基础

（一）习近平总书记关于"大先生"的有关讲话

习近平总书记高度重视教师，希望广大高校教师努力成为"大先生"。2016 年，在全国高校思想政治工作会议上，习近平总书记首次提出"大先生"，高校立身之本在于立德树人，教师不能只做传授书本知识的教书匠，而要成为塑造学生品格、品行、品味的"大先生"。2021 年，习近平总书记在考察清华大学时强调，教师要成为"大先生"，做学生为学、为事、为人的示范，要研究真问题，着眼世界学术前沿和国家重大需求，致力于解决实际问题，善于学习新知识、新技术、新理论，要始终同党和人民站在一起。2022 年，习近平总书记在中国人民大学考察时表示希望中青年教师向老教授老专家学习，立志成为"大先生"，在教书育人和科研创新上不断创造新业绩。

（二）高校教师画像与专业发展

有关高校教师专业发展视角下的画像研究，傅思思等利用自然语言处理方法对学生评教的评论文本进行分析处理以构建教师画像。① 李景奇等设计的教师画像模型从学术成果、教学成果等五个方面呈现教师特点。② 程小恩等从师生交流、作业批阅等维度构建了教师教学画像，以达到评价目的。③ 陈尧设计了基于课程教学设计与内容、教学方法等六个维度的教师画像，并对是否有助于教师评价进行了实验分析。④

赵鲁臻等运用 NVivo 12 编码工具对思政教育政策文本进行词频分析和

---

① 傅思思、王茜、葛亮：《工程教育专业认证背景下的学生评教数据分析初探》，《计算机教育》2020 年第 2 期。

② 李景奇、卞艺杰、黄波：《教学大数据监测预警平台设计与应用》，《计算机应用与软件》2019 年第 1 期。

③ 程小恩、温川飙、程爱景等：《基于网络课程的教师教学画像数据模型构建》，《成都中医药大学学报》（教育科学版）2018 年第 4 期。

④ 陈尧：《教师画像与评分系统的设计与实现》，硕士学位论文，重庆大学，2018 年。

主题编码，勾勒出新时代思政课教师的"标准画像"。① 王振宇等将教师发展群体画像研究引入其中，贯通"知马—懂马—信马—研马—行马"全过程培育逻辑，助力新任思政课教师胜任力提升。② 经过对相关文献的梳理，发现研究者从不同的目的出发设计了不同的教师画像模型，包括教师培训、教学评价、网络研修等，同时多数研究者认为，教师画像能够为教师专业发展提供支持服务，但还未有将教师画像和教师专业发展相结合，深入探讨其对教师专业发展影响的研究。

吴巨慧等提出世界顶尖大学师资队伍建设一般从"理念—制度—技术"框架入手。③ 教师专业发展已经细化为教师教学发展、教师科研发展、教师教育发展、教师发展制度等方向，其中，高校教师教学能力培养和提升活动的组织开展多数属于分散式，缺乏科学设计与系统规划。④ 目前，大学教师面对来自政府、社会、高校和学生四个方面的规训，同样需要在这四个方面超越规训角色，展现自我角色，通过四个方面的自我关怀，实现个人价值。⑤ 高校工科新教师课堂教学不适应性主要集中在教学设计、教学资源、教学组织、教学方法运用及互动、教学评价反思、教学基本功等方面。⑥ 教师专业发展阶段的划分名称较多，但是主要包括三类：新手型、熟手型、专家型，或教学适应期、教学胜任期、教学卓越期。⑦

（三）有关"大先生"研究的最新进展

胡金木等指出，先生不仅具有长者、尊者、贤者之义，还具有"谓师

---

① 赵鲁臻、张赛伊：《新时代高校思想政治理论课教师的"标准画像"——基于 NVivo 12 的政策文本分析》，《重庆文理学院学报》（社会科学版）2022 年第 4 期。

② 王振宇、曹爱琴：《基于群体画像的高校新任思政课教师胜任力培育逻辑研究》，《学校党建与思想教育》2023 年第 1 期。

③ 吴巨慧、刘子涵：《世界顶尖大学师资队伍建设的实践路径与经验启示——基于"理念—制度—技术"的分析框架》，《浙江大学学报》（人文社会科学版）2023 年第 12 期。

④ 李辉、刘苗苗、宣建林：《新时代高校教师教学发展的路径探索——基于西北地区 38 所高校的调查》，《高教探索》2023 年第 4 期。

⑤ 王立平、彭霓：《大学教师角色的四元规训与三重破解》，《高教发展与评估》2023 年第 4 期。

⑥ 王薇、吴军其：《发展性评价视域下工科新教师教学适应性研究》，《现代教育管理》2023 年第 6 期。

⑦ 刘兴国、常婷婷：《高校教师教学领导力构成要素及模型建构》，《高教发展与评估》2023 年第 2 期。

为先生"的教育意涵，习近平总书记基于传统师道精神，结合教师队伍发展现实，提出广大教师要成为时代大先生，做学生为学、为事、为人的示范，这既彰显了对教师职业的敬重，又蕴含着对教师素质的期望与要求。[①]教育是"仁而爱人"的活动，教师应是"经师"与"人师"的统一者。大先生之"大"，在于智识之高、在于德性之厚、在于情怀之深，也在于格局之大。张宇宏从 2010—2022 年获得全国优秀教师、全国教书育人楷模、时代楷模、全国教学名师荣誉称号的 47 位高校"大先生"的事迹材料文本中发现，他们具有大情怀、大德行、大学者三维画像及十种行为表征。[②] 王中华等通过文本分析法分析张伯苓、蔡元培、梅贻琦、竺可桢和陈寅恪五位民国"大先生"的人物传记。[③]

三 研究方法

确定研究对象——"大先生"的范围，以近三年官方认可的全国模范教师、国家级教学名师、黄大年教学团队领军人物、"时代楷模""全国教书育人楷模""最美教师""教学大师奖"、人文社会科学终身成就奖获得者为研究主体。以本课题组成员推荐的汪永铨、潘懋元、厉以宁、陈懋章等"大先生"为辅，共选定 32 位"大先生"（见表 1）。

表 1　　　　　　　　　由 32 位"大先生"构成的研究对象

王选	王力	张伯礼	吴良镛	钟南山	高铭暄	卫兴华	屠呦呦
袁隆平	潘懋元	苏步青	姚期智	林毅夫	林占熺	戚发轫	吴文俊
叶澜	郝克明	黄济	陈懋章	钟群鹏	顾明远	南怀瑾	杨国荣
乐黛云	丁文江	樊锦诗	汪永铨	赖邵聪	厉以宁	韩家淮	李建军

系统收集这 32 位研究对象的生平资料、关键数据，一方面进行定量分析，设计"信息表"，列出若干指标，进行统计分析；另一方面进行质性

---

① 胡金木、张珺：《大先生的时代画像：习近平总书记关于教师素养的理论阐释》，《中国教育学刊》2023 年第 8 期。

② 张宇宏：《新时代高校"大先生"群像特征及养成路径研究——基于 2010—2022 年全国高校优秀教师典型事迹材料文本分析》，《阴山学刊》2023 年第 6 期。

③ 王中华、农伟梦：《"大先生"的特质及对教师教育的启示——基于五位民国"大先生"人物传记的文本分析》，《内蒙古师范大学学报》（教育科学版）2022 年第 5 期。

研究，使用 Nvivo 软件，对"大先生"生平资料进行文本分析。

四　量化分析

本文分别统计分析了研究对象的籍贯、就读高校、学科专业、政治面貌和学术产出等情况，由于存在小样本选择误差，因此，本部分仅对 32 个研究对象进行统计分析，以供参考。

（一）哪里更容易出大先生

基于对中国 32 位社会公认的大先生样本群体的分析，聚焦 32 位大先生的出生地，统计发现，大先生的出生地主要集中在江浙沪一带，合计占比为 47%，32 位中有 15 位来自江浙沪一带。其中，浙江省大先生人数最多，有 7 位，占比为 22%；上海和江苏各有 4 位，占比均为 13% 左右。具体分布情况详见图 1。

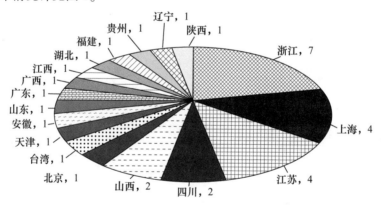

图 1　出生地分布

（二）哪所高校培养的大先生最多

基于对中国 32 位样本大先生基本信息的分析，聚焦 32 位大先生的毕业院校，统计发现，大先生的毕业院校主要来自央属高校，以北京大学居首，32 位大先生中共有 9 位来自北京大学，占比为 28%；其次是北京航空航天大学，有 3 位大先生，占比为 9%，北京师范大学、华东师范大学、清华大学均有 2 位大先生。具体分布情况详见图 2。

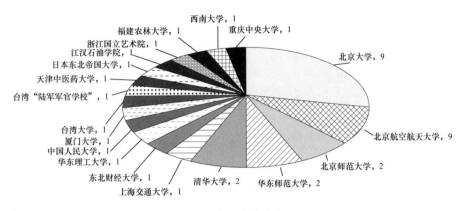

图2　毕业院校分布

（三）大先生选择什么专业

基于对中国 32 位样本大先生基本信息的分析，聚焦 32 位大先生的所学专业，统计发现，大先生的所学专业比较宽泛，涉及各行各业各领域的专业类型，32 位大先生中共有 5 位所学专业为教育学，占比为 16%；其次是工学专业，有 4 位大先生，占比为 13%；农业、地质学、经济学均有 3 位大先生。具体分布情况详见图3。

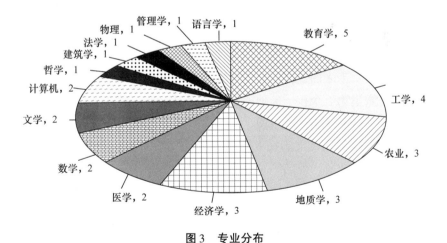

图3　专业分布

（四）大先生都是中共党员吗

基于对中国 32 位样本大先生基本信息的分析，聚焦 32 位大先生的政治面貌情况，统计发现，大先生的政治面貌比较多元，以中国共产党党员最多，32 位大先生中共有 16 位，占比为 50%；其次是无党派人士，九三学社、民盟等均有一位大先生。具体分布情况详见图 4。

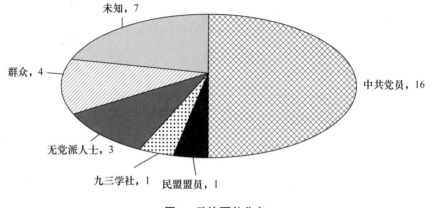

图 4 政治面貌分布

五 "大先生"画像

（一）父母和家庭提供了良好的基础

一方面，父母是孩子的第一任教师，父母的行事作风、性格特征会显著影响孩子。孩子后天的表现往往来源于父母的言传身教。父母在职业上的优势，对子女未来的选择产生了很大影响。

王选是家里第五个孩子，他的父亲王守其一辈子从事财务工作，办事特别认真，工作从未出现过纰漏。

1928 年，高铭暄的父亲在上海特区法院担任书记官，1947 年，高铭暄高中毕业选择专业时，他的第一想法就是报考法律专业。

屠呦呦的父亲曾是一名中医，在知道女儿选了中药材生物学这样冷门专业后，说道："我原以为、也只希望你长大了做一个好医生。没想到，你比我有更大的抱负！"

另一方面，少年的苦难也是人生的一笔财富，少年时期的艰苦能够激励人奋发图强。

潘懋元出生于汕头市一个贫穷的小商贩家庭，受兄长影响，潘懋元酷爱文学，积累了深厚的文学功底。

林占熺，打小生活在地处闽西的龙岩连城，山高路远，家中困难，小时候时常饿肚子。"看到长辈们用芒萁等野草掺进面粉米糠里充饥，就懂得粮食实在是太珍贵了。我是农民的孩子，干农业是应该的。"学农，在林占熺的心中扎下了根。

苏步青出生在浙江省平阳县的一个山村里，父亲靠种地为生，童年时代放牛喂猪，干过割草等农活，虽然家境清贫，但父母依然省吃俭用地供他上学。

（二）少年立志勇于担负起社会责任

由于时代的特征，大先生的幼年和童年时期往往经历了那个积贫积弱的"旧中国"，但是，残酷的现实往往在幼年和童年的大先生心中播下一颗颗奋发的种子。

陈懋章说，他在旧中国生活过，亲身经历过日本飞机轰炸，他明白落后就要挨打，他终生铭记着这一道理。高中毕业后，他坚定地选择了北京航空学院，就读航空发动机专业，立志通过努力学习，改变中国航空事业的局面。

（三）在教育和学习过程中展现出天赋

"大先生"经过小学、中学、大学的系统正规教育，大学一般都考取和毕业于名牌大学，如北京大学、清华大学、北京航空航天大学、北京师范大学等。在从少年到青年的求学过程中，他们逐渐展现出天赋、崭露头角。

潘懋元12岁就在汕头市《市民日报》副刊上发表了他自己撰写的第一篇文章，引起了不小的轰动。此后，他经常在《岭东民国日报》《星华日报》等报刊上发表短文和散论，成了小有名气的少年作家。

从小学到初中，直至高中，钟群鹏的数学成绩永远名列前茅，养成了踏实学习的习惯，这为他以后的科研工作打下了坚实基础。

高铭暄由于高中成绩优异，同时被浙江大学法学院、复旦大学法学院、武汉大学法学院三所大学的法学院录取。

多位"大先生"拥有留学深造的经历，学习了最新的理论、技术，掌握了新的视角和认识论、方法论。前往相关领域的世界中心，站到该领域的世界前沿。

林毅夫的现代经济学大本营——美国芝加哥大学为其打下了扎实的经济学基础；王力远赴世界语言学中心——巴黎攻读博士学位；陈懋章作为改革开放后第一批访问学者在英国帝国理工学院从事湍流研究；乐黛云先后在美国、加拿大、澳大利亚、荷兰等国访学任职；吴良镛在美国匡溪艺术学院建筑与城市设计系，师从沙里宁获硕士学位；吴文俊在当时数学水平世界一流的法国获斯特拉斯堡大学博士学位；钟南山于1979年赴英国爱丁堡大学医学院及伦敦大学呼吸系进修，1981年毕业于英国爱丁堡大学，获博士学位。

在"大先生"的成长轨迹中，离不开"大先生"的"大先生"对其的指导和点拨，正是受到"大先生"的"大先生"在学术、专业和发展道路上的影响与指引，才会有后来"大先生"的事迹与成就。

顾明远在北京师范大学教育系教学期间，得到侯外庐、董渭川等名师的指点。

苏秉琦先生的"临行教诲"、宿白先生的"敦煌七讲"，对樊锦诗的人生选择产生了重要影响，滋养着她心中的敦煌情缘与守一不移的扎根精神。

吴良镛自小就喜欢绘画。特别是在进入重庆中央大学建筑系就读时，徐悲鸿、傅抱石、吴作人等著名绘画大师都在该校的艺术系执教，吴良镛深受其艺术的熏陶。

（四）拥有对专业无比的热爱与兴趣

兴趣是最好的老师，兴趣能够成为学习和工作的不竭动力，很多"大先生"学习和工作同样来源于兴趣。在兴趣的指引下，经过不断的学习、思考和深入研究，"大先生"进入一个相对稳定和精研的专业，掌握了该专业的知识、理论、方法、思维和前沿。在其内心深处，他们对专业充满兴趣与热爱，并将这份情感转化为实际行动，落实在每日每时的研究、授课、人才培养和知识生产、传播中。

韩家淮把科研当作兴趣爱好，"最幸福的事，就是找到自己感兴趣的工作，并为之努力。"这是他最常跟学生说的一句话。韩家淮每天工作十几个小时，没有周末节假日，把休息之外的时间都花在了实验室。出差就只是"出差"，忙完就走，从不逗留。每每开会或出差回来，不管多晚，他都要先回到实验室看一看。

袁隆平之所以选择学农，其实缘于他从小产生的志趣。那是在汉口扶轮小学读一年级的时候，老师带学生去郊游，参观一个资本家的园艺场。那个园艺场办得很好，到那里一看，花好多，各式各样的，非常美，在地下像毯子一样。从那时起，他就想长大以后一定要学农。随着年龄的增长，这一愿望更加强烈，学农变成了他的人生志向。

（五）科研成果等身并获得国际公认

"大先生"科研成果丰硕、著作和荣誉等身，能够数十年如一日在他们的领域内深耕和钻研，持续不断产出延续性科研成果。"大先生"的科研成果不止数量多，而且专业性极强、权威度极高。在目前较高的国际化程度下，"大先生"在相关领域的科研成果和水平，不仅获得国内最高荣誉且得到了国际公认。

2015 年，高铭暄在卡塔尔多哈联合国大会上荣获国际社会防卫学会颁发的"切萨雷·贝卡里亚"奖。此奖素有"刑法学界的小诺贝尔奖"之称，"切萨雷·贝卡里亚"奖颁发给中国刑法学者，这是中国刑法学界的历史性突破。

在 2019 年国际宇航大会上，86 岁的戚发轫院士获得了国际宇航联合会（IAF）"名人堂"奖项，该奖项旨在表彰对推动空间科学技术有杰出贡献的科学家。

2015 年，屠呦呦获得诺贝尔医学奖，理由是她发现了青蒿素，该药品可以有效降低疟疾患者的死亡率。她成为第一位获诺贝尔科学奖的中国本土科学家，诺贝尔科学奖是中国医学界迄今为止获得的最高奖项，也是中医药成果获得的最高奖项。

（六）尽心尽力培养人才，桃李遍天下

在自身科研基础之上，"大先生"带学生和团队，参与人才培养

"大先生"在几十年的从教生涯中，一直坚守在教学第一线，亲自备课授课，不仅为本科生、研究生授课，指导硕士生、博士生、博士后，还利用各种机会为行业在职人员、各类进修班提供宝贵知识与经验。

执教 85 年来，潘懋元教授乐育英才，为人师表，桃李满天下，为广大教育理论工作者和教育实践者树立了典范。

　　"我的愿望是培养一批有解决问题能力的科研工作者，让世界因为中国的生命科学研究而变得更加美好。"在韩家淮眼中，以师者、学者的深厚学养和高尚人格悉心指引学子，用心用情呵护青年学子的梦想尤为关键。

　　在教材、课程、教学方法与技术、实践教学、改革创新方面，"大先生"亲力亲为，以最高的水平将最佳效果和学习体验呈现给学生。"大先生"亲自编写教材，如黄济、王力、高铭暄、卫兴华、张伯礼等，将最新的成果、思想、体系编入教材中，武装学生头脑。"大先生"开设的课程往往都是一流水平的"金课"。"大先生"具有开拓精神，主持参与创新教学模式、教学班、学院书院的创设，如林毅夫的"新结构经济学本科实验班"，清华大学姚期智的"姚班（本科生精英计划）"，钟南山的"南山班"，厉以宁创建的北京大学光华管理学院，吴良镛创建的清华大学建筑系，等等。通过小型研讨、大型论坛、创办期刊、合作发表、出国访学等手段搭建促进学生成长的平台。在育人理念、教学态度、自我要求等方面总是达到最高水平、最佳状态。

　　"大先生"在培养人才的过程中，往往让学生感受到"爱生如子"的亲切、用心与教育情怀，如郝克明、潘懋元、黄济等，学生在缅怀恩师时，一桩桩一件件小事最能体现出"大先生"对学子的恩爱之心。"大先生"桃李满天下，育人成果卓著，大先生育大英才。

　　顾明远先后培养指导了60多位研究生，很多学生如今已经成为国家的栋梁之才。

　　陈懋章院士对每一名学生都倾注了大量心血，他兢兢业业地培养了53名硕博士研究生，其中包括中国航发集团专职型号总师刘永泉、中国航发商发副总师杜辉等一大批总师副总师，柳阳威、刘宝杰（荣获国家技术发明二等奖一项）、刘火星（荣获国家技术发明二等奖一项、国防技术发明一等奖一项）等7名学校骨干教师。

　　"大先生"不爱钱财、爱人才，将多年积累的奖励金捐献出来成立助学金、基金会，奖励或帮助学有所成的学子、青年教师，助其更进一步，为国家和专业领域的事业发展尽心竭力。

　　王选的夫人陈堃銶教授代表北京大学王选计算机研究所捐资1000万元人民币，在北京大学设立"北京大学王选青年学者奖励基金"。

　　屠呦呦拿出诺贝尔奖奖金中的100万元人民币，捐赠给北京大学医学部设立"屠呦呦医药人才奖励基金",又将 100 万元人民币捐给中医科学院成立创新基金,激励更多的年轻人参与中医药科研。

张伯礼先后将个人获得的何梁何利基金奖、吴阶平医学奖、世界中医贡献奖等奖金共计 200 万元捐给天津中医药大学设立"勇搏"励志奖助学金,培养立志献身于中医药事业的践行者。

(七) 丰富的性格特质提供了无尽力量

"大先生"人格魅力卓著,独特的性格特质也是支撑其在学术和人才培养道路上不断进取奉献的基础之一。吃苦耐劳、艰苦奋斗,是"大先生"最常见的性格。他们住土房、睡土炕、喝咸水、吃杂粮。20 世纪 60 年代的莫高窟几乎与世隔绝,物资极度匮乏,"如果说我从来没有犹豫、没有动摇过,那是假话。"樊锦诗说:"可是第二天,只要一走进石窟,我就感到再苦再累也是值得的。只有把自己全部的精力都投入考古研究工作,我才能暂时忘却心中的不快。"她渐渐适应了莫高窟的生活,习惯地上永远有扫不干净的沙尘,习惯半夜里老鼠掉在枕头上,然后爬起来掸掸土,若无其事地继续睡觉。

无私奉献、认真负责,淡泊名利、轻财好义,是"大先生"的一贯态度。一个美国农场主敏锐地发现了林占熺"菌草种菇"的商业价值,希望买断菌草技术,许以月薪 14000 美元的高薪聘请林占熺夫妇。这月薪是他俩收入的 1000 多倍。但林占熺不为所动,他说:"如果我签了约,可以成为千万富翁,但之后我就会成为美国企业代理人来赚我们中国人的钱。我父亲送我读大学时就说,上大学是为了让你将来能为穷人做事的。"

勤奋是"大先生"取得成就的基石。钟群鹏院士是一个"工作狂",他年岁已高却依旧奋战在学术科研第一线,其实,他的身体并不好,用同事的话来说,他是用"一只眼睛、一个肾、一条腿"工作的。

平等尊重、谦逊是"大先生"对人的态度。王力与人和善,对学生从不疾言厉色。他虽然是北京大学很有名的教授,却不喜欢人家叫他教授。他说过:"在学校里,人家都叫我王先生,我听了比较舒服。有的人叫我一声王力同志,我就心里乐滋滋的。"

坚持真理、实事求是是"大先生"为人做学问的品质。卫兴华"始终坚持理论研究的科学性和严肃性,即使在'左'的理论和政策盛行的情况下,也不随'风'转""坚持实事求是的科学态度和严谨的治学学风"

"从不人云亦云，而是执著地追求真理""不唯上、不唯书、不唯风、不唯众"，不做权势的奴仆，不做"风派理论家"。

除此之外，"大先生"的性格特质还包括心态乐观豁达，不畏失败、坚韧不拔，精力旺盛，对他们采取高标准严要求，包容亲和，脚踏实地，坚守，热爱体育锻炼，等等。

（八）极具创新精神，勇探未知之境地

"大先生"极具创新精神，勇于探索未知领域，走没有人走过的路，想没有人想过的事情，尝试没有人尝试过的方法。"大先生"不仅在理论、方法、成果上不断创新，而且敢于开创新的研究领域、新的学科、新的范式、新的赛道、新的学科。

王选最突出的是他的创新精神，在世界上他首先用激光照排技术实现了印刷革命，使中国在这一领域里领先于国际水平。他既是优秀的科学家，又是杰出的企业家；他既有精湛深厚的学术造诣，又有坚忍不拔的实干精神。他通过创办方正，实现了中文激光照排技术的产业化，为自主创新发展中国的科技和产业树立了光辉的榜样。他是为中国科技自主创新作出重大贡献并实现了产业化的杰出科学家、企业家。

樊锦诗大胆创"数字敦煌"，将洞窟、壁画、彩塑及与敦煌相关的一切文物加工成高智能数字图像，同时也将分散在世界各地的敦煌文献、研究成果以及相关资料汇集成电子档案。"壁画这个文物不可再生，也不能永生。"这促使樊锦诗考虑用"数字化"永久地保存敦煌信息。樊锦诗对促进敦煌文物的保护事业所作出的贡献，得到了学术界的一致认可。学术大师季羡林在2000年敦煌百年庆典上极力称赞樊锦诗，他用了一个词：功德无量。

（九）用拳拳爱国心研究、解决中国问题

"大先生"均为胸怀国之大者，将个人发展与国家发展联系起来。受中国传统文化影响，以拳拳爱国心，放弃国外优渥生活，投身祖国建设事业，研究中国问题，解决中国问题，紧跟时势，迎难而上。注重国际化和本土化，传播中国声音，使用他们自身的资源为国家和学校谋发展。

林毅夫买了一台半导体收音机，每当夜深人静时，就悄悄收听祖国大陆电台的广播，遥望对岸星星点点的灯火，常常心潮澎湃，对祖国大陆充

满了无限向往之情。然而，一道海峡如一道屏障，硬是生生地使两岸人民骨肉分离，使他心中的"大中国思想"无法实现。他痛恨这种人为的分离，却又无法改变现实。有天夜里，做好准备的他悄悄地抱着两只篮球下了海，依靠篮球的浮力，加上强健的体魄，在沉浮之间，他的脚已触到了祖国大陆的土地。

在高考选专业时，钟群鹏想，祖国需要我干什么，我就干什么。当时正处于新中国成立初期的重建时期，国内工业羸弱，打仗时敌军飞机前来轰炸的场面，钟群鹏还历历在目，他毅然在志愿单上填上了清华大学航空系。刚入大学，就迎来了全国院系调整，钟群鹏成为北航的第一批学生。

六　政策建议

（一）更加全面总结、提炼、宣传"大先生"的事迹与精神

本文建议更加全面划定"大先生"范围，明确"大先生"群体，广泛收集"大先生"生平资料、自述传记。全面总结"大先生"的事迹，提炼"大先生"共有的精神特质。在此基础上，广泛宣传"大先生"事迹，让全体学生和教师，从中汲取精神上的营养与理论信念上的补剂。

（二）继续深入开展"大先生"成长规律和性格画像研究

本文选取了32位"大先生"，以点带面、以小样本代表"大先生"群体，存在样本数量少、样本选择主观、样本材料来源窄等问题。但是，本文经过编码、抽取、组合分析，还是能够部分地揭示出"大先生"的群体画像、成长规律和性格特质。今后，建议形成更具规模的研究课题和团队，虽然"大先生"群体的确定尚存在一定的争议和困难，但是，通过更加坚实的步骤和研究过程，一定可以挖掘出"大先生"，更多更加丰富的事实与精神感召力量。

（三）抓住少年、青年人才成长窗口期培养更多的"大先生"

研究发现，"大先生"的父母和家庭为他们成为"大先生"打下了良好的基础，因此，有志青少年的父母和家庭应了解一些培养"大先生"的教养方式；"大先生"在少年时期就立志勇于担负起社会责任，因此，父母和家庭应引导有志青少年在少年时期就立志肩负起社会重担；"大先生"

在教育和学习过程中展现出了天赋，因此，学校应对展现出天赋的青少年采取措施，给予其更多的教育和培养；"大先生"拥有对专业无比的热爱与兴趣，因此，学校和家庭应引导青少年发现兴趣、培养兴趣，将兴趣与学习的专业联系、结合起来；"大先生"丰富的性格特质提供了无尽的力量，因此，要培养有志青少年形成吃苦耐劳、乐观勤劳、不畏困难、不怕失败等性格，同时要勇于创新，勇于探索人类未知之境；最后，"大先生"的拳拳爱国心令人动容，他们研究解决中国问题，以为国奉献争光为荣，因此要培养广大青少年的爱国情怀，为国家和人民而学习奋斗、攻克难关。

关注消极情绪 构建班级高质量
同伴关系的实践

马金鹤[*]

同伴关系主要是指同龄人间或心理发展水平相当的个体间在交往过程中建立和发展起来的一种人际关系。同伴关系在儿童青少年发展中具有成人无法取代的独特作用和重要的适应价值。[①] 大量研究表明，不受同伴欢迎可预测学习困难、留级、较高的逃学率和辍学率，同伴关系的质量对青少年的幸福感和适应能力有重要影响。国内研究者的追踪研究也表明，儿童在初测时所属同伴团体的社会能力越强，社交性越高，学业成绩越优异，则两年后他们在这些方面的表现就越好。[②] 与同伴交往的经验是发展成功的社会交往基本技能的重要条件。同伴关系是发展社会能力的重要背景，青少年通过同伴交往可以满足社交需要、获得社会支持和心理安全感，高质量的同伴交往经验有利于自我概念和人格的发展。

班级是学校教育的基本单位，也是连接个人与宏观社会的纽带。在中小学校园中，班级是学生成长的第一环境，这个环境也是每个中小学生在学校浸润时间最长的雏形社会。每天早晨，当学生进入校园时，他们第一个进入的地方就是他们的班级，他们在这里笑着、闹着、辩论着、成长着……班级里高质量的同伴关系不仅是优秀班集体的核心标志，也是吸引学生喜欢学校学习生活的主要原因之一。马卡连柯认为："一切良好的教育，都需要建立一个统一、完整、有影响力的集体作为前提，全部的教育

---

* 北京教育科学研究院德育研究中心。

① 邹泓：《同伴关系的发展功能及影响因素》，《心理发展与教育》1998 年第 2 期。

② 杨渝川、郑淑杰、郑日昌等：《儿童对所属同伴团体的选择和适应》，《心理发展与教育》2002 年第 18 期。

过程就是要在这样一个集体当中进行。"因此，班主任作为班级学生日常思想教育和班级管理工作的主要实施者，应该关注班级中高质量同伴关系的构建。班主任要善于观察学生，尤其是学生的消极情绪。大量研究表明，学生消极情绪的重要来源之一是同伴交往的压力。当班主任关注到学生情绪，并进行及时有效引导时，将有助于班级中高质量同伴关系的构建。

董老师是三年级班主任，发现班级里"悄悄话箱"中学生的求助信息越来越多：

1. 老师，在音乐课上，小A嘲笑我唱歌走调，说我一唱歌，真让大家的耳朵受罪，还有几个同学听到小A的话，一块儿跟着笑，我特别郁闷，我该怎么办呢？

2. 老师，我的好朋友和别人玩了，我很伤心，我准备再也不理她了。

3. 老师，我的好朋友每次考试比我好都很嘚瑟，我特别生气！

……

从以上信息中，我们看到，班级中学生的一些不恰当的社交行为引发了同伴的消极情绪，如果这些情绪不被关注，有可能引发同伴的报复行为，报复行为会引发被报复对象的消极情绪，诱发他们做出更多不恰当的交往行为……这种行为模式在循环若干次后，将产生放大效应，形成班级低质量人际关系（详见下图）。

在此循环中可以发现，消极情绪是引发低质量同伴关系恶性循环的中介变量。班主任首先要通过多种方法，从关注学生的消极情绪开始，顺藤摸瓜地找到班级学生交往中引发消极情绪的不恰当社交行为。其次对接这些不恰当社交行为，结合学情，因地制宜地开展教育工作。最后班主任可以从班级文化角度，健全班级的制度文化，用文化规约学生的行为，减少班级中制造消极情绪的情境，从而建立高质量的班级同伴关系。

一　关注学生的消极情绪，了解班级不恰当交往行为情况

深入了解、摸清学情

1. 深入了解 关注学生的情绪状态

作为班主任，可以运用以下方式随时关注学生的情绪状态。

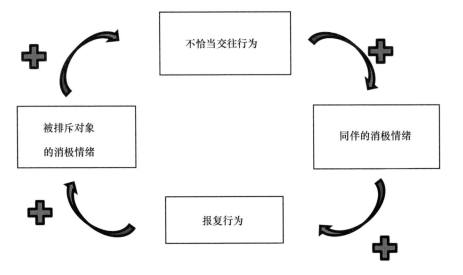

图 1　班级低质量同伴关系的恶性循环

（1）课间聊天 非正式访谈法

利用课间聊天，通过非正式访谈了解学生的心情：你最近开心吗？和同学玩得怎样？如果 10 分是满分的话，你给咱们班的团结友爱情况打几分？通过这种非正式访谈，班主任可以快捷有效地了解学生的情绪状态与交往情况。

（2）心理晴雨表 学生反馈法

中高年级学生的学习开始出现分化，社交行为更加丰富，伴之而来的情绪问题也越来越多。班主任可以制作班级心理晴雨表，让学生结合每周的学习情况、生活情况、人际交往情况、情绪状态与综合情况进行自评反馈。教师结合学生反馈有针对性地进行深入了解。

（3）师生共建 班级沟通机制法

此外，在班级中班主任可以和学生协商，创建班级独有的师生沟通机制。例如班级日志反馈机制，每个学生轮流撰写班级日志，把班级中认为需要关注的事情记录下来，教师随时查阅。班干部沟通机制，班干部定期向班主任汇报班级中需要关注的特别事件，学生的非正常情绪等。悄悄话信箱机制，学生随时可以向教师求助，教师定期开箱，对情绪需求学生加以关注。

2. 深入了解 摸清班级不恰当交往行为的具体情况

班级中学生不恰当的交往行为是学生消极情绪的重要来源，因此精准的学情分析是班主任进行教育的前提。

班主任可以通过个体或者5—7人的群体访谈，了解学生不恰当交往行为产生的原因，他们内心的感受、看法，然后结合学生访谈内容，编制简单的问卷，以获得班级学生对不恰当交往行为的频率、程度、感受、原因、期待等基本信息。问卷可以涉及感受、原因等选项内容，这样，一方面可以获得来源于学生的访谈资料，另一方面可以结合相关的文献资料进行补充，以获得更加翔实的信息。

通过资料收集，班主任可以确定教育的重点内容。例如，一位老师关于"我说过伤人的话"的调查数据为：经常说，0；从未说，43.18%；关于"我听同学说过伤人的话"的调查数据为：经常听到，20.45%；从未听到，18.18%。这组数据说明学生自己可能说了伤人的话却没有意识到，而其同学听到了可能感觉很刺耳。因此，班主任可以制定"让学生感受到说脏话对别人带来的伤害"这一教育目标。

二 对接同伴交往中消极情绪产生的不恰当社交行为，因势利导

班主任在了解到学生交往中消极情绪产生的不恰当社交行为后，可以因势利导，发挥班级的平行教育功能，培养班级学生积极的社会交往行为，通过生生间更多的良性互动，构建班级高质量的同伴关系。

（一）同伴对话、学会共情

学生之所以会做出不恰当的交往行为，带给其他学生消极的情绪体验，原因是多方面的，其中比较常见的原因之一是学生个体间共情能力的差异。他们或许从来没意识到他们自己的行为会给同伴带来情绪伤害，也有可能对同伴的消极情绪体验感受得不够深刻。如果学生能够共情到同伴的情绪，就会大幅减少误伤行为。因此教师应关注学生的消极情绪，把引发消极情绪的事件转化为生动提升学生共情理解能力的教育资源，引导学生围绕事件进行讨论，丰富学生的认知。

例如，在举行"远离脏话"的班会时，可以让一位学生对全班同学进

行采访：当你听到脏话后，你有什么感受？学生可能会听到：我会很愤怒；我会很伤心；我会很疑惑，不知道他为什么这样和我说话；我会特别生气，想立刻报复……这些答案或许会让所有人意识到，脏话会带给人深深的伤害和负面的情绪，进而反思调控他们自己不恰当的交往行为。

（二）体验引导、自主解决

学生是他们自己问题解决的专家。班主任在解决学生因同伴交往而产生的情绪问题时，可以创设学生自主解决的情境，引导学生在积极的实践中内化并习得解决情绪的方法。同时，这种成功的经历也会鼓励学生主动想办法，提高解决情绪问题的能力。

例如，一位班主任在了解到班级中同伴交往存在很多矛盾，有的学生彼此不再理睬对方后，他带学生做了一个体验活动，叫作"矛盾与书本"。老师让每个人算一算他们自己和同学间还有多少没有化解的小矛盾，每一个小矛盾化身成为一本书，这些书需要在一天中、每一个课间和他们形影不离。在接下来的一个课间中，老师采访了一部分学生，问了他们的感受。手中无书的学生表示"很轻松，没有矛盾真好！"举着很多书的学生说"好累啊！""拿不动了！""老师，我可以放下吗？""我怎样才能不带着这些书呢？"

在同学们的相互启发下，学生开始尝试主动化解矛盾，每化解一个矛盾，手中的书便减少一本，感觉也就轻松一些。这个体验活动让学生感受到，当矛盾出现时，不要因为消极情绪而耽搁解决矛盾的时间，主动找对方沟通，是消除情绪、化解矛盾的最好方法。

（三）多元视角、重构行为

班主任可以把学生因同伴交往而产生的消极情绪当作一种教育资源，进行讨论探究，通过多元视角积极引导，例如，冷静三思，再做决定法。当学生意识到他们自己的消极情绪后，可以做三次深呼吸，先数到十再说话。适度宣泄，转移注意法。通过运动、美食、唱歌、看书、逛街等行为，宣泄压力，平复情绪。转变思维，调整心态法。对一个富有挑战性的情境构想出多种想法，相应地选择对事物的解释。自我安慰，积极暗示法。在遇到令他们自己焦虑的情境时，进行积极的自我暗示，获取精神能量，帮助他们自己接纳并控制情绪。学生拥有良好的情绪，将促发班级学生更多的理智沟通与良性互动，减少彼此间不恰当交往行为及报复行为。

三 构建积极的班级文化，减少班级中制造消极情绪的情境

班级文化是由班级成员包括教师和学生在学习和交往活动过程中所形成的理想信念、价值取向、态度、思维方式、行为方式及其物质表现形式，① 对学生具有教育引导与规范调控约束的作用。班级中的规范能发挥统合集体中个体行为规则和范型的作用。班主任可以通过班级文化的积极建设，未雨绸缪，对接在同伴交往中可能引发消极情绪的社交行为，主动开展教育引导，培养提高学生在同伴交往中所需要的社会能力，形成班级友爱的交往文化，减少班级中制造消极情绪的情境。

例如，有的教师在开学初就与学生共同构建班级愿景、创建班名、班级标识与班级公约，注重发挥学生的主体作用，引发学生充分的讨论，达成如"心中有他人、让班级因为我而更温暖"等班级理念，构建形成同伴高质量交往的思想共识与行为共识。又如，一位老师举行了"学会交友"的主题班会课，在课堂上，老师引导大家了解到不良的交往行为会引发同学间的消极情绪，全班在一起结合交友情境思考交往的秘诀后，老师把学生讨论的方法，作为班级公约贴在班级墙壁上，这些公约成为学生行为交往的范例，促进了学生间关系的和谐。

班级中高质量的人际关系是班主任老师送给每个学生最美好的人生礼物，学生也在这种高质量的关系构建过程中，学会交往，学会合作。因此，请班主任关注学生的消极情绪，因为这是尊重友爱、接纳包容这种高质量同伴关系构建的起点。

---

① 林冬桂：《论班级文化的功能与建设》，《教育导刊》2000 年第 11 期。

第八编

学校家庭社会协同育人研究

国家支持社会协同家庭教育工作机制的现实问题与路径建议

赵澜波[*]

  《中华人民共和国家庭教育促进法》从家庭责任、国家支持和社会协同等方面对家长、政府、学校以及家庭教育服务机构等主体的职责进行了划分，构建了家庭教育国家支持社会协同的育人体系，即由各级人民政府承担指导家庭教育工作的主要责任，建立健全家庭、学校、社会协同育人机制。并在该促进法第六条具体规定了运行机制，即由县级以上人民政府负责妇女儿童工作的机构，也就是妇女联合会，组织、协调、指导、督促有关部门做好家庭教育工作。教育行政部门和妇女联合会统筹协调社会资源，其他有关部门，如县级以上精神文明建设部门和县级以上人民政府公安、民政、司法行政、人力资源和社会保障、文化和旅游、卫生健康、市场监督管理、广播电视、体育、新闻出版、网信等有关部门在有资格的职责范围内做好家庭教育工作。这一运行机制的规定，虽然强调各级政府承担指导家庭教育的主要责任，但是却把落实这个责任的具体任务确权给了妇女联合会。这是对《中华人民共和国家庭教育促进法》出台以前家庭教育国家支持和社会协同工作现状的总结，但并没有解决妇联牵头乏力、其他部门各自为政、协同不力的现实困境。因此，需要进一步明确建立家庭教育国家支持社会协同运行机制的法律主体，深入分析中国家庭教育国家支持社会协同运行机制所存在的现实壁垒，理顺家庭教育各支持主体和协同主体之间的关系，这对于提升中国家庭教育质量，更好地维护儿童权益具有现实意义和长远意义。

---

 * 北京教育科学研究院德育研究中心。

一 谁是推动建立国家支持社会协同家庭教育工作机制的法律主体

家庭教育与学校教育、社会教育一样，作为教育大系统中独立存在的教育子系统之一，承担着培养儿童个体成人和为国家培养人才的二元功能，因此家庭教育的主要责任人是父母，国家给予支持，社会给予帮助，适当介入家庭教育已经成为必然和共识。这就形成了一个家庭教育国家支持社会协同的复杂巨系统，其中，国家各职能部门，社会团体和组织、社区，学校和家庭等都成为复杂的巨系统中的子系统。依照系统科学理论，一个复杂的巨系统要想有效运转，发挥最大效益，产生协同效应，需要一个支配力量。德国理论物理学家哈肯创立的协同学理论认为，如果复杂巨系统中的各个子系统的关联程度非常弱，没有力量强大到可以束缚子系统独立运动的程度，子系统就会成为主导力量，呈现出无规则的独立运动，整个系统继而呈现出无序的状态。如果在子系统中有一个支配的力量，可以将各个子系统关联起来，形成系统运动，就会出现一个系统的结构或者类型。在任何一个自组织系统演化的过程中，最终都有一个序参量起着支配的作用，主宰系统的格局，协同其他变量，形成更高一层有序和相对稳定的结构。[①]

那么，在家庭教育国家支持社会协同的复杂巨系统中，谁是支配力量，能够促使其他子系统产生链接，推动整个系统的运行和发展，从而构建起一个稳定的组织结构呢？各个国家和地区虽然经验不同，但相同的是，都是通过法律确认政府承担支持家庭教育的主体责任，并建立相应的机构或组织负责具体工作，主导完成家庭教育社会支持体系的构建和运行。

日本将政府责任作为家庭教育立法的重点，其《教育基本法》和《社会教育法》的一个显著特点就是强调各级政府有支援家庭教育的责任。2006 年新修订的《教育基本法》增加了"国家和地方公共团体必须尊重家庭教育的自主性，努力采取向其提供学习机会和信息等必要措施，援助

---

① ［德］赫尔曼·哈肯：《协同学——大自然构成的奥秘》，凌复华译，上海译文出版社2013 年版。

监护人的家庭教育"的条款；并且提出各种社会团体和个人也要给予支持，学校、家庭和社区的居民要相互联合，形成良性的互动机制。① 各级政府尤其是县政府对家庭教育的支援是一种强义务。② 德国已经建立起立体、有效的家庭专业服务体系，这个服务体系基于"支持和协助家庭"的预防性立法思想，工作重点是预防和建设。如果家长在履行教育子女责任的过程中无法顺利完成任务、无力应对困难和危机，国家就要为其提供支持和帮助，如德国《基本法》第6条第2款规定："照顾和教育子女是家长自然而然的权利，但首先也是其义务。该义务是否得以履行，由国家共同体监督。"该法律明确强调了国家在协助家庭完成社会化和教育功能方面具有一定的责任和义务，体现了对家庭的"支持和辅助功能"。如果家长在教育子女方面出现能力或行为严重的缺失，国家就必须承担起监督者角色对家庭的子女教育事务进行干预，体现对家庭的"监督和干预功能"。法国由政府直接推动建立了家庭问题讨论会制度；形成了"倾听、援助、陪伴父母网络"，各省还成立了REAAP省级指导委员会；以工作、社会关系、家庭和社会团结部的名义联合建立"企业父母观察所"，这些组织和制度促使众多相关社会合作部门之间取得协调，对家庭问题形成统一的公共政策。③ 新加坡政府于1998年在教育部成立了社区与家长辅助学校咨询理事会（Community & Parent in Support of Schools，COMPASS），这个组织由教育利益相关者组成，成员包括新加坡教育部人士、教育专业研究者、国会议员、公司董事、媒体成员、社会团体成员、中小学家长支援小组的家长代表等，积极促进家庭、学校和社区合作伙伴关系的建立。通过举办亲子教育系列讲座；开展亲子交流情景剧论坛等具体活动；给予家庭教育有力的支持。④ 中国台湾地区在家庭教育法规实施的过程中，一直由稳定的实施机构来负责，即地区教育行政部门的最高行政机构"终身教育司"，成员组成包括终身教育司司长

① 和建花：《法国、美国和日本家庭教育支持政策考察》，《中华女子学院学报》2014年第2期。
② 尹力、许文娟：《日本家庭教育支援立法的主要内容及争议》，《中国教育法制评论》2021年第21期。
③ 和建花：《法国、美国和日本家庭教育支持政策考察》，《中华女子学院学报》2014年第2期。
④ 赵澜波：《新加坡学校、家庭、社区协同教育组织概况及启示》，《世界教育信息》2020年第1期。

和副司长，以及家庭教育行政人员。直辖市和县（市）政府教育局专设家庭教育中心，分管各种家庭教育工作事项。①

理论和经验都告诉我们，在家庭教育国家支持和社会协同的运行机制中，必须由政府承担起主体的法律责任，给予强有力的政策支持，制定相关项目和活动，经由一个或者若干个由政府直接负责的实体机构作为联结的纽带，形成支持服务体系，才能完成对家庭教育的有效支持。

二 中国国家支持社会协同家庭教育工作机制的现实问题

（一）家庭教育独立的法律地位在国家支持社会协同运行机制的组织机构建设中呈现错位现象

从理论上讲，家庭教育和学校教育、社会教育一样，都是整个教育系统中的一个子系统，具有独立的地位。但是，学校教育和社会教育的独立性早已通过立法得到确认，如《中华人民共和国教育法》《中华人民共和国民办教育促进法》等。而家庭教育的独立性在国家政策文件中，一直用"家校社三位一体""家校社协同育人"等字眼来体现。直到家庭教育促进法的颁布，才从法律的角度确认了家庭教育的独立性。但是在现实中，大众一直以家庭是社会的细胞，家庭教育是社会教育的一部分为"共识"基础。例如，在高等教育的学科体系建设中，家庭及家庭教育的研究一直处在社会学学科体系之下。这种共识和划分在实践中表现出如下客观结果。第一，统筹家庭教育工作的一直是妇女联合会，教育行政部门和其他部门处于支持和配合妇女联合会工作的地位。而妇女联合会在现实中的统筹能力非常有限，也面临着诸多的困难，如妇女联合会作为维护妇女儿童权益的群团组织，只是一个议事协同机构，不是行政主体，缺乏行政约束力；管理运行机制一直不够顺畅，因为其工作的出发点和功能发挥都不足以满足家庭教育这一基础性工程的发展需求，不具备政府行政部门整合配置公共资源的能力，无法对学校和社会机构起到强有力的制约作用。这些已经

---

① 王小溪：《台湾地区家庭教育政策法规制订实施特点及其对大陆的启示》，《陕西学前师范学院学报》2018 年第 7 期。

在学界达成共识。① 第二，中国各级的教育行政部门中少有设置"家庭教育"部门的机构，因为在大家的"共识"中，教育行政部门主要负责学校教育，捎带负责学校指导家庭教育的工作。

由此可见，《中华人民共和国家庭教育促进法》一方面确认了家庭教育在整个教育系统中的独立法律地位，另一方面在规制的运行机制中又只是照搬了现实经验，把家庭教育作为社会教育的一部分交由妇女联合会统筹，在法律条文中形成矛盾。这不仅降低了家庭教育的地位和作用，也没有突破和摆脱以往由妇联牵头所形成的运行机制不顺畅的困境，必然导致法律疲软，规制效力不佳。

（二）家庭教育国家支持主体泛化必然导致国家和各级政府主导地位的弱化以及缺少主体之间的联系纽带

《中华人民共和国家庭教育促进法》在其"国家支持"部分规制家庭教育国家支持的法律主体包括国务院、省级政府、设区的市政府、县级政府、家庭教育指导机构、教育行政部门、妇女联合会、婚姻登记机构和收养登记机构、儿童福利机构、未成年人救助保护机构、人民法院、非营利性家庭教育服务机构、教育、民政、卫生健康、市场监督管理等有关部门、国家机关、企业事业单位、群团组织、社会组织。法律主体繁多，且不在同一个等级上，有行政机关，如各级政府、教育行政部门；有政法机关，如人民法院，包括本部分没有涉及的公安部门、检察部门；有行政机关的下属事业单位，如家庭教育指导机构、婚姻登记机构和收养登记机构、儿童福利机构、未成年人救助保护机构。这些法律主体拥有一定的行政司法权力。还有社团组织性质的单位，如妇女联合会等其他群团组织、社会组织，这些法律主体不具备行政约束力。家庭教育促进法把家庭教育定义在狭义的范围内，这就意味着法律规定的所有支持主体对家庭教育的支持是普适性的，要对所有家庭提供帮扶，承担着积极主动介入的义务，提升家长的教育能力。这样的规定必然带来以下问题。

① 叶强：《家庭教育立法的温度、效度和限度》，《中国教育法制评论》2021年第20期。李威、陈鹏：《中国家庭教育管理体制的困境及其立法规制》，《中国教育法制评论》2021年第20期。祁占勇等：《论家庭教育指导服务支持体系的供给主体及其行为选择》，《中国教育学刊》2021年第6期。

第一，家庭教育促进法把以上这些机构，尤其是具有社团组织性质的单位纳入国家支持主体中，看似强化了承担家庭教育支持责任的主体范围和职责，实则弱化了国家的主导地位，很难实现。家庭教育促进法作为促进型法律，具有软法属性，法律条文更多地使用"应当"字眼，如建议各级政府成立家庭教育指导机构，其本身已经弱化了政府的实际功能。第二，法律主体庞杂交织，法律本身没有明确这些主体与国家的关系、与家庭教育的关系。只是赋予了这些主体具有支持家庭教育的责任，但是没有从权利和义务的角度来确权。这必然导致各主体自行其是、各司其职的扁平化现象，难以构成立体的支持格局。第三，现实中这些支持主体的主动介入程度不一，支持工作程度不一。第四，在这些分散的国家支持主体中，缺少一个实体机构作为联结，从顶层设计支持家庭教育的内容、方法和路径，这必然导致这些职能部门对家庭教育的支持对象零散，支持内容重复性非常高。第五，"从立法技术考虑，家庭教育指导机构、群团和社会组织等作为国家主体介入和支持家庭教育存在主体不适格问题。"①

（三）家庭教育社会协同组织缺少专业支持导致其自身能力建设较差

家庭教育促进法在其"社会协同"部分，把社区家长学校、中小学校、幼儿园建立的家长学校、家庭教育指导服务站点、婴幼儿照护服务机构、早期教育服务机构、医疗保健机构、图书馆、博物馆、文化馆、纪念馆、美术馆、科技馆、体育场馆、青少年宫、儿童活动中心等公共文化服务机构和爱国主义教育基地、广播、电视、报刊、互联网等新闻媒体、家庭教育服务机构作为家庭教育社会协同的组织。有研究表明，通过社会协同的方式支持家庭教育的现状非常不乐观。第一，由各级政府支持的家庭教育指导服务总体供给不足，包括经费保障不充足，缺少政策文件的明确指导和上级部门的有效支持。地区差异大，欠发达地区的家庭教育指导机构和力量明显不足。第二，家长学校、家庭教育指导服务站点的管理水平不高，服务模式以线上线下讲座为主，缺少创新模式。第三，在服务内容方面还不能完全满足家庭的实际需求，因此在服务效果上，实际参与的家

---

① 储招扬：《论〈家庭教育促进法〉的法律主体及其权义关系》，《宜宾学院学报》2022 年第4 期（网络首发），https：//kns. cnki. net/kcms/detail/51. 1630. Z. 20220715. 1833. 012. html。

长比例不高，家庭教育指导服务的内容和具体安排与家长的需求不完全匹配，对家长的实际帮助作用有限。第四，在服务人员方面，专职人员少，兼职人员多，专业化程度不高。

对以上这些问题，家庭教育促进法并没有给出一个解决的框架。家庭教育促进法的颁布实际上表达了国家对家庭教育发展的法律期望。法律期望应该用严谨的逻辑和规范的内容进行专业表达，并应针对现实问题，追求可操作性。[①] 第一，家庭教育促进法将家庭教育作为一个普及的范畴，而非一门科学的学科。事实上，家庭教育在中国自古以来就是一门专业学问，现存的大量家规家训都可以作为证明。家庭教育促进法采用狭义的家庭教育定义，且规定了家庭教育的六项主要内容，并没有一个法条规定在国家支持和社会协同的体系中应该有家庭教育研究机构，以保证家庭教育指导的专业性。但是，家庭教育既然与学校教育、社会教育一样具有独立的法律地位，就应该和学校教育、社会教育一样具有独立的学科地位，家庭教育学应该成为一门独立学科，需要加以研究。第二，家庭教育促进法把支持家庭教育定位为"公益"性质，这表明了政府和社会对家庭教育的支持义务带有普及性，但是"公益"的支持并不意味着不需要专业性。第三，社会团体和组织的家庭教育服务效果缺少专业评估和制度支持。虽然社会团体和组织在申请批准、开展活动和完成年审等规定工作中具备一定的规范性，但是准入条件非常低，包括教育类社会团体，在准入条件中对社会团体从业人员在教育背景和专业性上没有具体要求和规定。如教育部关于"申请成立全国性教育类社会团体"以及《社会团体登记管理条例》主要从人员数量、资金、场地、名称机构等方面做了具体规定，对从业人员只有"与其业务活动相适应的专职工作人员"的笼统规定。[②] 社会团体或组织所挂靠的业务主管单位只负责监管责任。依据法律法规和相关规定履行业务管理职责，对所主管的社会组织的思想政治工作、党建工作、统战工作、财务和人事管理、对外交往、接受境外捐赠资助、按章程开展活动等事项切实负起管理责任。履行对社会组织登记事项的前置审查和年检

① 徐靖、陶文泰：《家庭教育的三阶期望：家庭、社会和法律》，《湖南师范大学教育科学学报》2023 年第 2 期。

② 教育部：《申请成立全国性教育类社会团体》，http://www. moe. gov. cn/s78/A01/zclm/moe_968/stgl_ bszn/s3722/201608/t20160824_ 276610. html。

初审职责。开展大额资金审计，督促指导内部管理混乱的社会组织进行整改，组织指导社会组织的清算工作，协助相关部门查处社会组织的违法违规行为。对社会团体和组织的年审评估指标基本包括法人资格、章程、登记备案、发展规划、组织机构、人力资源、考核任用培训、财务资产、提供服务、反映诉求、规范行为、社会评价等。① 从这些年审评估指标中可以看到，审查的主要方向并不是社会团体的专业服务能力和水平，这就导致产生具有家庭教育指导服务职责的社会组织专业性差的现状。

三　构建国家支持社会协同家庭教育新型工作机制的路径建议

（一）明确政府的支持主体地位，由教育部和各级教育行政部门负责协调工作，优化国家支持社会协同的组织结构

家庭教育促进法在行文的语义中已经明确强调了各级政府的责任和主体地位，在国家支持的各法律主体中，"各级政府""各级政府部门"出现的频率最高，责任划分也集中在政府部门。2023 年 1 月 13 日，教育部等十三部门（包括教育部、中央宣传部、中央网信办、中央文明办、公安部、民政部、文化和旅游部、国家文物局、国务院妇儿工委办公室、共青团中央、全国妇联、中国关工委、中国科协）联合印发了《关于健全学校家庭社会协同育人机制的意见》，该意见提出了"坚持政府统筹"的工作原则，到"十四五"时期末，"政府对协同育人工作的统筹领导更加有力，制度体系基本建立健全。学校积极主导、家庭主动尽责、社会有效支持的协同育人机制更加完善，促进学生全面发展健康成长的良好氛围更加浓厚。到 2035 年，形成定位清晰、机制健全、联动紧密、科学高效的学校家庭社会协同育人机制。"②

依据法律、政策，按照家庭教育在整个教育系统中的独立地位，建议将妇女联合会的统筹协调地位移交给教育部和各级教育行政部门，政府建

---

① 教育部：《社会团体登记管理条例》，http://www.moe.gov.cn/s78/A01/zclm/moe_968/moe_1040/tnull_10644.html。

② 教育部：《关于健全学校家庭社会协同育人机制的意见》，https://www.gov.cn/zhengce/zhengceku/2023-01/19/content_5737973.htm。

立的家庭教育指导机构设在教育部和各级教育行政部门，拥有行政权力，负责家庭教育调研、制定相关政策、设计相关项目、推动家庭教育工作的开展。把家庭教育促进法规定的家庭教育服务机构的职责纳入其中，制定家庭教育服务规范，组织培训并评估从业人员。指导机构下设指导家庭教育协同育人组织，如家长教师协会，具有家校社联合会的性质，作为连接各国家支持主体和社会协同主体的纽带和平台，由各国家支持主体和社会协同主体派出代表以及家庭教育专业人员组成，建立定期议事制度，负责家庭教育研究、实践项目研发，但重点是促进各协同主体之间的协调与合作。从上至下构建全国—省市—县—街道（学校）家庭教育支持服务组织体系，明确组织构成、组织目标、工作内容，给予中小学幼儿园和其他社会组织、文化团体、教育基地具体的操作指导。这样，在家庭教育国家支持社会协同的复杂巨系统中，具有行政权力的家庭教育指导机构作为支配力量，具有家校社联合会性质的家长教师协会把其他支持主体和协同主体关联起来，推动系统的有序运动，保证法律的效力。

（二）强化政府的服务功能，提升家庭教育社会协同组织的自身能力建设

提高家庭教育从业人员的业务素质和专业能力是家庭教育促进法效力提升的重中之重。目前，家庭教育已经成为教育部的新增本科专业，从2023年开始招生，这是解决问题的根本大计。与此同时，还应大力培养社会工作、家政等专业人员，进入基层的社区家庭教育组织工作，尤其要保证欠发达地区的家庭教育支持力度。

第一，规范家庭教育类社会组织和团体建设，提高准入门槛和评估标准，严进严出，建立退出机制。需要增加对从业人员的具体要求，如有教育、家庭教育的专业背景，从事相关工作2年以上。增加主管单位对社会团体的日常培训要求，在专业性评估指标中加入服务方式的创新等具体内容，在实践中还要给予具体的帮助。

第二，研发家庭教育项目或者馆校合作项目，制定类似"社会各协同主体之间的合作规则"手册，促进社会各协同主体之间建立并维护合作伙伴关系，提升图书馆、博物馆、文化馆等公共文化服务机构和教育基地资源的有效使用。

（三）积极推动地方立法，为修改完善家庭教育促进法提供实践基础

截至 2023 年 11 月，全国有 11 个地方（重庆、贵州、山西、江苏、浙江、江西、安徽、福建，湖南、内蒙古、湖北）制定了家庭教育促进条例。这些地方家庭教育促进条例所规制的地方政府支持社会协同运行机制存在和家庭教育促进法一样的家庭教育法律地位的错位[1]和现实壁垒，如法律责任主体的责任范畴和内容模式不清晰[2]，必然导致法律效力不足；各法律主体部门的职责关系、监督和责任机制不明确，宣示性、倡导性、模糊性条款过多，可操作性较差[3]等问题。

建议将没有家庭教育立法的地方作为试点，在实践中明确家庭教育独立的法律地位，从强化政府的支持主体地位、提升政府的服务能力、优化家庭教育政府支持社会协同的组织结构，提升家庭教育类社会团体自身能力建设等几个方面开展实践，为家庭教育地方立法积累实践基础，促进立法朝着直面壁垒、解决问题、表述明确、内容精细、可操作性强的方向发展，并最终修改完善家庭教育促进法。

---

① 荆峰、杨畅：《中国地方家庭教育立法内容分析》，《中国教育法制评论》2021 年第 20 期。
② 李莹：《家庭教育立法中的法律责任研究》，《中国教育法制评论》2021 年第 20 期。
③ 李莹：《家庭教育立法中的法律责任研究》，《中国教育法制评论》2021 年第 20 期。

影响儿童学习品质的家庭教育因素
——基于扎根理论的分析

朱凌云*

一　问题的提出

学习品质是指能反映儿童以多种方式进行学习的倾向、态度、习惯、风格和方式等，具体包括注意力、坚持性、好奇心、主动性、问题解决的灵活性等方面。儿童的学习品质关系到他们的学业成绩及未来的职业成就，并关乎个人终身发展和社会进步。虽然"学习品质"作为一个单独的学习与发展领域，人们对它的研究还不多，但对它所包含的学习兴趣、学习态度、学习习惯、学习风格等的研究还是非常多的。学习品质研究的兴起体现出上述要素并不是独立发挥作用的，它们彼此关联，具有一些难以割裂的特征或功能，共同影响着儿童的学习行为。如兴趣会影响个体的学习动机，进而影响行为的投入，学习行为的积极结果又可以成为提高学习动机的强化物，这些要素的链式因果关系及环路式的反馈，最终共同作用于儿童的学习行为及结果，单独剥离出任何一个要素进行分析，都难以形成对儿童学习更为全面的认识。因此，将学习品质作为一个整体性的概念进行研究，也进一步体现了对儿童学习的关注从基于纸笔的智力测验，逐渐扩展到学习活动的多个环节和更为丰富的情境中，这是学习科学研究逐渐摆脱去情境化，转向生态学视角的重要突破。

目前有关家庭对儿童学习品质影响的研究更多地聚焦于家庭的社会经济地位、家庭教育经济投入、家庭结构等一般性家庭特征方面，研究方法

---

*　北京教育科学研究院德育研究中心。

多采用基于量化的实证研究，而很少从日常生活场景的视角出发分析父母的具体行为对子女学习品质的影响，因而所得出的结论缺乏一定的生态效度。从现实需求来看，仅仅停留在静态地对"好父母"的特征进行描述上，这对家庭教育实践的影响是有限的，研究者需要对父母和子女在家庭活动中的行为方式和实践推理进行分析，考察真实生活情境下家庭教育对子女学习品质的影响机制。

不同的理论对家庭的作用机制有各自的解释。如在家庭资本理论中，与学习品质关联最为密切的是文化资本。父母的知识储备、教育观念、兴趣优势及情绪调节能力对他们自身来说属于人力资本，但对于子代来说属于一种家庭文化资本，它在提升子代人力资本创造方面扮演着重要角色。文化资本不仅仅包括父母的受教育程度，还包括家庭的文化资源、文化活动参与和家庭的文化氛围等。观察学习理论认为，父母在各种正式或非正式学习活动中以及面临问题解决情境中所体现出的特征会外化为一种稳定的言语和行为模式并通过日常的亲子交往传递给子女。生态系统理论（Ecological Systems Theory）强调生态环境对于分析和理解人类行为的重要性，注重人与环境间各系统的相互作用及其对人类行为的重大影响。这一理论的核心在于所有的因素都存在潜在的关联，而不是事先预测某个特定因素对个体发展的影响。就家庭子系统来看，也绝不是某一因素独立地影响儿童的学习与发展，子系统中各要素既要进行资源共享、信息交流，又要在相互交叉渗透中实现有机整合。借助这种生态学的方法，从儿童真实的学习生活场景出发，关注不同层面、不同场景中多种环境因素的交互作用，能够系统地揭示出家庭对儿童学习品质发展的影响过程与机制，整体把握个体学习品质的形成过程，也为教育实践提供了多元的视角。

基于这一观念，本文力求通过分析在不同领域表现优异的青少年儿童及其父母在原生态的家庭生活中的具体经历和感受，试图勾勒出各种因素动态关联的整体面貌。在本文中，学习品质并不局限于写作业、考试等学校学业方面的特征与倾向，也包括个体在运动、艺术、科技、人文、社会实践等更广泛、更多样的学习领域所表现出的兴趣、动机与习惯等。这是一种广义学习的视角，也更加全面和真实地反映了当今青少年儿童的学习状态。

二 研究设计

（一）研究方法

本文采用扎根理论的研究范式，是一项由人的经验开始又回归人的经验的探索过程，它植根于系统收集技术和分析资料之中。研究者从实际观察入手，通过深入情境研究收集数据和资料，通过对数据间的不断比较，进行抽象化、概念化的思考和分析，从数据资料中归纳、提炼出概念和范畴，即在系统收集资料的基础上寻找影响青少年儿童学习品质的家庭教育核心概念。

（二）研究对象

由于儿童在进入中学后所展现出的态度、动机、优势和生涯规划意识等方面与他们在儿童期所经历的家庭生活密不可分，在这一阶段具有优秀学习品质的个体更能验证其在儿童期所获得的家庭教育的效果。因此，本文以11—17岁的青少年儿童及其父母为研究对象。

（三）抽样方法

本文遵循质性研究的"目的性抽样"原则，即抽取具有较高信息密度的个案进行研究。具体方法为：首先拟定了关于"优秀学生"的具体标准，从东城、西城、海淀选取优质中小学共九所，每所学校根据这一标准推荐一名学生，涵盖从小学五年级到高中二年级。

本文在制定优秀学生标准时也纳入了个人品德的元素，要求学生品学兼优，在一些领域取得过比较优异成绩的学生会被优先考虑，包括曾经获得金帆奖、银帆奖、市级三好学生、市长奖等奖项。接受访谈的学生及其家庭信息如表1所示，为保护学生及其家人的隐私，研究者隐去了学生的姓名和所在学校。

表1   受访谈学生及其父母的主要信息

序号	性别	年级	主要成绩	父亲学历	母亲学历	母亲职业	父亲职业
1	女	高二	翱翔计划人文社会科学领域学员，北京青少年科技创新大赛一等奖	研究生	本科	公司职员	公务员
2	女	高一	年级学生会主席	博士研究生	硕士研究生	公司职员	公司职员
3	男	高二	明天小小科学家市长奖	博士研究生	硕士研究生	国企人事管理人员	国企管理者
4	女	高二	金帆舞蹈团骨干成员，曾在全国中学生作文通讯等报刊上发表文章	本科	本科	自主创业	公务员
5	男	初三	金帆奖，俄罗斯世界航海模型锦标赛获金牌，全国航海模型锦标赛铜牌	本科	本科	公司职员财务工作	公司职员计算机工程师
6	男	初二	副班长	本科	本科	公司职员	公司职员
7	女	初一	区十佳少年、学习委员、多科课代表	本科	本科	自由职业者翻译	自主创业
8	女	六年级	银帆奖获得者、大队委	硕士研究生	本科	高科技企业职员	公务员
9	女	五年级	金帆合唱团成员，英皇杯青少年声乐比赛一等奖	本科	本科	外企职员	医生

（四）资料收集方法

本文采用半结构访谈的形式，向学生和家长收集资料。面向学生的访谈内容主要包括在家庭中父母对他的培养、帮助、鼓励和支持等。面向家长的访谈提纲主要包括父母在培养子女的习惯、兴趣、学习动机、思维能力等各方面所付出的努力以及经验与做法。访谈题目示例如表 2 所示。

表 2　　　　　　　　　　　　　　访谈题目示例

学生	（1）请回忆一下小时候，父母在启发智力和兴趣开发方面为你提供的一些学习的机会和资源 ……
父母	（1）从学龄前至今，您主要通过什么方式来培养孩子的兴趣、思维能力、表达能力、阅读能力等 ……

对访谈录音进行转录，对访谈中出现的与研究无关的内容予以剔除。

三　编码分析

根据扎根理论的三级编码操作程序对访谈资料进行归类整理。

（一）开放式编码

本文将被访者提到的相近和类似的原始语句贴标签为初始概念，最终提炼出教育观等 18 个范畴。在这一过程中，由两位研究者分别对访谈记录进行开放式编码，对于不一致的地方，经讨论后取得一致意见。

（二）主轴编码

主轴编码主要是发现和建立概念类属之间的各种关系。本文共归纳出观念认识、家庭支持、家庭活动、亲子关系、教养内容和父母示范六个主范畴。

（三）选择性编码

选择性编码是对所有已发现的概念类属经过系统分析以后选择一个"核心类属"。对影响儿童学习品质的家庭教育因素的三级编码结果如表 3 所示。

表3 影响儿童学习品质的家庭教育因素三级编码结果

三级编码	二级编码	一级编码	概念（示例）
影响儿童学习品质的家庭教育因素	观念认识	教育观	引导沟通比强制的行为更有效
		学习观	学习习惯和态度比学习成绩更重要
		儿童观	给孩子比较宽松的空间甚至允许孩子做一些冒险的事情
	教养内容	父母观	父母都是和孩子一起成长的
		开发兴趣	讲解科普知识，陪孩子一起学习某项技能
		激发动机	对学习中存在的问题进行积极归因，帮助孩子设定合理的目标
		培养习惯	引导孩子独立完成学业任务
	家庭支持	指导学习方法	指导孩子对错题进行整理
		时间管理	让孩子体验拖拉的后果
		家庭资源	祖辈从事艺术表演工作
	亲子关系	物质支持	资助孩子外出学习、表演或参加比赛
	家庭活动	情感支持	当孩子遇到困难时用哲理进行开导
		亲子关系	允许孩子指出家长的不足并向孩子道歉
	父母示范	活动形式	阅读，旅游参观，家庭讨论
		实施策略	在外出旅行参观前了解相关的背景知识
		父母特征	父母喜欢读书，注重生活品质
		以身作则	与孩子分享他父母的成长经历，很少看电视和手机
		父母的自我成长	在育儿和生活中注重学习

在本文中，主范畴的典型关系结构如图1所示。观念认识是决定父母所有教育行为的认知因素，父母会通过各种教育行为所获得的反馈信息对他们自己的观念认识进行调整；家庭支持是保障性因素，是促成一切教育行为的前提；家庭活动是实践性因素，是教育行为发生的具体方式和载体；教养内容是目标因素，决定了父母教育行为的方向和结果；亲子关系是一种调节因素，对教育行为的发生方式和结果产生着调节作用；父母示范是一种条件因素，只有父母具有自我完善的意识与行为，才能使子女接受各种要求和教诲。这些因素共同作用于子女学习品质的水平，但它们并不是均衡的，在功能和权重上会有所差别。

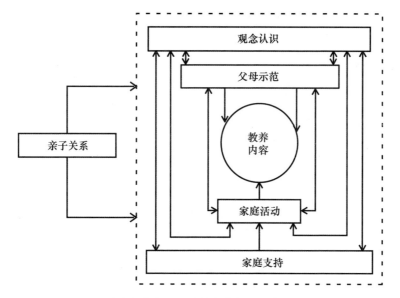

图1　影响儿童学习品质的家庭教育因素关系结构

四　结论分析

（一）观念认识是逐渐生成和适时调整的

观念认识是父母在对子女教育实践过程中所形成的一系列看法与判断。优秀学生的父母大多具有比较积极、理性的教育观念，这一方面由于他们自身具有较高的知识素养，另一方面也是他们在为人父母后通过不断的学习、实践和反思所积累的教育智慧。

虽然子女在学业或其他专长领域取得了比较优异的成绩，但从他们所分享的心路历程来看，这些教育观念的形成也会经历冲突、博弈甚至是妥协过程。

如一位妈妈在面对孩子的兴趣发展和学业冲突时讲道：

（我）觉得……他只要不干坏事儿，就让他做他喜欢的事儿……开始的时候是没有办法，后来慢慢地也就（接受了）……可能（我们）自己的认识也提高了……（别人）看到的可能都是成功的东西，但是实际上背后的这种艰苦，心理上的这种纠结啊……

另一位妈妈在提到孩子的社会实践与学业成绩的矛盾时讲道：

> 她也觉得他做这些工作给别人带来了快乐，她也很有荣耀感。但是一考试她肯定时间用的不如人家那么多，在这个环境下，按分数来取，然后同时又要素质……只要（她）能够达到基本的要求，多承担点对未来是好的。

当面临这些纠结和困境时，一些父母做出了认知上的调整。大致的方式是在以底线为原则的基础上寻求相对合理的结果。

（二）家庭支持以子女的实际获得感为依据

家庭支持主要是指父母以及他们所附带的其他各种资源为子女的学业、品格、专长等方面的发展提供的各种帮助。独特的家庭资源具有一定的不可替代性，如"有亲戚在国外可以为孩子提供定期出国的机会"等，这些资源也是造成代际传承的重要因素之一。物质支持除了包括购买书籍、报课外班等大众化的教育消费外，还包括为子女提供满足他们成长需求的教育资源，这也是父母比较重视的一种支持。如在学龄前选择蒙氏幼儿园，聘请科研机构的人员指导子女参加科技项目等，这些物质支持采用了一种"好钢用在刀刃上"的策略，即父母会根据他们自己的价值判断挑选那些更具有教育意义的方面进行投入。

从访谈结果来看，多数受访学生会提到来自父母的情感支持，包括在日常生活中所传递的关怀和爱护，在子女遇到学业困境时的开导和帮助等。如一位女孩谈道……我现在都已经十五六岁了，但是每年圣诞节我爸都装圣诞老人给我写信，那个笔迹，一看就知道是他，但他还是很认真地写……"她是哽咽着讲述这件事的，可见，她的父亲这种含蓄内敛的关爱对她触动很深。

另一位女孩在回忆她自己遇到学习困境时谈道：

> 高一的时候我确实是学习成绩跟不上，我就不想上学……爸爸就一直跟我聊，他肯定不同意我不上学这个想法……我觉得压力很大，所以才会无理取闹……我爸爸就认真地听我说，看着我哭……很淡定，一直在讲道理。

虽然她并没有具体说明父亲言行的细节，但就是这种"淡定"的陪伴过程是帮她缓解焦虑情绪和改变学习逃避行为的有效支持。

（三）家庭活动需要父母的智力投入和成员的多方面卷入

从访谈结果来看，家庭活动所包含的内容十分宽泛，在时空上具有较大的延展性。父母自身的知识储备对活动的推进会有比较强的导向作用。如一位高中生谈道：

> 拓展你智慧的最好办法就是跟父母聊天……聊的一般都是值得钻研的问题，像历史问题，你可以不断去回味、不断去想。

而他的爸爸谈道：

> 家长对自然、社会的见解，有时候也要借题发挥一下，还是想刻意地往深处挖掘，有时候他可能（感兴趣）……就插一句，有的时候目的性太强，他就走了。

一位妈妈谈到在旅游过程中带着孩子去做公益活动：

> 五年级时，我们去云南的一个村子，带她走访了当地的小朋友。她提前用自己攒的钱给他们准备文具……她了解了他们的生活，当地那些小朋友小学就得住宿，一个学期才能回一次家，住的条件她也都看见了，她跟我说他们真不容易……像这些经历在她的成长过程当中肯定会留下一些影响。

无论是形式还是内容，有质量的家庭活动如果能够经过精细化的设计，就能使子女有更大的获得感。但目的性过强也容易降低家庭活动的趣味性，造成亲子交流的障碍。因此，父母要在形式和具体实施策略上相对隐性地融入他们自己的教育意图，在活动过程中以同伴式的角色介入，更需要亲子双方在活动中具有认知、情感和行为等多方面的投入。

（四）关键的教养内容要成为家庭教育的惯例

教养内容是父母对子女进行培养的具体方面。这些子范畴体现了父母具有比较明确的教育思路，能把握住培养子女良好学习品质的几个关键要素。这些培养方法与内容并不是独特或罕见的，但具有长期持续的特点，即父母对这些要素的坚持不会因为子女学业成绩下滑或学业压力增大等阻碍因素的出现而有所改变。

如一位爸爸在谈他女儿坚持学习乐器时说：

> 凡是学校的那种演出，我们都鼓励她去……上海去了两次，最后他们临近毕业了，有些学生就不去了，我跟她妈妈的意见是一样的，必须让孩子参加这些演出，坚持下去。

一位妈妈在谈到培养女儿独立学习能力时说：

> 四年级刚开始那个学期的成绩下降，比较突出……然后也没管，当时也有点儿着急，她考试还经常不是很好，后来一想，忍忍吧，老师也说没有关系，都要调整的，后来也就咬牙，让她慢慢自己上，四年级过来然后到六年级完全就是（独立学习）……

普通而平淡的教育行为在一天天烦琐的生活中坚持下来，最终才能固化为家庭惯例，这一过程对父母的教育定力也是一种挑战。

（五）亲子关系需要具有一定的张力

亲子关系是生活中父母与子女在互动中所构成的纵向人际关系。在访谈中，亲子关系往往和很多家庭生活细节交织在一起。从对子女的访谈来看，他们对"陪伴""关注""监督""管理"这些父母行为的边界已经有敏感的区分，从而产生不同的应对方式。特别是父母在教养过程中的角色分工，使子女会根据父子/父女、母子/母女关系的不同，选择更适合的一方来获取支持。如一位小学生说：

> 我觉得妈妈是"劳"，爸爸是"逸"，在爸爸那儿能得到放松，在

妈妈那儿就刻苦一点。

可见，父母教育方式的互补性可以使子女获得不同形式的慰藉和满足，也会得到比较适当的压力和约束。

亲子关系虽然强调了父母与子女客观存在的各种关联，但将子女作为一个独立的个体给予认同也是这种关系演化的必然结果。如一位妈妈谈道：

> 他（爸爸）就是县城的……七几年（出生）的，那个时候考大学的比例是很低的，他是河南的，比例更低。他本科、硕士、博士都是清华的……他的努力是吃苦来的，几乎没有不会的，你说怎么能这样要求孩子呢……所以我就给他泄泄火。

接受访谈的一些高学历父母，特别是经历过贫穷生活和艰苦学习的人，都会提到他们自己在学生时代的生活状态，但回归到当前青少年儿童的成长时代与环境后，很多父母也逐渐接受了子女与他们自己成长路径不同的现实。

（六）父母示范本质上是他们对自我发展的高品质追求

父母示范是指父母通过其自身良好的言行来影响子女。从访谈结果来看，父母和子女对彼此个性特征的描述具有很明显的代际传承特点，除了先天因素外，这些特征的传承主要是通过后天的家庭生活获得的。

这种示范一方面是父母行为举止在亲子互动过程中的自然流露，另一方面，父母也会刻意地调整他们自身的行为以促使子女模仿。如一位爸爸谈道：

> 这也是被逼出来的，因为他太好动了，总是坐不下来……所以只能是我做个榜样。我经常说的一句话就是，我那么大岁数都能坐在这儿几个小时不动，你为什么就不可以？……我们要求他做的事儿我们首先要做到……

从访谈中研究者深刻感受到这些父母对工作、生活、休闲等不同方面的高品质追求，这些特征也迁移到了他们对子女的教育上。

总之，本文通过对各种家庭教育因素的功能及其彼此关系的构建，梳理出培养子女良好学习品质的基本理论，即父母要根据各种教育行为的反馈信息，采用一种相对合理的调整方式不断完善他们自己的观念认识，把握住学习品质的核心要素并成为他们始终坚持的教养内容，提供使子女更有获得感的各方面支持，对家庭活动的内容、形式和实施策略进行精细化设计并融入他们自己的教育意图，在这一过程中保持具有一定张力的亲子关系并坚持对其自身的不断完善。

五　研究启示

（一）引导父母从关注外显知识技能到重视子女学习品质的培养

学习品质的形成有其自身的规律，与掌握某一种知识和技能相比，它是一个缓慢且渐进的过程，渗透在个体每天的生活之中。根据人类发展的生态系统理论，本文所梳理的多个因素是层层嵌套的，父母的观念以及他们能够提供的支持属于家庭系统中偏外围的因素，教养内容位于中间层，起着载体的作用，而亲子关系、家庭活动、父母示范等属于更近端的因素，是家庭对子女最直接的影响环节。

对于具有不同个性特征和成长环境的儿童来说，学习品质的发展有时候能够直接通过个体的行为外显出来，有时候则是一种相对隐性的变化，需要持续地巩固和强化才能成为个体稳定的特质。有研究表明，家庭经济投入只有完全以学习品质为中介才能作用于子女的学业能力，因此，要引导父母把对子女兴趣、动机、习惯等要素的培养融入日常生活中，避免因过于强调外显知识技能的掌握而忽视或削弱对更关键要素的培养。

（二）引导父母重视家庭中自然产生的学习契机，进一步挖掘家庭中促进学习品质提升的资源

虽然访谈中关于培养子女兴趣、动机、习惯等方面的信息都是碎片化的，但这也反映出青少年儿童在家庭中学习的真实状态。不同于学校中对各学科系统的学习，家庭中的学习活动可以随时随地开展，多表现出内隐性、自主性、情境性、互动性、灵活性和非结构性等非正式学习的特征。

从这一更具自然和生态特征的意义上说，父母并不是通过刻意的、清

晰的规则或步骤来培养子女的学习品质，而是将教育意图融入日常的聊天、劳动、游玩、运动等社会性活动之中，是一种在自然状态下的发生、调整与改变。无论在物理环境还是心理环境上，家庭都倾向于营造出一种安全、融洽、愉悦、自我激励、彼此信任、互相支持的氛围，在远离强制性的知识记忆、技能训练、考试测验等外在压力下，家庭情境中的某些特征才能"捕获"儿童的心，使他们在参与的过程中产生一种不断融入其中的心理倾向，并将心理资源更多地投入学习对象以及与学习伙伴的互动中。通过访谈分析发现，与报各类课外班等经济投入相比，做出示范、与子女谈论问题、陪伴子女学习等方式需要父母有更多的教育时间投入和智力投入，也对父母自身的知识素养、情绪性格和学习意识提出了更高的要求和挑战。因此，激活家庭资本的关键在于父母的亲力亲为，这种投入在培养子女学习品质方面具有不可替代性。

（三）正视父母自身的不完善之处，认识到父母与子女共同成长的必然要求

家庭中关于子女学业发展的问题更容易引发亲子争端。本文中的每一名学生在不同方面都已经具有了比较优异的表现，但在他们的成长过程中，其父母所面临的困境和矛盾也比比皆是。因此，父母需要不断探索更加合理的解决策略，包括调整认知、转变家庭活动方式、在沟通中了解子女的需求并给予支持等这些积极的方式解决家庭教育过程中所面临的困境、矛盾和挑战。虽然本文中的父母只是在谈论他们自己有限的经验，这些个体化的实践推理不一定能完全用于其他的家庭之中，但他们关于认识与行动的生成过程却是值得深入琢磨和分析的。

正如一位爸爸所说："谁也不是生下来就会当父母的，养育他（子女），也让我自己有很多成长。"从这一意义上看，除了子女对于学习者的身份建构外，父母也会在这一实践中不断获得他们自己作为"家庭教育者""子女陪伴者""终身成长者"的身份认同，从而进一步提升为更好地经营家庭生活而付出努力的意愿。因此，养育子女是具有代际互惠价值的，父母也会从教育子女的过程中收获知识、能力、人格等多方面的自我完善。

一体化构建 协同化推进 赋能学生健康全面成长

——丰台区中小学《家校共育课程》一体化构建的实践探索

简作军 刘建 杨静*

国无德不兴，人无德不立，育人的根本在于育德。青少年一代的健康全面成长关乎国家的建设与未来，正如习近平总书记在全国教育工作大会上所讲："要在加强品德修养上下功夫，教育引导学生培育和践行社会主义核心价值观，踏踏实实修好品德，成为有大爱大德大情怀的人。"为全面落实立德树人根本任务，引导学生树立理想信念，培养良好习惯，提升综合素养，丰台区以《北京市中小学养成教育三年行动计划》（京教基一〔2017〕14号）为指导纲领，一体化构建、协同化推进《家校共育课程》的编写与实施工作，促进学生健康成长和全面发展。

一 研究背景

青少年阶段是人生的"拔节孕穗期"，最需要精心引导和栽培，他们的成长充满了国家、学校和家庭的殷切期待。在编制《家校共育课程》的过程中，我们积极回应各方期待，关注家校学生指导的需求。

把握政治要求。教育是党之大计，国之大计，这就要求我们全面落实立德树人根本任务，构建以社会主义核心价值观为引领的一体化德育课程体系，真正做到以德育人，不断提高学生思想水平、政治觉悟、道德品质、文化素养。《家校共育课程》的开发与实施正是对这一时代要求的回

---

* 北京市丰台区教育科学研究院。

应，我们以高度的政治自觉，对此常抓不懈、抓出成效，引导学生做到明大德、守公德、严私德。

明晰学校职责。好老师应该懂得，选择当老师就选择了责任，就要尽到教书育人、立德树人的责任，并把这种责任体现到平凡、普通、细微的教育之中。在学生成长过程中，教师承担着帮助和指导家长更新家庭教育观念的职责，这就需要学校关注学生和家长的实际需求，丰富学校家庭教育指导服务内容，为家长提供有针对性的多元化指导服务。《家校共育课程》为学校系统化呈现了学生成长指导与家庭教育指导的体系与操作方法，不断提升学校与家庭沟通合作的能力和水平。

回应家长需求。家庭教育是青少年健康发展的起点和基础，关系到孩子的终身发展，关系到千家万户的幸福，关系到国家和民族的未来。《全国家庭教育状况调查报告》显示，中国青少年将家庭作为他们人生最重要的一部分，这也反映了他们对家庭的重视和对温暖家庭的期望。家庭教育虽是大众化的行为，但绝非大众化的认知所能驾驭的，它是一门专业，是一门科学，自有其内在逻辑和科学规律。《家校共育课程》的编写通过深入调查和系统研究，揭示出科学的家庭教育理念和行为，从而为万千家庭提供精准帮助。

《家校共育课程》的编写力求站在政治高度，给予教师、家长在指导、陪伴学生成长过程中具体、可行的方法，让学生在阅读与体验中实现自我教育，回应各方期待，满足成长需求。

二 发展问题阐述

习近平总书记在全国教育大会上指出："家庭是人生的第一所学校，家长是孩子的第一任老师，要给孩子讲好'人生第一课'，帮助扣好人生第一粒扣子。"但现实状况是许多家长对家庭教育倍感迷茫，他们迫切地希望教育好子女，但却常常感到心有余而力不足。这就需要我们理清家庭教育与学生发展过程中的现实问题，为《家校共育课程》结构的制定与内容的编写奠定基础。

在调研过程中，我们以《北京市中小学养成教育三年行动计划》为依托，围绕思想情感、文明礼仪、遵纪守法、学习求知、生活卫生、健康安全、勤俭环保、志愿服务八个方面，在班主任和家长中广泛开展调研，实现多话题共育。多话题共育是家校共育课程体系的核心，多话题不是多问题，而是针对学生的典型行为现象而言的，这种典型行为现象不是一个人的行为，不是一种偶然的行为现象，而是同一学段学生所反映出来的普遍的群体行为特征。为使话题能够全面客观地反映学生生活现状与发展状况，我们在300余名学生家长、班主任中开展问卷调研与个别访谈，梳理出丰台区中小学生520个具有共性的典型行为现象。

文件的依托、严谨的过程、多元的被测、科学的数据为《家校共育课程》的编写理清了思路，为家校共育内容体系的搭建提供了依据。

三 课程内容构建

我们认为，儿童从自然人发展为社会人的过程，就是通过小学、中学、大学的学校课程学习相关学科知识并习得文化、启迪心智的过程，这一过程也是学生身体不断发育成长，思想观念、行为方式逐渐成熟的过程。因此，学生品德塑造、行为养成需要尊重学生身心成长与发展规律，科学建构成长指导体系。《家校共育课程》课程体系如图1所示。

（一）目标统领发展

在《家校共育课程》的编制过程中，我们以全面落实立德树人根本任务为指导思想；以把握时代发展需求、尊重学生成长规律为指引；以内容源于生活、注重细节，过程可感知、可实践为原则；以整合教师、家长、学生三方力量为依托，整体谋划，系统推进，构建学生养成教育体系，提升学生综合素养。这种目标统一、标准清晰、步调一致的方式统领工作的具体开展。

（二）横向内容贯通

学生的成长不仅需要在学习内容上的贯通，而且需要在成长关键人物

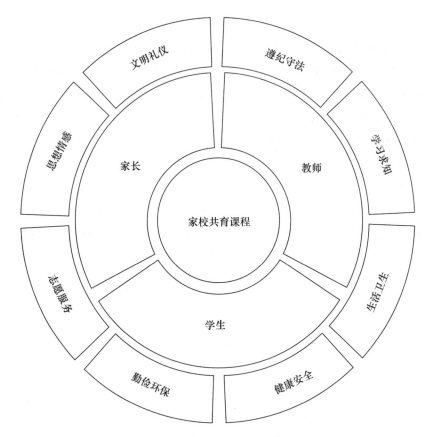

图 1　丰台区中小学《家校共育课程》课程体系

上力量的一致，为此我们从多主体与多视角两个维度赋能学生成长。

1. 多主体参与

学生的成长是一个系统工程，需要各方的积极参与。影响学生成长有三种重要的力量源，即教师、家长和学生自我。为此，在课程的编写过程中，我们从对学生成长最为重要的影响源入手，从教师、家长和学生三个维度编制了《家校共育课程班主任指导手册》《家校共育课程家长指导手册》和《家校共育课程学生自我成长手册》，同一个问题，从三个角度共同解决，三方力量的齐聚，为学生的健康成长营造了一个积极的成长空间。

2. 多视角聚焦

《北京市中小学养成教育三年行动计划》所提到的思想情感、文明礼仪等八个方面是我们编制《家校共育课程》的依据，更是学生健康持续发展的重要内容，为此我们聚焦这八个视角，将其规划到学校德育工作之中，融入学生成长过程中，并贯穿小学一年级到初中三年级。多视角聚焦保证了学生成长的完整性与可持续性。

（三）纵向学段衔接

学生在校的学习以学段的方式逐级向上成长，这就要求我们的《家校共育课程》在纵向上实现学段衔接。根据学生的认知水平和行为要求，我们的课程分为小学低段、中段、高段，中学初一、初二、初三六个学段进行编写，保证同一内容在不同学段实现有效衔接，使课程内容呈现出循序渐进、螺旋式上升的态势。

四　课程使用

该课程自 2021 年 9 月起在全区 76 所小学推广使用，我们基于学校，通过《家校共育课程》使用研讨会的方式，让课程在学校落地，让使用在研讨中增效。两年半来，我们在八所学校中开展研讨，具体情况如表 1 所示。

表 1　　　　丰台区中小学《家校共育课程》使用与研讨会

序号	时间	学校	主题	特色
1	2021. 12. 2	赵登禹学校	春风化雨润万物，家校合力助成长	年级有所为、班级有作为、家庭有行为
2	2022. 5. 26	东铁匠营第二中学	手册成就精彩 团队助力成功	项目推进、研究助力、力量整合
3	2022. 6. 9	东高地一小	让"手册"成"首策"	课程使用与年级工作结合、与教师队伍建设结合、与成果总结结合

序号	时间	学校	主题	特色
4	2022.10.27	人大附中丰台学校	"手册"赋能共育 家校同心同行	基于手册,丰富手册,完善手册,超越手册
5	2022.11.17	芳城园小学	随风潜入校 润心细无痕	注重个体自学与集体研学相结合,强调现实问题解决与工作多维整合
6	2023.5.17	首师大附属云岗中学	"志和"德育下的家校社协同育人一体化探索	家校共育被纳入德育管理体系,准确把握手册的工具性、指导性,创新家校社协同育人方式
7	2023.6.7	丰台二小	赓续前行 迭代中续写共育新篇	整体构建,课题引领,使用过程中做到组织创新、内容创新、方法创新、形式创新
8	2023.11.16	长辛店一小	"手册"汇聚"微力量"家校沟通"零距离"	目标同向、资源同聚、施教同心、成果同享

在走进学校的过程中,我们不断强化对基础学校经验的提炼与推广,对《家校共育课程》内容的研究与完善,在编者与使用者、在专家与教师不断的思维碰撞中实现家校力量的逐渐汇聚。

五　学习方式革新

《家校共育课程》面向教师、家长与学生,受众群体多样、学习方式不一,需要我们提供多种学习方式,多元化满足不同群体的学习需求。因此,我们在共读共学《家校共育课程》,做到齐步走的基础上,通过以下方式,保证个性化的学习需求。

(一) 科技嵌入,做实线上"云上课堂"

随着时代的进步与科技的发展,人们的学习与生活方式发生了很大的改变，利用碎片化的时间进行网络学习已成为一种主要的学习方式。为此，我们面向家长群体开设"和孩子一起成长——丰台区中小学（幼儿园）家长学习 e 平台"，内容聚焦家庭教育中的具体问题，以科学的方法、简洁的语言、生动的动画提出家庭教育问题的具体解决方法，给予家长可行的指导。截至 2024 年 3 月已发布 98 期，阅读量达到 30 余万人次。

"e 平台"分为动漫视频讲堂和教师讲堂，其中动漫视频讲堂共发布 20 期，教师讲堂发布 42 期，阅读量达到 21 万人次。

我们面向学生群体开设"学生云课堂"，共计 48 期，以《家校共育课程学生自我成长手册》为依托，将学生行为具体要求以童谣的方式进行描述，并通过动漫短片的方式进行呈现，吸引学生主动学习。

（二）私人订制，做亮线下"移动课堂"

1. 主题讲座共学共促

每所学校的学生群体不同，导致学生成长过程中所反映出的问题不尽相同，因此不同学校的家长和老师也呈现出了不同的学习需求。为此，我们根据学校和家长的需求，私人订制学校家庭教育讲座，将家长大讲堂活动重心下移，将讲堂开到学校里，做亮"移动课堂"。"了解需求—设计课程—学校自选—开展讲座"这一自下而上、自上而下的相互交融的工作方式，极大地调动了家长参与的积极性，真正让讲座内容与家长的实际需求相吻合，提升了学习的有效性。2023 年共举办家长大讲堂 40 场，参与人数达到 6.9 万人次。

2. 专业读本自学自悟

在共学共促的基础上，我们研发了家庭教育的专业读本，让家长有更多的渠道通过阅读实现自学自悟。为使读本能够反映家庭教育中的实际问题，我们沿着"家长中调研发现问题—教师中阅读发现做法—专家中研讨形成策略"的脉络研发出《孩子成长的密码》之《中小学生家庭教育 30问》《中小学生家庭教育 20 问》《幼儿成长密码——幼儿家庭教育 20 问》三本读物，并以文本和电子书的方式下发到家长手中，使这一"问题来源于家长、策略来源于实践"的读物成为家庭教育的小红书。

学生的成长关系到千家万户的幸福，关系到国家和民族的未来，其成长不仅需要学生自我的努力拔节，而且需要每一位家长与教师的不断学习与自我革新，《家校共育课程》为我们开设了一个更新观念、提升自我的平台，创设了一个家校协同形成合力的契机，我们将以此为机遇，共同努力，为学生的成长营造一个良好的教育生态环境，促进每一个学生的健康成长。

家校社协同育人的校本化实践
——以北京市第一五九中学为例

国无德不兴，人无德不立，育人的根本在于育德。青少年一代的健康全面成长关乎国家的建设与未来，正如习近平总书记在全国教育工作大会上所讲："要在加强品德修养上下功夫，教育引导学生培育和践行社会主义核心价值观，踏踏实实修好品德，成为有大爱大德大情怀的人。"全面落实立德树人根本任务，引导学生树立理想信念。

一　研究背景

"教育兴则国家兴，教育强则国家强。""培养什么样的人、如何培养人以及为谁培养人"是教育的根本性问题。家庭教育是学校教育的基础，《全国家庭教育指导大纲(修订)》和《北京市关于进一步加强中小学家庭教育指导服务工作的实施意见》要求："进一步提高学校家庭教育指导服务水平，推动学校和家庭密切配合，形成育人合力，促进青少年学生健康成长和全面发展。"教育部在2021年重点工作安排中指出，要强化家校社协同育人中学校的指导作用，明确家长主体责任，研究建立学校家庭社会协同育人体系。由此，家校社协同育人体系的建立健全是培养健康、全面发展人才的重要途径。

但是，中小学家校共育虽取得了家校双方和社会各界的共识，实践活动却仍然处在起步阶段。① 苏霍姆林斯基在《给教师的建议》中指出："教

---

① 马忠:《家校合作》，教育科学出版社1999年版。

育的效果取决于学校和家庭的教育影响的一致性，如果没有这种一致性，那么学校的教育教学过程就会像纸做的房子一样容易倒塌。"在新课程改革的背景下，为实现立德树人，培养全面发展的学生，越来越多的学校开始重视家校共育。①

二　家校社协同育人的相关理论

家校社协同育人的理论分析涉及多个层面。通过对大量文献的整理归纳，笔者认为，以下三个理论共同构成家校社协调育人的理论基础。

第一，教育生态系统理论。这一理论强调教育是一个复杂的系统，涉及多个要素和环节，这些要素和环节相互影响、相互作用，形成了教育的生态系统。而笔者认为，在家校社协同育人的过程中，学校教育、家庭教育与社会教育是既相互独立又密切关联的子系统，三者的协作发展是促进未成年人教育成效的关键所在。

第二，包容理论与共同责任理论。包容理论强调社会治理的多元参与、互动合作和利益共享，旨在促进社会公平和正义。共同责任理论则关注多个民事主体共同承担民事责任的情况，包括按份责任、连带责任和补充责任。这两个理论在促进社会和谐与进步方面具有重要意义。综上不难得出以下结论：在家校社协同育人的过程中，家庭、学校和社会在未成年人教育中承担共同责任和相互包容的重要性。

第三，多元智力理论与全景教育理念。在家校社协同育人实践中，多元智力理论与全景教育理念强调了学生的全面发展、个性化教育的重要性，以及环境和社会在促进智能发展中的作用。多元智力理论认为，智能不是单一的，而是由多种相对独立的智能成分构成，强调每个学生都有他自己的优势智能领域和潜在的发展领域。而全景教育理念倾向于教育的时间进程的全景性、横向布局的全景性，以及教育形式的多样化，旨在通过全面的教育活动促进学生的全面发展。这样的理论和理念在家校社协同育

---

① 吴晗清、赵芳祺程、竺君：《家校共育现状及可能的改变：来自家长的声音》，《当代教育论坛》2020 年第 1 期。

人实践中具有重要的指导意义，不仅有助于学生的全面发展，也为教育改革提供了新的思路和方向。

三 研究成果及存在的问题

笔者经调研及整理了解到中国现阶段中学家校社协同育人成果主要呈现在以下几个方面：

第一，构建了多元化的育人机制。通过学校、家庭和社会的紧密合作，形成了一个全方位、多层次的育人网络。这种机制不仅强调了学校在教育中的主导作用，也充分调动了家庭和社会资源，共同参与学生的成长和教育过程。①

第二，提升了教育质量。家校社协同育人模式有效地整合了各种教育资源，通过共同的努力，提高了教育的整体质量和效果。特别是在"双减"政策背景下，这种协同育人模式更加凸显出其重要性。②

第三，促进了学生的全面发展。通过家校社的共同努力，学生不仅在学术上得到提升，而且更重要的是在道德、心理、社会适应能力等多方面得到了全面的发展。这种教育模式有助于培养学生的国际视野和中华底蕴，为学生的终身发展奠定了坚实的基础。③

第四，增强家校合作的实效性。在家校社协同育人模式下，家校之间的合作更加紧密和有效。通过定期的沟通和交流，家长能够更好地了解学校的教育理念和孩子在校的生活与学习情况，同时也能更有效地参与到孩子的教育过程中。④

第五，创新教育活动和课程。在这一模式下，学校、家庭和社会三方共同参与教育活动的设计和实施，使得教育内容和形式更加丰富多样。例如，一些学校与社区合作，开展劳动教育和社会实践活动，这些都极大地

---

① 吕健、刘素娟：《健全学校家庭社会协同育人机制》，《北华航天工业学院学报》2021 年第 4 期。
② 姚亮：《家校社"强链接"提升协同育人整体效应》，《中小学管理》2022 年第 4 期。
③ 胡凌云：《基于学生成长的"家校社"协作教育模式探究》，《新课程导学》2021 年第 21 期。
④ 赵璇：《家校合作在中学德育中的运用研究》，硕士学位论文，华中师范大学，2017 年。

丰富了学生的校园生活和实践经验。[①]

第六，有效提高家长的教育能力。通过家校社协同育人，家长不仅能够更好地理解和支持学校的教育工作，还能通过参与学校的各种活动，提高他们自己的教育能力和水平。这有助于形成一个积极健康的家校合作氛围，共同促进学生的健康成长。[②]

尽管中国家校社协同育人模式取得了很多令人瞩目的成果，但它存在的一些问题也不容忽视。首先，在家校社协同育人实践中，学校、家庭和社会各自扮演着不可或缺的角色。学校是主要的教育阵地，负责立德树人；家庭是孩子成长的第一环境，承担着基础教育的责任；社会则提供了丰富的教育资源和实践平台。然而，在实践中也存在一些问题，如对家校社合作认识模糊、权责混淆，合作形式单一、缺乏创新，沟通渠道不畅、缺少互动。其次，家校社三方对于协同育人的认识和理解存在差异，导致合作过程中出现目标不一致、责任不清等问题。同时，不同的家庭、学校和地区在资源和能力上存在明显的差异，这限制了协同育人的效果。最后，家校社之间沟通不畅，协作机制并不完善，导致协同育人过程中的信息不对称，降低了家校社协同育人的效果。

综上所述，家校社协同育人是一个复杂而系统的工程，需要学校、家庭和社会三方面的共同努力和密切配合。通过明确责任与角色、创新合作模式、加强培训与指导以及完善政策与机制等措施，可以有效提升协同育人的质量和效果，促进学生的全面发展。同时，也需要关注和解决实践中存在的问题，不断优化和完善协同育人机制。

四 研究目的及意义

笔者在学校一线实践工作与同行教师交流中发现家校共育存在许多困境。首先，在"双减、双新"新时代教育背景下，大多数家长在观念上仍存在教育误区，部分家长受"教养分离"观念的影响，认为他们自己的责

---

① 柴清林：《家校联动构建协同育人服务体系》，《教育家》2021年第29期。
② 刘鹏：《家校合作，形成教育合力》，《教育家》2019年第26期。

任就是照顾孩子的日常起居，教育的任务属于学校。其次，在"唯分数论"观念的影响下，学校教师（尤其是任课教师，长期不担任班主任的教师）仍存在"重智轻德"的教育观念，只有当学生犯错或出现重大问题时才会与家长联系，致使家校合作停留在事务性接触的层面。[①] 同时，家校合作的大部分活动均是由校方组织开展的，家长个体只是作为活动的参与者[②]，家长在家校关系中处于"边缘性参与"的状态，家长参与学校核心管理少、参与合作的积极性差、家校之间沟通交流较少。[③]

五 研究思路与方法

本文的重点是以北京市第一五九中学学生家长为研究调查对象，通过文献研究法、问卷调查法、访谈法等研究方法，主要针对当前我校家校共育现状进行调查。从中发现存在的主要问题，并且深入分析问题背后的成因。最后，基于成因有针对性地提出了若干改善第一五九中学家校共育质量的专业性对策建议。

（一）研究工具

本文采用实证调查的研究方法，结合当前家校共育领域的相关研究成果，参考"邢台市第五中学家校共育家长调查问卷"编制"北京市第一五九中学家校共育现状的调查问卷（家长卷）"。

表1　　北京市第一五九中学家校共育问卷（家长问卷）详细情况

分量表	问卷出处	项目数量	Cronbach's Alpha 系数
有效的家校合作	邢台市第五中学家长调查问卷	9	0.930
权力责任分享		8	0.960
信任与支持文化		7	0.943
共享价值愿景		5	0.922
家长信任		15	0.983

① 钱焕琦：《当前家校关系中存在的问题及伦理调适》，《中国德育》2006年第3期。
② 林玲：《家校合作关系的检视——一种批判的视角》，《教育科学研究》2013年第6期。
③ 谷爱杰：《家校合作：实现多向互动与深度交流》，《中小学管理》2008年第7期。

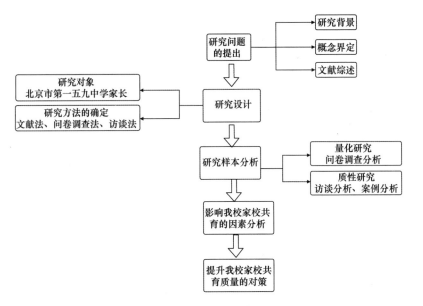

图1　研究内容及步骤

（二）访谈提纲的设计

本文的访谈提纲设计集中于四个方面。第一，家长对家校共育的基本认识；第二，家长对于家庭教育的认知；第三，家长对学校教育的看法；第四，家校共育可能的改变路径。针对每一个方面，设置1—2个访谈问题，并结合相关文献分析，对可能得到的访谈结果进行备注。[①]

表2　　　　　　　北京市第一五九中学家校共育访谈提纲

访谈重点	典型访谈问题	预测关注点
家长对家校共育的基本认识	您对"家校共育"的总体现状满意吗？为什么？（总体情况）	满意/不满意；辅助教学，促进孩子发展，比较好的措施
家长对于家庭教育的认知	1. 您认为孩子的综合表现如何？为什么？（学生情况）	德智体美劳
	2. 您如何看待您自己对孩子的教育？为什么？（自我认知）	辅助学校教学，促进孩子发展；重要/不重要；家庭教育方法

----

① 鸿鸣：《家校高度融合 形成教育合力——以长郡中学为例》，《当代教育论坛》2012年第4期。

续表

访谈重点	典型访谈问题	预测关注点
家长对学校教育的看法	1. 您对学校教育孩子总体现状是否满意？为什么？（学校教育认同）	整体感受；好/不好的意见
	2. 您最希望学校在教育您的孩子方面做些什么？（学校教育期待）	课程教育方面、素质教育方面、家校共育方面
家校共育的成果与期望	1. 您所经历的"家校共育"，有哪些政策或者举措？（取得已有成效的策略）	学校方面：课程设置、中学实践、专业教师指导。个人方面：自主学习、参加科研、随堂听课等
	2. 您个人对"家校共育"方面有哪些具有个性的思考或做法？（可能的合作路径）	家庭方面：家长态度。学校方面：重要举措、改进情况

六 调研结果与分析

（一）问卷法调研结果分析

1. 问卷法调研人员基本信息

表3 问卷法调研人员基本信息

人口学变量	指标	数量（人）	比例（%）
亲属关系	父亲	199	28.9
	母亲	488	70.9
	其他	1	0.1
最高学历	无学历	1	0.1
	小学、初中毕业	14	2.0
	高中（中专）毕业	50	7.3
	高等专科毕业/大专	119	17.3
	本科（学士）毕业	314	45.6
	硕士毕业	157	22.8
	博士毕业	32	4.7
	其他	1	0.1

2. 问卷法调研结果

表4   家长样本总体情况（N＝688）

变量	平均分 M	标准差 SD
有效的家校合作	5.3214	0.74046
权力责任分享	5.2952	0.79666
信任与支持文化	5.0446	0.93641
共享价值愿景	5.3875	0.69794
家长信任	5.3172	0.76785

根据表4可以看出，第一五九中学的家长在被调研的五个方面得分较高且较为平均，其中得分从高到低依次为：共享价值愿景（M＝5.39，SD＝0.70）、有效的家校合作（M＝5.32，SD＝0.74）、家长信任（M＝5.32，SD＝0.77）、权力责任分享（M＝5.30，SD＝0.80）、信任与支持文化（M＝5.04，SD＝0.94）。

3. SPSS 数据统计分析

对于本次调研所收集到的688个问卷样本进行了SPSS单样本t检验与独立样本t检验，分析得到以下数据：

首先，对参与本次调研的高中学生家长进行单样本t检验，其结果如表5所示。

表5   单样本T检验统计（N＝688）

	检验值 = 4				
	个案数	平均值	标准差	t	显著性 P
有效的家校合作	688	5.32	0.74	54.88	<0.05
权力责任分享	688	5.48	0.85	45.8	<0.05
信任与支持文化	688	4.87	0.51	44.31	<0.05
共享价值愿景	688	5.49	0.75	51.88	<0.05
家长信任	688	5.06	0.51	54.65	<0.05

在单样本t检验统计分析（设定检验值＝4）中，有效的家校合作、权力责任分享、信任与支持文化、共享价值愿景以及家长信任这五个方面存

在显著性（P<0.05），说明存在显著性差异。从此项分析中可以看出，家校共育现状在这五个方面总体分布情况良好，同时，不同的家庭对于家校共育的参与程度存在明显的差异。

其次，对参与本次调研的高中学生家长中父亲与母亲单独分组，并进行独立样本 t 检验，其结果如表 6 所示。

表6   **独立样本组（父亲组与母亲组）统计**

独立样本 t 检验						
家校共育维度	关系	个案数	平均值	标准差	t	显著性 P
有效的家校合作	父亲	198	5.103	0.754	−14.601	<0.05
	母亲	490	5.603	0.643		
权力责任分享	父亲	198	4.864	0.77	−12.796	<0.05
	母亲	490	5.915	0.758		
信任与支持文化	父亲	198	4.863	0.648	−0.086	0.932
	母亲	490	4.877	0.447		
共享价值愿景	父亲	198	5.459	0.728	−0.743	0.458
	母亲	490	5.521	0.765		
家长信任	父亲	198	5.028	0.442	−1.373	0.17
	母亲	490	5.092	0.531		

在独立样本 t 检验统计分析中，在有效的家校合作、权力责任分享两个方面存在显著性（P<0.05），说明存在显著性差异。其中，在这两个方面母亲组平均分明显高于父亲组分，由此可以说明家校共育现状在这两个方面母亲普遍比父亲更关注有效的家校合作以及在家校合作中的家校权利与责任。

除此以外，对于本次调研所收集到的 688 个问卷样本按照学历的高低不同进行分组，并进行单因素 ANOVA 检验，可以看到在有效的家校合作、权力责任分享、信任与支持文化、共享价值愿景、家长信任五个方面存在显著性（P<0.05），说明存在显著性差异。其中，有效的家校合作、权力责任分享、共享价值愿景、家长信任四个方面均呈现出低学历组<高中学历组<本科大学组<硕博士组的现象；而信任与支持文化呈现出低学历组<硕博士组<本科大学组<高中学历组的现象。

（二）访谈法调研结果分析

1. 家校共育的必要性

参与调研的家长普遍认为家校共育非常有必要，主要认为"家校共育"可以实现家长与学生的共同成长，有利于学生身心健康发展，在遇到学生突出问题的时候可以进行有针对性的家庭教育，就指导改善亲子关系进行有效沟通，家庭和学校充分发挥各自优势进行互补。家长更关注老师负责任的态度以及老师对于学生的关心，关注学校德育教育，关注学生心理健康发展和学生核心素养的提升。

2. 家长更加关注学生品格的塑造

通过调研可以看到，家长比较关注学生的性格特质，如是否具有"上进心"，是否"善良""愿意助人为乐"，是否"尊敬师长""有礼貌"等；比较关注学生行为习惯，如是否自律，是否热爱运动；比较关注学生的人际交往技能，是否具有较好的领导力、能否进行高效的团队合作以及有效的沟通等，而对学生的学业成绩并未显示出较高的关注频率。

3. 家校共育活动更加丰富

在家校共育的成果与期望访谈中，家长希望通过定期召开家长会或家长委员会形式开展家校共育工作，家长渴望与老师进行定期的交流，并以讲座、团建活动、社会实践、参观游览等形式进行教育理念、教育方法的学习。家长有很大的意愿积极参与学校的活动，并为学校提供资源，共同关注学生的成长。

七　调研结论与建议

（一）调研结论

1. 家校共育势在必行

家校共育日益受到重视与认可。随着教育改革的深入，人们越来越清楚地认识到学生的健康成长不仅需要学校的努力，而且需要家庭的支持。但是，父母作为孩子健康成长的第一责任人，会因为在教育孩子方面经验不足，缺少教育学的专业知识，而不能带来良好的家庭教育效果。所以，学校教育对于家庭教育的指导就显得尤为重要。人的教育是一项系统的教育工程，家庭教育、学校教育作为这项系统工程中的重要组成部分相互影响、相互制约，缺一不可。学校与家庭建立紧密的联系，增进与家长间的有效交流，将学校教育教学优势与家庭教育进行合理对接，以促进更科学完善的家校共育模式的构建。

2. 家长学历影响家校共育效果

家长的受教育程度影响家校共育的效果，部分学历较低的父母的教育意识相对淡薄、方法比较单一，对于教育效果急于求成；同时可能由于其自身知识的缺乏、情绪不稳定以及不良的行为习惯，导致家庭教育效果降低。学历相对较高甚至受过高等教育的家长，更懂得教育的内涵和意义，在教育孩子问题上，能更好地配合学校，可能是教育理念越先进，教育方法就会越有效一些。

3. 提高家校共育中父亲的参与程度

调查显示，父亲在家校共育中存在明显的"结构性缺失"，而且父亲在家校共育的五个方面均明显低于母亲，说明在家庭关系中教育孩子的主要责任还是多归于母亲的职责范围。要改善这种结构性缺失，需要对家庭教育角色有转化性的认识，父亲也可以和母亲一样很好地抚育和照顾孩子。孩子的成长需要父亲的积极投入，并主动参与家校共育活动。

（二）改进建议

1. 以家校共育为途径，提高学校对家庭教育的指导

加强学校教育对家庭教育的指导，首先，要提升学校对指导家庭教育工作的认识。学校教师只有真正认识到家庭教育的重要作用，才能发自内心地重视家庭教育工作。家长和教师相互学习，相互信任，相互合作，结成一个家庭与学校的教育同盟。[1] 家校共育可以发挥学校和家庭各自的优势，用家庭教育的优势来弥补学校教育的劣势，用学校教育的优势来指导家庭教育。指导家庭教育是学校义不容辞的责任，它是提高育人质量的需要，也是实现学校教育转型升级的需要。其次，加强家校共育理论研究和课程建设，提升学校家校共育教育科研水平，研制开发系统的家校共育课程体系、教材、辅导资料以及提供活动场地，形成科学的家庭共育教育理论体系。

---

[1]　陈勇：《浅谈家校共育的意义和策略》，《教育研究》2016 年第 12 期。

2. 丰富家校共育活动，帮助家长树立正确的育人观念

帮助家长树立正确的育人观念，要提升家长教育子女的责任意识。很多家长认为，他们的责任就是管"生活"，学校应该管"教育"，并不清楚他们在其孩子道德品质、行为习惯等方面应承担的责任。在孩子成长的关键时期缺少对孩子的有效陪伴，当孩子出现问题时不能给孩子正确的教育和必要的指导，家长以"没有时间""文化不高，不懂教育"等理由推脱，往往把孩子出问题的责任推给学校、推给社会。

所以应基于学校特色开展形式丰富的家校共育活动，帮助家长树立正确的育人观念。第一，根据调查，第一五九中学的学生家长学历水平相对较高。可以尝试通过定期设计组织一些具有一定科学性、符合孩子身心发展规律和家长教育背景的科学探究活动项目，开展基于学科教学的家校共育活动。第二，各大媒体、网络平台是家庭和学校触手可及的宝贵资源，因此可以通过各大媒体和网络平台指导家校共育，发送多样化的家校共育有关学习资源，以此丰富家校共育的内容与形式，提高家校双方教育水平，同时增强家校共育的意识。[1] 第三，积极促使社区、第三方教育培训机构在家校共育工作中发挥积极作用，为家校实现深层次合作提供条件并监督其落实，以促进家校共育工作科学高效地运行，例如，学校可以联合社区及第三方教育机构承担家庭教育指导、监督家校共育双方权利与责任的落实，为家长参与课堂教学、学校管理事务的决策等深层次合作开拓渠道等。

3. 家庭多角色参与家校活动，探索家校共育活动新途径

通过组织推荐家庭阅读相关书籍，加强其对教育学、心理学、家庭教育等方面知识的学习，增强父母的教育意识，帮助父母更好地明确他们自己的教育职责。可邀请父母双方共同走进家长课堂，学习科学的家庭教育知识和方法技能，有助于家长和孩子建立良好关系，以达到创设良好的家庭环境，让孩子在父母双方关爱中健康成长的目的。

不断探索家校共育的新途径，比如开发体育活动课程、劳动课程等。基于家校共育的相关课程研发，有助于学校指导家庭开展专业的体育活动或劳动实践，带动亲子互动，引导学生积极参加体育锻炼和家务劳动，在以此改善亲子关系的同时更有效地增进家校互动的频次及作用。

---

[1] 王娟涓、何毅梅：《"双减"背景下家校共育的问题及策略》，《教育科学论坛》2021 年第 12 期。

后　记

2023 年，北京教育科学研究院深入学习领会党中央关于推进教育强国建设战略部署的重要意义，持续深入部署开展指向教育强国建设的大中小幼一体化德育研究，通过持续推进院级重大课题项目——"推进大中小幼一体化德育发展研究"，实现全院研究力量的整合、融合，以期推进大中小幼一体化德育研究新发展，实现大中小幼一体化德育研究的新飞跃，为建设一流水平的道教教育智库贡献力量。

2023 年，"推进大中小幼一体化德育研究"重大项目课题组从德育理念、体系、制度、内容、方法等视角认真学习、思考和领会习近平总书记关于教育强国建设的重要论述，思考"强国建设、德育何为"的重要问题，努力推动大中小幼一体化德育研究创新发展，为建设教育强国提供有力支撑。

一年来，院党委书记董竹娟、院长冯洪荣十分关注"推进大中小幼一体化德育发展研究"课题的研究进展和研究成果。课题组原组长冯洪荣院长在一体化育人思路、研究、实践等诸方面为接续研究奠定了扎实基础。2023 年 4 月，根据院领导班子分工调整安排，由院党委委员、副院长熊红担任课题组组长，牵头主持课题研究，与课题组所有成员一起深入学习领会习近平总书记关于立德树人的系列讲话精神，以贯彻落实院第二次党代会精神为主旨，积极支持课题研究的牵头部门、参与部门和支持部门以专题研究、课题研究方式推动一体化德育研究，撰写编辑《北京大中小幼一体化德育发展研究蓝皮书（2023）》作为项目研究的阶段性成果。德育研究中心作为"推进大中小幼一体化德育研究"的承接单位和牵头部门，积极主动作为、全面履行职责，整体统筹课题的开展与推进。教育发展研究中心、基础教育教学研究中心、教师研究中心、基础教育课程教材发展研究中心、基础教育科学研究所、职业教育研究所、终身学习与可持续发展教育研究所、早期教育研究所、特殊教育研究指导中心、教育创新研究推广中心、班主任研究中心、高等教育科学研究所在结合各自研究领域、研究专长、研究特点的基础上，统筹推进全院一体化德育研究。人力资源开发与管理处、科教研管理与合作交流处、财务处、基建行政处（信息中心）、北京市教育科学规划领导小组办公室等部门全力支持与保障课题研究，共同完善北京教育科学研究院立德树人系统化研究机制建设和落实。北京教育科学研究院在集中全院力量开展一体化德育研究的基础上，高度关注北京市各区、各学校推进一体化德育的实际经验、有效探索和生动实践。《北京大中小幼一体化德育发展研究蓝皮书（2023）》首次收录了北京市部分区、中小学、职业院校的一体化德育研究成果，既是对北京教育科学研究院教育研究人员一体化德育研究成果的补充和扩展，也初步形成市、区、校三级联动的一体化德育研究方式和工作机制。在此，我们对所有积极参与和支持本书撰写、编辑、出版的领导、研究人员和教育同仁表示衷心的感谢！

本书力求在政治性、学术性、教育性、实践性等方面精益求精、与时俱进。但作为一项集体研究成果，本书阐释的观点和资料具有个体差异和特点，其可靠性由相关研究人员负责。虽然本书的研究人员极其努力，衷心希望本书能够为关心大中小幼一体化德育发展研究的机构和人士提供有益参考，但囿于时间和能力，本书的观点未必完全准确，相关的政策建议也不一定切合实际，敬请相关专家和广大读者批评指正！

德育研究中心

2024 年 9 月